# 方法としての治療構造論

精神分析的心理療法の実践

狩野力八郎 KANO Rikihachiro

金剛出版

# 序

　治療構造なき治療などありえない。一般外来診療であってもそこには何らかの構造がある。まず，診療には，いろいろな関連法規に規定されている，料金体系も構造化されている，といった所与の構造がある。ついで，診療所であればそこの医師の診療方針や理念というものが何らかの形を成しているといった意味での構造もある。しかし，ひとつの治療が，それを構成する要素の隅々まで，構造化されているかというとそうではない。もし何から何まで構造化したとしたら，もちろんそのようなことは不可能であるが，その治療は息が詰まってしまうような，いや死んでしまったも同然の無機的な存在になるであろう。精神科診療や心理臨床は，どれをとってみても，かなり曖昧で不完全であるが，同時にオープンで生き生きしたものである。それゆえにこそ，個別の症例において，何をどのようにどの程度構造化するか，ということが臨床に必須の作業だと思う。どのような目的で，どんな目標を立て，どのような治療機序を想定して，どのような治療技法を用いて，どのような他職種の人々とどのような連携をして，治療を実践するか，を考えるわけである。

　小此木啓吾は，1950年代に，Freud, S.とFreud, S.以降の精神分析を徹底的に探求し，無意識という実体を個々人の心の中にあると想定するのではなく，構造設定の文脈に即して患者の心を把握することによって無意識に形を与えることができるという考えを明らかにした。たとえば，精神分析的構造設定をすることで形成される現実的境界を認識することによって，私たちは，そのような境界を望ましいと受け止める合理的な思考と，そのような境界は決めたくない，認めたくないといった万能的空想との違いを認識できるのである。つまり，人の心を理解するということは，治療設定の「今ここで」の文脈において，患者は何をどのように体験しているのか，その際ある特定の心的活動すなわち無意識がどのようにして意識から巧妙に身をかわすのかを理解するということである。かくして精神分析とは，患者の連想が自由になることをめざす方法論である，ということになる。これが彼の唱えた治療構造論であり，この理論を用いることによって，カウチと自由連想法を用いた精神分析設定が，フロイトの

最大の発見・発明であることを見抜いたのである。こうした精神分析そのものに関する彼の研究と発表が，あのKris, A.O.の「自由連想」(Free Association)が出版される20年以上前のことであったことは，わが国の精神分析を理解するうえで特記しておいてよいことである。

　このように小此木にとっての治療構造論は，精神分析の本質を探究する過程で生まれたのであり，しかも彼はそこにとどまらず他の精神療法，他の医学的治療の治療機序や治療技法の探求にもこれを用いた。このような彼の治療構造論研究の形成過程で，私は彼の教えを受けるようになったのであるから，私の臨床姿勢の基礎には治療構造論が染み渡っている。といって，私は何かでき上がった治療構造論つまり系統的な形で治療構造論を学んだわけでなく，むしろ自分の主観的な臨床体験や観察を，その都度，分析し理解するために治療構造論が大いに役立ったというのが実感である。そして，私の臨床的関心は次第に，治療構造論的探求だけでなく，ひとりひとりの患者や家族と出会い，診断評価をしたうえで，どのような治療技法を使用しどのような治療設定を作り上げていくかという「構造化する」こと，すなわち治療に形を与えるという作業に向いていった。この意味で，私にとっての治療構造論は，たんなる認識論ではなく，臨床実践における方法論なのである。

　「構造化する」ことの他にも，私にとって必須の臨床作業がある。どんな治療をおこなっている場合でも傾聴することは重要である。患者の話をありのまま無批判的に共感的に聴き，そうしながらいろいろなことを考え想像するのである。しかしそれだけではない。理論なき傾聴は，そこでどんなに素晴らしい情報が得られたにしても，それらは屑箱に捨てられた屑同然である。私たちは，傾聴しながら，理論や概念を用いてさまざまな情報の間に「つながり」をつけているのである。いや，もう少し正確に言うと，情報と情報との間の古いつながりを解体し，あたらしいつながりを見出し，その結果構成される理解を患者に伝えるのである。この理論化と伝達は，判断を要請されるような作業である。

　治療関係をまったく無視した臨床医学があるだろうか。いまや医学生教育においても医療面接の訓練は最重要視されており，良好な治療関係，ラポール，治療同盟などといった用語は当たり前のこととして言及されている。精神科専門医の研修ガイドラインにおいてもこのことはいたるところで強調されている。

自分の臨床体験を論文化することも必須の作業である。自分の体験を論文にするということには，必然的に自己に対する批判的態度が必要とされる。つまりは，自分の内的抵抗や無意識の洞察といった過程が伴うところに論文化の価値がある。論文化のもうひとつの価値は公表するというところにある。もっとも，芸術や宗教とことなり，私たちの領域における公表化はさほど広い領域を含まない，一定の視点を共有した専門家の間に限定されているだろう。私たちの論文はきわめてローカルな存在なのだが，同じ領域のほかの論文との対話を通じて，そこから何か新しい思考が生まれることを期待して公表されるのである。これらの視点からいえば，私たちの論文化作業は，普遍的真実を明らかにせんとするいわゆる客観的実証的研究とは違うのである。

　本書に収められた論文はいずれも治療構造論そのものを論じたものではない。むしろ，構造化すること，傾聴すること，理論化すること，理解を伝えること（解釈すること），論文化すること（書くこと），という治療構造論的方法の実践のなかから生まれたものである。どの論文も，精神分析と精神医学に準じて，ひとつひとつの事例に対する治療を構想し，それを実践し（であるから事例によっては，家族療法の形態を取ることもあれば個人精神療法の形を取ることもあるし，さまざまな治療形態を組み合わせることもある，あるいは他の職域の人々との連携もある），そして批判検討するという過程の結果なのである。したがって，まったく同じ治療はなにひとつなく，それぞれがユニークなのである。各論文は，本としての体裁上，順番が整えられているが，読者はどこからお読みなっても良いものである。

　以上で，私がなぜ本書のタイトルを「方法としての治療構造論」としたかご理解いただけたかと思う。最後に，私の臨床実践で出合った多くの患者さんやご家族の皆様，そして私の臨床実践におけるパートナーや協働者であった医療関係者の皆様に感謝申し上げます。

2009年10月15日

狩野　力八郎

## 方法としての治療構造論・目次

序　3

## 第Ⅰ部　精神分析と心的表象論

生命現象と物語——心理療法とシステム論——　11
心的表象論　22
心的表象としての自己の病理　36
システム論的家族論および家族ライフサイクル論の流れ　49
家族システムの病理からみた社会・文化的価値観の変化　60
誰にとっての課題か？——青年期の課題と力動的システム論——　68
生きている連想と生きている関係——家族療法の中での心的プロセス——　78
システム家族論からみた家族と精神分析からみた家族
　——おもに三者関係をめぐって——　90
対象関係論と家族療法　102
日本における「A-Tスプリット治療」の概観　110
乳幼児と家族治療　127

## 第Ⅱ部　治療手段としての精神分析

精神療法における情動と言語化——精神分析の二重性——　143
精神分析における言葉の使用についての覚書　150
プロセスノートの書き方
　——どんな目的で，いつ，なにを，どのように，書くか？——　164
パーソナリティ障害という病名の使用と知ること
　——精神科外来マネージメント技法のひとつとして——　174
内的ストレッサーとストレス——精神分析からの再検討——　184
相互適応システムの脆弱性——心理発達からみたストレス脆弱性について——　193
自殺の危険のある患者に対する精神療法——重症パーソナリティ障害に関して——　203
多職種のチーム活動における集団力動　218
コンサルテーション・リエゾン活動——臨床と研究の乖離と統合——　227
家族療法研修と精神科卒後研修教育　237

あとがきに代えて——心理療法をどのように学ぶか——　249

# 第Ⅰ部
## 精神分析と心的表象論

# 生命現象と物語
―― 心理療法とシステム論 ――

## はじめに

　治療者はできるだけ偏見をもたずに患者の話に耳を傾け，患者の苦痛を彼の生活史に沿って理解し，理解された物語を患者に伝え，両者で検討しながらさらに対話を続ける，こうした持続的で共感的な相互関係の中で患者は自分について新しい理解を獲得する。こうした対話過程を続けるのが心理療法である，という考え方は学派を問わず大方の心理療法に共通したものであろう。ところが，最近この当たり前のように思われていた「物語」の価値が再認識されはじめている。この動向は，明らかにナラティヴ・セラピーやその背景にある社会構築主義の影響によると思われるが，はたしてそれだけであろうか。本章では，「物語」あるいは「家族物語」を鍵として，心理療法の実践的課題について検討してみたい。

## I　ナラティヴ・セラピーについて

　まず最初に心理療法における「物語」について新しい光を投げかけているナラティヴ・セラピーについて検討してみたい。筆者はいわゆるナラティヴセラピストではないので，書かれた物を通してしかわからないという限界があるが，最近わが国に紹介されている一連の書物や紹介[5,6,9,13,14]を手がかりにして考えてみる。
　検討の対象として，ナラティヴ・セラピーが強調している技法と態度を取り上げよう。まず「問題の外在化」という介入方法である。患者や家族はドミナント・ストーリー（支配的な物語）といわれる身についてしまった否定的な認識をもっており，そうした自らつくり上げた物語に沿って世界を見ている。この認識を変えるために，ドミナント・ストーリーとその人自身は違うという前

提で，巧みな質問を繰り返しながら，その問題を自分とは距離をもって，すなわち外在化して観察できるようにする。結果，患者や家族は，問題から解放され自信がよみがえり，もっと肯定的な新しい物語（オルタナティヴ・ストーリー）をつくることができる。こうした技法と，精神分析における自我親和的な防衛機制や性格傾向を自我違和化するという技法とを比較してみる。

　性格分析では，たとえば「ぐずぐずしてふんぎりのつかない」強迫性格の場合，「あなたはふんぎりの悪い人だ」などといういいかたは決してしない。治療状況における治療者と患者の関係」の脈絡に沿った言葉で，すなわち物語で理解し解釈する。しかも，そうした傾向が治療状況や治療場面外の対人関係において反復されていることを十分把握してから解釈を行うし，そのさいに起きるであろう陰性感情反応にも十分な配慮をするのである。この一連の手順を経て，病理的な性格傾向について自分から距離をもって認識できるようにする。こうしてみると，これら２つの技法はひどく似ているようにみえる。しかし，似ているのは狙いであって，その狙いを達成する手順はかなり異なっている。「外在化技法」では，ドミナント・ストーリーそのものに一義的な意味をあたえ，それについて治療者と患者や家族が詳細に話し合うという方法が特徴的である。しかも，治療者は最初からかなり積極的に対話を仕掛けていくようであり，その意味において精神分析よりも操作的にみえる。いっぽう，精神分析における病理的性格傾向の自我違和化の手順では，性格傾向そのものだけでなくその背後にあってその性格傾向を生みだしている複雑な無意識的精神力動を理解しようとする。したがって，治療者はじっくりと傾聴するし，相対的に受け身的である。

　ナラティヴ・セラピーにおける治療者の態度を特徴づけるのは「無知」の姿勢である[9,13]。これは，社会構築主義の立場にたつナラティヴ・セラピーの臨床的特徴をもっともよく表している臨床的姿勢である。国谷[5]の紹介を借りながら筆者の理解を述べる。

　第一に，現実は社会的文脈の中で，その本人が構築したものであり，言語により構成され，物語の形で維持される。本人はその物語を現実と信じている。したがって，徹底的に個性を尊重する。つまり，治療者の理論的枠組みではなく，あくまで患者や家族が構築した物語を理解しようとする姿勢である。そして，患者の社会的環境，文化的環境，あるいは民族や性別にもとづく差別感などを非常に重要な要素として考えるということである。

第二は，すべての人が一致するような真実は存在せず，どの現実観が正当だともいえないので，治療者は特有の謙虚さが求められる。つまり，患者や家族は治療者との相互交流によって，彼ら自身が物語を書き換え，それにもとづいた現実観を身につけるということである。

　こうした「無知」という姿勢は，精神分析における治療者の態度として周知の「平等に漂う注意」(Freud)，「記憶なく，欲望なく，理解なく」(Bion)，「共感」(Kohut)，間主観的アプローチにおける「持続的共感的検索」(Stolorow)あるいは来談者中心療法における「真実性，無条件の肯定的配慮，共感的理解」(Rogers)などと比較することができる。しかし，「無知」の姿勢は，患者や家族の主観的現実観を尊重するその徹底さが際だっている。さらに，そこにはこれまでの心理療法では十分強調されてこなかった患者や家族の社会文化的，社会政治的プロセスを現実の物語構成の重要な要素として考え，治療者のもつドミナント・カルチャー（優位文化，支配文化）の治療システムに及ぼす影響を批判的に考えるという意味が含まれているという点で，ほかの態度と質的にも異なっていると考えられる。

　このように個別の技法や態度を検討すると，ナラティヴ・セラピーがほかの心理療法とかなり違うことがわかる。しかし，長期的な治療過程（短期心理療法なのか長期なのか，そしてそこで連続してあるいは不連続にどんな出来事が起きるのか），症例の適用（どのような患者や家族に適応しうるのか，たとえば境界例にはどうかなど）についてはなおわかっていないことが多いと考えられる。

　ところが，社会構築主義にもとづいたナラティヴ・セラピーの心理療法上の原理はきわめて今日的な意味をもっている。つまり，心理療法において，病理的な水準の物語が分解され，そこからより高い水準の物語がいかに組織化されるかということが主題になっているからである。これはセルフ・オーガニゼーション（自己組織化システム）のメカニズムを心理療法で説明するものである。このことをつぎに述べることとする。

## II　生命現象としての心理療法と物語

　心理療法は生命現象である。心理療法の対象は物ではない。精神分析では心的現実や主観的現実が対象となる。システム家族療法では家族システムである。

いずれにしても，それらは直接感覚器官でとらえることができない。見ることも，触れることもできない。したがって，心理療法には有機体として物質とは異質な心理療法固有のメカニズムがあると考えてよい。「物語」はそうしたメカニズムのひとつとして注目されるようになってきたのである。これは，当たり前のことかもしれないが，心理療法の医学化といわゆる実証研究優位という動向の中で忘れられてきたことではないだろうか。もちろん，精神分析が力動精神医学としてあるいは心身医学として医学の中に位置づけられてきたことの価値は否定されるべきものではない。心理療法に関する実証研究は多くのことを明らかにしてきたのも事実である。ただ，あまりにも医学化した精神分析の退潮を契機として，むしろ精神分析を含む心理療法の基本的な原理を探ろうとする機運が，とりわけ米国を中心に高まってきたと筆者は考えている。精神分析ではOgden, Stolorow, Schafer, Modellなどといった人々であり，家族療法ではWhite, Epston, Anderson, Goolishian, Hoffmannといった人々である。

　こうした臨床家たちの提案は，臨床の実践についての注意深い観察と洞察にもとづいている。しかし，その理論構成においてはほとんどが最近のシステム論の展開に動機づけられているのは明らかである。そこでやや長くなるが，河本のシステム論に関する労作[4]を引用しながら，システム論と物語の関係について述べたい。

　この新しい動向における共通の主題は，安定したオーガニゼーションからどのようにしてより高次のオーガニゼーションへと有機体が構成されていくのか，そしてどのようにして新たなメカニズムをつくり出すのか，自らの構成部分を産出しながら自己を維持しているのはなぜかといった，組織化する生成プロセスそれ自体がオーガニゼーションであるという見方である。つまり自己組織システム（self-organizing system）という第二世代システムの問題である。ちなみに，第一世代システムの主題は，環境と相互作用しながら自己維持を続けるメカニズムはどのようなものかという動的平衡システムが主題である。そこでは，オーガニゼーションの定常性，開放性，ホメオスタシス，境界機能，サブシステム間の関係が重視された。つまり，第一世代では動的平衡の結果である「関係」が問題であるが，第二世代では「生成」に主要な視点がおかれている（河本）。簡略化していうと病理的オーガニゼーションから健康なオーガニゼーションが成立するプロセスが課題になるということである。臨床的にみ

れば，たとえば何かを洞察した結果による心的平衡状態を問題にするのではなく，相互交流の中で洞察するという新たなメカニズムを身につけていく生成過程を解明することが一義的な課題になっているということである。河本は，「物語」が導入されるのはまさにここにおいてであるという。「生成過程について述べるとすれば……少なくとも2つの時点を関連づけるようにして，一方の時点での生成段階について語らねばならない。……物語の導入によってしか，生成プロセスについて語りえない……物語とは時間を組織化する隠喩であり，物語をつうじて時間の流れをひとまとまりの事態として経験しているのである」（河本）。

　つまり人生は「物語」だということになり，心理療法も「物語的対話」ですべて説明されうる。しかし，このメカニズムだけだとそれはひどく相対的であってそこには一貫した自己は存在しないことになる。精神分析的「物語」の統一性は，究極のところ身体自己と情動記憶に由来するのであって，いわゆる「物語」が役に立つのは「物語」による言葉が時間体験を組織化するという意味で自己の歴史性について語っているという点だけであると主張して，Schafer, R. の物語論的精神分析を批判したのはModell[7]である。Modellの理論は後で取り上げるが，確かに，「物語」はオーガニゼーションが生成するひとつのメカニズムではあるものの，Modellが批判するような意味で限界があると考えられる。

　もうひとつ「重要なことは，こうした物語としての生成過程つまりはセルフオーガニゼーション（自己組織化）について議論するとき，観察者からの物語コードが不可欠だということである。物語としてのセルフオーガニゼーションが展開するさい，必ず外から生成過程を観察する者が存在するわけである。これはこれでよいのだが，自己が自己を産出するというセルフオーガニゼーションをつきつめていくと観察者がいないシステムの機構を考えざるをえない。

　こうしたメカニズムをオートポイエーシスというが，Stolorow[12]の間主観的アプローチはこの原理を心理療法の立場から説明していると思われる。このアプローチの原理は2つあるという。精神分析療法の基本的な目標は，患者の主観的世界の展開，解明，変形であるという原理，分析的なかかわりと，そのかかわりの必然的な脱線とによって始動される変形プロセスは，常に間主観的システムの中で起こるというのが第二の原理だとされる。つまり，治療的相互交流の中で結晶化する現実は，あくまで間主観的現実であり，それは発見され

るものでもなく，創造され構築されるものでもない，共感共鳴のプロセスをとおして言葉化されるものだと考えられている。そして，そこには単に分析医の共感的態度だけでなく，間主観的現実が分析医のオーガナイズする活動によって成形されているという。したがって，こうした現実は言葉化されないままで存在したという意味では古いが，共感的対話に入る前までは間主観的システムにおいて言葉化されるようなかたちで体験されなかったという意味では新しいと考えている。このアプローチは，治療システムを外から観察するのではなく，観察者の認知によってはじめて物語の一貫性が認知されるのでもない。つねに相互交流している治療システムの内にいながら，間主観的現実を自分自身で作り出し，一貫性を保持している治療システムだという意味でオートポイエーシス・システムである。

## III 物語へのアプローチ

### 1．物語を知ることと物語の生成

　物語は概して家族の物語の形をとることが多い。しかし，それへの臨床的なアプローチは心理療法諸学派によってさまざまな態度と技術があるところである。家族物語の種類も精神分析におけるエディプス葛藤に基礎づけられてできる家族ロマンス，家族療法における家族神話，家族スクリプト，家族伝説，家族の秘密，家族表象と家族習慣，家族のルールなどさまざまである。さらに世代間伝達をする家族物語，多世代伝達する家族物語といった視点も加わるであろう。

　このように，いろいろなアプローチがあろうが，物語への心理療法的アプローチにおいてもっとも重要な課題のひとつは，「物語を知る」ということをめぐる苦痛であろう。とくに精神分析においては「物語」の内容よりも「物語」を知るということに強調点がおかれている。エディプス物語のテーマはさまざまであるが，もっとも重要なのは知ることの恐ろしさである。エディプスがもし自分の物語を知らなければあの悲劇は起こらなかったであろう。しかし，たとえ知ることにともなう苦痛があっても好奇心と探求心から自分の物語の真実を知ろうとする欲求は抑えがたいということをこの物語は語っているのである。

この知ることの意味をもっとも強調したのはBionである（Grinberg & Bianchadei）[2]。彼は，精神分析とは，特定の方法で互いに聞き語り合うような2つの心の相互交流であるととらえている。そして，自他の分化により自分の心，自分の観点をもつことを治癒機転として重視している。そこでは，二者関係は知ることの拒否によって起きる防衛的な産物と考えられる。それは「私はあなたを愛している，そして私は私を愛している」という非内省的な二者関係である（Ogden）[10]。

as if的関係，服従的関係，麻痺している関係（互いにわかったつもりという思いこみの関係）などは，こうした知ることに対する拒否によって起きる二者関係の特徴的な現象である。ではどのようにしてわれわれはこの二者関係から出立できるのだろうか。Freudの「イドあるところ自我あらしめよ」という有名な言葉は「それのあるところに私をあらしめよ」という意味に翻訳できる。この言葉についてOgdenは，「それ」すなわち症状とか病理的性格傾向が「私－性」の質をもった体験に変形し，「パーソナルな物語」になることだと解釈している。そしてその物語がなぜどのように成立したかを理解できるようになる。物語は歴史性と空間性をもったパーソナルな意味をもつわけである。そのさい，分析関係に「第三者」が出現することによって成立するエディプス体験こそが，非内省的な二者性から抜け出る出口であると，彼は主張する。

「知る」ということそして自分の心をもつということは，このように2つのシステム間の関係から3つのシステム間の関係が生成する過程で「パーソナルな物語」が組織化されるという出来事にもとづいている。この意味で三者関係の体験は病理的ではなく意味を生成するような治療的達成だと考えられる。

## 2．物語の解釈と予言，物語のもつ未来志向性

精神分析関係における治療者の態度は専門的訓練に裏打ちされた職業的態度といえるが，そこには自分の同一性が深く絡んでいる。ところで，治療者は患者の過去の現実や現在の現実についてすべてわかっているわけではない。むしろ，本当のことは知ることができないといった方がよい。真の自分，真の他者について知ることができないということは，治療者にとって自分の同一性にかかわるような大変な苦痛をともなうものである。それは対象喪失として体験される。しかも，毎回毎回のセッションで体験する。このわからない苦痛を解消するために治療者は想像するのである。そして，治療者は表象，メタファー，

神話といった物語を用いる。

　このような「わからないこと」をめぐる力動には2つの側面がある。ひとつは生成的な側面である。ここには上に述べたメカニズムが働いている。Freudがエディプスコンプレックスを着想した動機は彼の対象喪失である。古澤が修正版阿闍世物語を作ったのも「わからない体験」が動機となっている。つまり解釈の生成はわからないことに動機づけられているといえる。もうひとつの側面は，わからないという苦痛と不安に対する防衛的態度である。これには典型的な3つの態度がある。第一は，患者の過去の物語を知ることにこだわる態度である。以前のセッションの出来事や理解に執着する態度もこの範疇に入る。第二は，分析理論や原則をもちだしてそれにこだわったり頼ったりする態度である。第三は，わからなさや喪失を言葉で埋めつくすという態度である。

　ここで，筆者がいわんとしているのは，上に述べたBionの「記憶なく，欲望なく，理解なく」という態度（Grinberg & Bianchadei）[2]やWinnicott[15]の「一人でいられる能力（capacity to be alone）」という言葉で表現している態度が治療者に求められるということである。

　つぎに解釈と予言の関係について考えてみたい。そのさい，素材として阿闍世物語を利用したいと思う。というのは，阿闍世物語にはエディプス物語以上に解釈の相互関係的な意味が含まれているからである。さて，阿闍世の母である韋提希（イダイケ）は「森に住む仙人が3年後になくなり，生まれ変わって彼女の胎内に宿る」という予言者のお告げを信じる。挙げ句，すぐに子どもをほしいという自分の欲望に耐えられなくなり行動化する。ついで，殺した仙人の「自分は王の子どもとして生まれ変わる，いつの日かその息子は王を殺すであろう」という予言を信じて，阿闍世を殺そうとしたり「未生怨（みしょうおん）」というレッテルを貼る，という行動化をしてしまう。

　予言と解釈とは定義上違うものであるが，解釈には予言的意味が込められているのではないだろうか。解釈を想像しそれを提示するとき，そこには「患者にこうなってほしい」という治療者の願望，期待，希望が含まれているはずである。この意味で解釈には常に未来志向的な意味があるといえる。精神分析は伝統的に過去の想起という作業を重視してきた。しかし，これは厳密にいうと「いま・ここで過去に何が起きたかを想像する」ということであり，過去の真実を追究するものではない。同様のことが未来についてもいえる。患者の物語を理解するということは，患者と治療者が互いに患者に関する未来についての

表象を想像し，共有し，評価するということである[3]。こうした解釈にともなう予言性と未来性を洞察しない解釈は，むしろ万能的な解釈になり，韋提希の悲劇を作り出す危険がある。

提婆達多(ダイバダッタ)の阿闍世への囁きも興味深い。彼は，未生怨の由来についてある意味では正当な発生発達的解釈をしている。しかし，それは悪意に満ちた願望をともなっている。阿闍世は，防衛を崩され，破壊衝動を刺激され行動化する。しかし，たとえ悪意がなくとも提婆達多の解釈は危険である。物語の否定的側面だけを取り上げているからである。Rosenfeld[11]は患者の体験の肯定的側面と否定的側面との両方を理解できたとき解釈すべきだと述べている。どちらか一方だけを取り上げる解釈は万能的解釈になる危険がある。それは，想像された物語があたかも絶対的な真実であるかのように患者に伝わる危険がある。上に述べたように治療者が，わからないことの苦痛に耐えかねたときこうした万能的解釈に頼りがちだということは決して稀ではないと考えられる。

## 3．物語の書き換え（事後性），レッテル張り，脱構築

阿闍世は未生怨という名前をつけられた。つまりレッテルを貼られたわけである。彼の人生のテーマは「未生怨」からいかに自立するかである。「おまえは乱暴者だ」「おまえは気が弱い」などといったレッテル貼りの例はたくさんある。家族の中で家族メンバーは互いにそれぞれ特有のレッテルを貼り，各人はそれに応じた役割を果たすということは家族研究でよく知られている。なぜ，親は子どもにレッテルを貼り，そうした認知をいつまでももち続けるのか，子どもはなぜそれを引き受けるのか，そしてこのレッテルをはがすことが阿闍世物語にみられるような大変な苦痛と困難をともなうのか，ということは「物語」に関する大きな課題である。

ZinnerとShapiro[16]は投影同一視を介してこうしたレッテルが貼られることを明確にした。親が出生家族との間で体験した対象喪失をめぐる葛藤を解決していないとき，子どもに未解決の葛藤を投影する，そして子どもは親への愛着からそれを引き受けると述べている。そのような場合親はいったん自分が想像した子どもについての解釈を絶対的な真実だと認知する傾向がある。いっぽう子どもにとって，レッテルが同一性になっているのでレッテルをはがすことは同一性喪失の危機を意味する。

こうしてできあがった自分についての物語には一貫性があり，その人の世界

観や行動を強力に支配する。心理療法は，こうして記憶された物語を書き換える作業（事後作用）だともいえる。前述したようにナラティヴ・セラピーならば脱構築の作業というであろう。前者つまり記憶における事後作用という考えはFreudが着想したものだが，彼は後にこの考えを放棄して固定記憶痕跡説を信じるようになった。Freud以降，この事後作用に注目したのはLacanとModell[7]である。Modellによれば，記憶の本質はプロセスであり，記憶はたえず動的に再構成される，つまり記憶はカテゴリーによって区分けされており，それはたえず再カテゴリー化されるという。したがって，脳の記憶は正確ではなく相当融通の利くものだという。こうした事後作用の考えから，新しい体験に出会うと，新しい脈絡で記憶の書き換えが起こると考えられる。神経ネットワークの自然淘汰説を提示している神経生物学者Edelman[1]もまた事後作用は神経システムの特性であるとして，モデルの考えを神経淘汰説による記憶理論として高く評価している。同化されない外傷体験は書き換えられないまま，長期情動記憶として組織化されカテゴリー化されているが，そうした記憶は再カテゴリー化を求めて現在の脈絡において反復される。これが転移であるが，治療者との新しい体験によってそれは書き換えが可能になる。つまり事後作用こそが治癒メカニズムだと考えられるわけである。こうして外傷的体験に新しい意味づけがなされ，体験の意味が拡大し，まとまりと一貫性のある心が生成される。モデルが，精神分析的「物語」の一貫性は究極のところ情動記憶と身体自己に由来するというのも，心はたえず作動している神経システムの事後作用によって自分の中に自分の歴史をつくっていくからである。

## おわりに

　心理療法は生命現象であり，したがって生命現象としての心理療法固有のメカニズムとは何か，そこにおいて物語はどのように関連してくるのかということを課題として，システム論を援用しながら本稿を書いたが，成功したかどうかいささかおぼつかない。また，ナラティヴ・セラピーと精神分析との比較を行った。ついで，臨床的課題として，物語について，物語を知ること，生成すること，解釈することとそれにともなう解釈の予言性や未来志向性，レッテル貼りという家族物語，事後作用という物語の書き換え機能，について論じた。

## 文　献

1) Edelman, G. M. (1992) Bright Air, Brilliant Fire : On the Matter of the Mind. Basic Books. New York.（金子隆芳訳〔1995〕脳から心へ――心の進化の生物学．新曜社，東京．）
2) Grinberg, L. Sor, D. and Bianchadei, E. T. (1977) Introduction to the Work of Bion. Jason Aronson. New York.（高橋哲郎訳〔1982〕ビオン入門．岩崎学術出版社，東京．）
3) Kano, R. (1998) Development of the Capacity for Anticipation in Adolescence ; On the Adolescent Borderline's Perspective of the near Future in Psychotherapy. Adolescent Turmoil. A Monograph of the International Adolescent Psychiatry. Praeger Publisher.
4) 河本英夫（1996）オートポイエーシス――第三世代システム．青土社，東京．
5) 国谷誠朗（1998）ナレイティヴ・セラピイの技法的側面――構築分解的傾聴と問題の外在化を中心として．家族心理学年報――パーソナリティの障害 16 ; 189-204，金子書房，東京．
6) 小森康永他（1999）ナラティヴ・セラピーの世界．日本評論社，東京．
7) Modell, A. H. (1990) Other Times, Other Realities. Harvard University Press. Cambridge.
8) Modell, A. H. (1993) The Private Self. Harvard University Press. Cambridge.
9) 中村伸一（1999）家族療法．（岩崎徹也・小出浩之編）臨床精神医学講座 15　精神療法，pp.365-379，中山書店，東京．
10) Ogden, T. H. (1989) The threshold of the male odipus complex. B. of Menninger Clinic, 53 ; 394-413.
11) Rosenfeld, H. (1987) Impass and Interpretation. Tavistock. London. 1987.
12) Stolorow, R. D., Brandchaft, B. and Atwood, G. E. (1987) Psychoanalytic Treatment; An Intersubjective Approach. The Analytic Press. New Jersey.（丸田俊彦訳〔1995〕間主観的アプローチ；コフートの自己心理学を越えて．岩崎学術出版社，東京．）
13) 高橋規子（1999）社会構成主義は「治療者」をどのように構成していくのか．家族療法研究, 16(3) ; 196-205.
14) White, M. and Epston, D. (1990) Narrative Means to Therapeutic Ends. Norton. New York.（小森康永訳〔1992〕物語としての家族．金剛出版，東京．）
15) Winnicott, D. W. (1965) The Maturational Process and Fascilitating Environment. Hogarth Press. London.（牛島定信訳〔1997〕情緒発達の精神分析理論．岩崎学術出版社，東京．）
16) Zinner, J. and Shapiro, E. R. (1975) Splitting in families of Borderline of Borderline Adolescents. In: Borderline Sates in Psychiatry. Grune & Stratton. New York.

# 心的表象論

## I　心的表象とは

　一般哲学における表象とは『広辞苑』によれば「普通には知覚にもとづいて意識に現れる外界対象の像。対象が現前している場合（知覚表象），記憶によって再生される場合（記憶表象），想像による場合（想像表象）がある。表象は感覚的・具体的な点で概念や理念と区別される」である。またLaplancheとPontalisによれば，『「心に思い描かれるもの，思考行為の具体的内容をなすもの」と「とりわけ過去の知覚の再現」を示すために哲学と心理学で一般的に用いられている語』である。

　アメリカ精神分析学会による『精神分析事典』は表象とは「もとのものの印象を与える類似のもの，またはイメージ。心的表象は，意味あるものや対象の知覚についての，心の中でのおよそ一貫した再現である。それは，力動的な力の増減による備給の増減に伴うものと思われる。このようにして，表象は自我の下部構造を構成しているので，自我の内容の一部と考えられる」。

　精神分析の用法と一般哲学のそれとの違いについて若干付言すると，精神分析では，無意識の表象という考えをする，つまり，必ずしも主体的，意識的に思い描くような表象ではないということである。

　ピアジェの表象論はこの分野の研究に大きな影響を与えているが，「心的表象」との違いについても触れておこう。Pine, F.は，Piagetの表象論は，物理的対象表象について述べているが，分析的表象論は，人間とりわけ母親という対象に関してその表象の発達について述べている。また後述するLondon, N.によれば，Piagetのシェーマは，観察者の立場からパターン化された相互関係の内在化を概念化しているのに対して，「心的表象」は，主体と主体との内的体験の立場から分析的方法で関与しながら観察したものを概念化している，という。

## Ⅱ　なぜ精神分析に心的表象論が導入されたか

　現代の精神分析において心的表象という考え方は広く浸透している。この概念が，かくも受け入れられているのは，まず第一にIchにまつわる曖昧さ，一次的ナルシズムにまつわる曖昧さについて「自我，自己，自己表象の違いを明確化することによって，整理しようとしたということがあげられる。第二に，人間の主観的世界あるいは体験をいかに記述するか，そしてそれらの現象学とメタサイコロジーをいかに結合するか，ということが精神分析に内在する課題であるが，この課題を解決する概念として，「心的表象」論が導入されたといえる。いいかえると「心的表象」論は構造論よりも精神分析の臨床素材を記述するのに適しているということでもある。第三に，対象関係や相互関係がどのようにして内的な構造となるか，という問題を説明する概念として「心的表象」論は導入された。

　ところで，こうした議論の背景には，自我心理学がKlein理論やFairbairnの対象関係論をいかにその中に統合するかという努力がある。その意味で，心的表象論はいろいろな精神分析の流れやいくつもの理論を結び付ける視点でもあるといえよう。したがって，現代の精神分析研究家のほとんどが，この概念を用いているといっても過言ではない。たとえば，Hartmann, H., Jacobson, E., Kernberg, O., Sandler, J., Kohut, H.らであり，乳幼児精神医学の分野では，Mahler, M., Stern, D., Emde, R., Levovici, S., などが代表的なひととしてあげられる。そこで本稿では，Hartmann, Jacobson, Sandlerの理論を中心に述べ，その後精神病理学への応用について述べたい。というのは，ほかの研究者の理論については本書のほかのところで述べられるからである。

## Ⅲ　Freud, S.における表象論

　Freudはかならずしも系統的にこの概念については述べていないが，いたるところで表象という言葉を用いている。それらを整理すると以下のようになろう。
　①情動量と表象との区別
　強迫神経症では，情動量は心的外傷となる出来事に結び付いた病因的な表象

から，主体によって無害と見なされる他の表象に置き換えられる。ヒステリーにおいては，情動量は身体的エネルギーに変換し，抑圧された表象は身体部分ないし身体的活動によって象徴される（LaplancheとPontalisより）[5]。

②無意識の表象という独特な考え，これは記憶系というシステムにおける表象という考えにつながっている。

③表象は本能や欲動との関連で用いられている

Freudは，ある面で欲動は「欲動の心的代表」によって精神現象に表現され，そのさい欲動は心的代表と情動量とに分かれる，という考えを述べている。つまり，表象は欲動を心的に表すものであり，情動は欲動の非観念的部分であるといえよう。いずれにしても，表象も情動も体験的なものである。それゆえ，Freud以降の分析の中で主要な用語となったのである。

④事物表象と言語表象

事物表象は，事物と直接的な関係にあり，事物に由来する視覚的なもの，無意識，一次過程，熱覚同一性を特徴づけている。幼児にとって，幻覚的願望充足において事物表象と知覚された対象は同等である。

言語表象は言語に由来する聴覚的なものであり，事物表象とそれに応じる言語表象との結合が，前意識—意識系の特徴である，つまり二次過程，思考同一性の特徴である。

⑤表象をつくる能力

Freudは「否定」の中で，表象の存在，再生，表象をつくる能力について，次のように述べている。

「あらゆる表象がもろもろの知覚に由来し，またその反復であることを明記しておかなければならない。つまりそもそも表象が存在していることがすでに，表象されているものの現実性の裏付けとなっているわけである。主観的なものと客観的なものとの対立は最初からあるのではない。それは，思考が，一度知覚されたものを再生によって表象界にふたたび登場させる能力を得，一方客体がもはや外部に存在する必要がなくなるということによってはじめて生ずるのである。……表象における知覚の再生は，かならずしもその知覚の忠実な反復とはかぎらない。つまりそれは省略によって変えられることもあれば，種々様々の要素の融合によって変化させられることもある」

## Ⅳ 自己表象と対象恒常性：Hartmann, H.[3]

　Freudは，Ichという言葉によって，システムとしての自我を示したり，主観的体験である私Ⅰや自己selfを示したりしている。このある種の曖昧さはStracheyが英訳するときにすでに明確化されていた。Hartmannはナルシズムの定義を変え，リビドーが備給されるのは自我ではなく自己に対してであり，対象備給の反対は自我備給で点なく自己備給であるとすることによって問題を整理した。
　この考えは精神分析理論に大きな変化を促した。つまり，つねに自己と対象との相互関係をもその視野に入れることが可能になったわけである。彼は，自我は組織化された能動的な執行機関であり，自己表象と対象表象は，この自我の下部構造を構成しており，身体的自己や精神的自己についての，無意識―前意識―意識的な心的表象であり，そこにリビドー的・攻撃的エネルギーが付与されると考えた。
　もうひとつの貢献は，リビドー的対象恒常性の概念化である。つまり恒常性をもった対象表象が少しでもあれば，赤ん坊は，母親が不在でも待つことができたり，安心感をもつことができるし，それは予期能力の発達につながるという意味で，対象恒常性の獲得は発達過程における最大の課題ととらえられるようになった。
　このような対象関係が生起する内的世界についての概念化は，その後JacobsonやMahlerらが発展させた。

## Ⅴ　メタサイコロジー的「心的表象論」：Jacobson, E.[4]

　Jacobsonは，主観的な体験とメタサイコロジーを統合するという，非常に困難な作業に取り組んでいる。彼女はHartmannの概念を用いているが，さらに自我，自己，自己表象の違いを明確化し，自己表象と対象表象の成り立ちについて考察した。
　まず自己とは，「個体の精神構造とその諸部分のみならず，その身体と身体部分をも含めて，個体の全人格を指し示すものとして用いられるであろう，……自己という言葉は記述を助けるための言葉であって，周囲の対象世界から区別さ

れる主体としての人格を指し示している」と定義される。いっぽう，自己表象は，Hartmannのそれと同じである。

このように，彼女が表象論を概念化しようとしたのは，精神病の研究に不可欠なものだということを見いだしたからである。たとえば，うつ病では，現実を無視して，あたかも自分が愛情対象であるかのように，自分自身を憎悪し非難する。統合失調症では，自分は他の誰かであると意識的に確信している。つまり，対象イメージの自己イメージへの取り入れや自己イメージの対象イメージへの投影は精神病的同一化である。

さらに厳密に自己を定義する際，彼女はFenichelの指摘を引用する。「自己についてのイメージの源泉は，第一に，われわれの内的体験，感覚，情動と思考の過程，身体的機能活動を直接的に意識することである。第二に，間接的な自己知覚と内省から，すなわちわれわれの身体的・精神的自己をひとつの対象として知覚することから由来する。つまり，自らの自己から距離を取ることには明らかに限界があるから，自己認識機能はわれわれの自己概念に対してある程度しか貢献しない。だから，自己表象は，厳密な意味では"概念的"ではなく，対象表象以上にわれわれの主観的影響下にとどまっている」。

つぎに自己表象の発達について詳細に考察しているが，それを以下に要約する。

発達の最早期では，おそらく心的表象は存在しない。本能的な力は未分化な生理的エネルギーとして拡散している原始的状態がある。これを原始的精神生理的自己と仮定する。

快・不快体験が知覚され，それが外界知覚に結び付けられるが，まだ両者は混同されやすい。そして，エネルギーの分化が起こり，まだ組織化されていない不連続な記憶痕跡の核のまわりに，リビドー的・攻撃的カテクシスの極が形成される。

さてエネルギー放出の経路についての考えは以下の考察にとって重要なので，ここで触れておく。つまり，幼児は生まれながらにしてエネルギーの外界への放出のチャンネルをもっているので，外界へ放出される，これが対象関係的放出の前駆となる。また，エネルギーは内部つまり身体器官へも放出されるのである。

知覚の発達や快感原則と一次過程が優勢になると次第に快・不快の記憶痕跡と結び付く形で，愛情対象の部分的イメージ（母親が感じている，あやす，す

わる，しゃべる，などのイメージ）と身体の部分的イメージがつくられる。この身体機能活動と結び付いたのが身体自己である。これらはぼんやりしていて，明瞭な境界がなく変化しやすく，断片的であり，快感という知覚とそれを与えてくれる対象とを区別できない。また，これらの記憶痕跡やイメージに応じた情緒が発生する。

　さて，不快な体験（愛情対象からの剥奪や分離）は，かつて満足を与えてくれた対象を合体するという幻想をつくりだす。つまり失った対象を自我の中に再現することによって，再獲得しようとする願望と幻想ができる。そこにおいて自他の融合が起きるわけである。これがその後のすべての同一化の土台となり，あらゆる対象関係の基礎に働く動機となる――分離と獲得，投影と取り入れが起きるのである。

　さらに自我が発達すると，対象と自己への気づきは増大する。知覚と記憶痕跡の組織化が拡大する。対象恒常性が次第に発達する，特異的な質をもった情緒と連続性をもった情動状態が出現する。

　現実原則と二次過程が優勢になると，全体的な合体から部分的合体へ，母になりたいから母のようになりたいという選択的同一化が起きる。現実的自己イメージと願望的自己イメージの区別がつくようになる。すると，「過去や現在を指し示す，現実的自己対象と，未来における可能性や変化を示す願望的自己イメージは分化し，結果自己は変化にもかかわらずつねに同じであるという感情をもてるようになる」。さらに自己表象と対象表象の境界が成立するが，その前提になるのは「愛情対象に関する現実的表象から明確な境界によって分離された自己表象が，しっかりと確立していることである」。

　心的表象は，自我・超自我（自我理想）・エスあるいは身体構造と機能を映し出す鏡であり，かつ環境から区別され連続性と方向性をもち，その内容は分化し組織化されているようなエンティティーとしての自己意識である。

　このように，心的表象論の歴史の中で，Jacobsonの理論は決定的な役割を果たしている。Kernberg, Sandler, Kohutらの理論は彼女の理論の上に成り立っているといえよう。

## Ⅵ　表象世界：Sandler, J.[9,10]

　Jacobsonによって記述された，主観的な自己表象と対象表象からなる世界は，いったん成立するとその後の体験を組織化していくような基本的かつ力動的な心的システムであるといえる。この表象世界についてさらに探求したのがSandlerである。

　Sandlerは1956年に，Freud, A.に招かれ，Hampstead Index Projectに参加した。そこで，児童分析の素材をカテゴライズし分類する作業を進めるうちに，臨床観察を既存の分析用語に当てはめようとするとどうしても曖昧さが残ることに気づいた。そこで，対象世界の概念が導入されたのである。これは，まず1962年「対象世界の概念」として発表された。その後現在まで，約30年間Sandlerはこの表象世界という概念によって，精神分析理論の再定式化を試みている。つまり，最初は記述を助けるための用語であった表象世界論は，そこにとどまらず，一定の構造と機能をもった精神内システム，体験にとって意味のある基本的な力動的ユニットとして概念化されたのである。

　［内的世界］
　子どもの内的世界は精神分析的探求の焦点である。それは生物心理的な適応過程の結果として，発達コースにおいて徐々に分化していく世界である。
　さてFreudは内的世界をどのようにとらえていたのだろうか。彼によれば，外界にある対象を放棄し，そのある部分を同一化によって自我の中に取り込むことによって心の中に新しい心的執行機関ができる。この超自我形成によって，はじめて自分の心の中に，新しい心的な執行機関という形をとった自律的な存在を獲得する，その結果まさに記述的な意味で内的世界ができるというのである。したがって，Freudにおいては，超自我形成以前は子どもの対象は外界に存在するだけである。
　しかし，外的世界にある対象の知覚は，外的世界に関する組織化された複雑な表象の発達なしには起こり得ない。すなわち，子どもが自分の表象世界の中に安定した対象表象を作り上げた後に愛情対象を内的世界に移し替え，超自我を形成するという過程が起きる（両親が取り入れられるためには，単鈍に取り入れられると考えるのは難しく，そのまえに両親は知覚されていなければなら

ず，知覚されるためには，両親は何らかの対象表象として表象世界の中で，構築されていなければならない)．このように考えると，記述的な意味で「内的」「外的」という区別とは異なった視点が必要になる，とSandlerはいう．

さらに彼は，乳児は生来的に一次的養育者と高度に特異的な関係パターンをつくりそれを強化し，母と他者とを区別する能力をもつという．この点でクラニアンとは同じである．乳児は自分の複雑な行為の積極的な体験者であり観察者である，と考える．そしてこうした能力によって主観的体験をもとに内的世界を構築する．たとえば，自己と他者との分化，自己と他者との境界，想像されるものと現実であるものの分化，などである．

[発達]
乳児は，他者についての知識はもっていないが，前述のような非常に高度な能力とともに他者に向かう方向性をもつ．このあらかじめセットされたプログラムによって快・不快の区別をする．ここから最初の対象が形成されるが，この最初の対象は自己と対象との分化はない，次第に自己表象と非自己表象が分化し，さらに自己表象と対象表象ができ，望ましい相互関係の表象ができる．このプロセスは非常にゆっくりと進行する．

[自我と表象世界の関係]
もともと未分化であった知覚から表象世界をつくるのは自我の機能である．しかし，表象形成は自我発達にとって不可欠である．両者は平行して発達する．自我は能動的な執行機関だが表象世界はそうではない．表象世界は自我が適応や防衛活動を行う際に，意味ある情報を提供するレーダーにたとえられる．

[表象世界，表象，イメージの違い]
表象されるものは，たんに外界にある対象や物だけでなく，相互関係の中で子ども自身に発する感覚（身体表象），本能欲動（情動）なども含む．表象は多くのイメージからつくられる相対的に永続的な組織（母が立つ，すわる，しゃべる，オッパイを与えてくれるなどのイメージを基礎にして母表象がつくられる）である．

いっぽう，イメージはその瞬間瞬間の一時的なものである．これらは劇場にたとえられる．表象世界は舞台セットであり，役者たちは自己表象や対象表象

であり，演技におけるその時々の表現や形が自己イメージと対象イメージである。

　劇場は自我であり，劇場のもつさまざまな機能は，われわれが普通は気づかない自我機能に対応する。

[shape（形）という考えと防衛機制]
　発達過程や防衛活動によって変化する一定の瞬間にあらわれる表象やイメージによって想定される特異的な形や特徴を記述するためにshapeという用語を用いる。

　たとえば，ある瞬間怒っている子どもは，その自己表象の「形」が変化したといえる。また，もし怒っている自己表象の「形」が意識に近づけない場合，防衛機制によって意識に受け入れられやすい「形」へと変化する。子どもが，同一化により，他者のある側面をモデルにして自己表象の「形」を変える，たとえば母親のように歩く子どもは，母親の歩くイメージをもとにして，自己表象の「形」を変えたといえる。投影は自己表象のある側面を対象表象へ移し替えることである。対象を攻撃する無意識的自己イメージが，葛藤を引き起こし，意識に受け入れられないとき，投影によって変形され，対象が自己を攻撃するという意識的空想・思考となる。反動形成は，自己表象の「形」が，その反対のものに変化することである。サディスティックな自己イメージはやさしい自己へ，汚い自己イメージはきれいなものへと変化する。

[空想]
　願望の満足が防衛機制の操作によってなされるように，空想は表象の操作によって形成される。つまり空想の構築には防衛機制がともなう。受け入れがたい願望や望ましい空想内容から意識を守るために，防衛機制によって，意識に受け入れやすいように表象は変化させられるわけである。そして意識に受け入れられがたいものが無意識的願望となる。ここで重要なのは，無意識的願望にしても望ましい空想にしても，その構成要素として，相互関係にある自己表象と対象表象という心的表象をもつことである。つまり自己表象はなんらかのパラレルな関係にある対象表象をもつということである。

　いいかえると「わたしは誰それとかくかくの関係にある」というストーリーをもつということである。たとえば，子どもが母親にすがりつきたいという願

望をもつとき，その願望には「子どものすがりつきたいという」表象だけでなく「そのすがりつきたい子どもに反応する母親」の表象をともなう。

[願望と情動]

伝統的な精神分析では，無意識的願望は本質的には本能的なものとみなしてきたが，本能以外に多くの動機的力がふくまれるとSandlerは主張する。つまり，安全，賞賛，保証，いろいろな快感，対象関係に固有な満足を求める努力，不安，恥，罪悪感，など不快なものを減少させたいという欲求，さらに内面から起きてくる動機的力だけでなく，外界によって動機づけられる力も含める。こうした考えは，人間の動機はリビドー的・攻撃的力のみに帰するという古典的理論の改変を意味している。

彼は，むしろ，行動や発達における動機的力として，意識的─無意識的感情状態を表象する情動が，中心的意義をもつと考える。つまり，乳児が，快・不快という感情状態によって主観的体験を構成していき，かつその過程で自己表象と非自己表象とを分化する能力を発達させるのは，乳児と環境との相互関係も基礎にしているのであり，したがってそこにおける主観的感情状態の変化は決定的な意味をもつと考える。それゆえ，自己表象や対象表象への情動の投資ということが重視されるのである。

[体験的表象と非体験的表象]

Sandlerは，最初この区別を考えていなかったが，その後理論化されたものである。つまり，自己表象には2つの意味があり，一つは非体験領域の自己表象であり，もう一つは体験領域の自己表象である。前者は，主観的体験の結果できるものだが，たとえば乳児が母親との相互関係を繰り返す結果できる母親像もそうであるが，主観的には体験されないものである。行動を導く構造・組織・図式ないしは一連のルールといった永続的な存在であり，身体図式・身体表象などはこれにあたる。これ自体，主観的体験の情報をオーガナイズする機能をもち，次第に安定化し発達する。大事なことは，時，場，人との脈絡がこうした構造やルールの形成にとって重要だという指摘である。

いっぽう，体験的表象は，自己と他者に関する「いま・ここで」における現象的，体験的自己表象である。たとえていえば，前者はワープロの中のメモリーであり，後者はスクリーンに映っているテキストであり，質的に異なってい

るが密接に関連しながら作動している。こうしてみると非体験的表象は非意識的といえるようなもので精神分析理論を拡大するような概念である（ちなみに，Sternは，非体験領域の自己表象について新しい考えを提出しているので原著を参照してもらいたい）。体験的表象は意識的なものと無意識的なものがあり，この意味で無意識的かつ主観的体験は，精神分析における中心的な概念だといえる。

［反復―投影同一視］

このようにSandlerは，相互関係の中にある自己と対象の心的表象，という力動的ユニットについて考察している。そこには，他者にかく反応してほしいというものが含まれている。表象論的にいうと，投影同一視は，自分の望ましくない部分を切り離し，対象表象（そして他者）に投影し，他者を操作して，他者が自分の望ましくない部分を反映するように機能させる。つまり，対象表象を修正しようとする。

これは，精神内界だけでなく対人関係の中にもあり，投影同一視は，自己―対象関係の表象を修正したいという願望だけでなく，外界の他者の操作をも含んでいる。したがって，これは反復強迫，転移，現実的対人関係の中で現れるわけで，われわれはなぜ過去の対象関係を反復するのかという疑問に答えている，といえる。

このような対象関係―対人関係の脈絡は，けっして変化しないものではなく，さらに新しいレベルの脈絡が追加される。そしてそれらは新しい組織化・構築・想像的視野を反映し，相互関係における共有された意味を表象する。こうして表象世界は，共同してつくられ，その後の発達の基礎となる。

投影同一視に似ているが異なった同一化がある。一次的同一化（あるいは一次的混乱）である。つまり自己表象と対象表象との境界が喪失している状態で，精神病でみられるということはJacobsonが指摘しているとおりだが，「つかの間の一次的同一化」は正常でもみられる。たとえば，映画の活劇場面を見て，それに同調しておもわず体を動かす，などである。これは，必ずしも病的ではなく，共感や投影同一視の基礎にあり，むしろ人生を豊かにするものである。

［一次的ナルシズム］

以上のような考えからSandlerは，一次的ナルシズムは，自己表象へのリビ

ドー備給であり，自体愛はまだ自己表象や対象表象が存在するまえの，快感的─欲求満足的な体験へのリビドー備給である．そして対象表象ができ，対象愛の段階に達すると，自己表象へのリビドー備給は，その一部が対象表象へと転移される，と考えている．

## Ⅶ 精神病理学への応用

### 1．神経症病理─境界例病理─自己愛病理：Kernberg, O.

JacobsonとMahlerにもとづき，さらにシステム理論を援用してKernbergは彼の心的表象論を構築している．つまり彼は，自我によってコントロールされ，境界によって外界と境界線をもつ，内在化された表象によって成立する，内的なシステムとしての表象の世界について理論化した．彼は，一連のセットになった，そして情動が付加されている，自己表象─対象表象の発達とその在り方を分析することによって，神経症病理，境界例病理，自己愛病理を鑑別できることを発見した．

### 2．喚起性記憶と心的表象：Fraiberg, S., Adler, A.

Fraiberg[1]は，対象恒常性を検討し，対象恒常性のまえにまず心的イメージを保持する能力に注目し，心的表象とはまさに喚起性記憶であると考えた．つまり，喚起性記憶とは，外的刺激体験や内的欲求といった刺激がなくとも，自律的に想起されるような記憶である．心的表象の確立あるいは対象恒常性はこのように喚起性記憶として記述できるわけである．この概念は，次に述べるLondon[6]の精神分裂病論，Adler, Rinsley, 狩野などの境界例─自己愛障害論へと引き継がれている．たとえば，境界例では，再認記憶はあるが喚起性記憶が傷害されているため，対象喪失に対して全体的なパニックや衝動性で反応したり，自己のすべてを支えてほしいと願うのである．

また喚起性記憶の障害は過去や現在の対象関係に影響を与えるだけでなく，将来の対象関係にも影響を与える．すなわち，境界例患者にとって，将来はなにもない恐ろしい世界か，ひどく理想化されたものになり，未来における計画はその場しのぎであったり，空白を埋めるために強迫的にきついスケジュールで埋められる．

## 3．統合失調症特異論：London, N.

　Londonは，心的表象は記憶痕跡を心的に組織化したものと考える。ここで記憶痕跡は，内的—外的刺激にかかわる体験および刺激された主体の反応から由来するが，それは出来事の記載以外のなにものでもない。

　いっぽう，願望・動機・反応・本能欲動・防衛・情動・信号不安などすべてが心的表象であるから，心的表象は人生体験の単純な複製以上のものを含んでいる。統合失調症では，記憶痕跡が心的に構造化され，心的表象へと組織化される過程に障害があり，かつ心的表象を維持する能力に障害（つまり喚起性記憶の障害）があるという。そしてこの障害を彼は脱備給という。したがって，統合失調症の行動はこの脱備給の結果起きる内的破局にたいする反応と理解できる。つまり，体験を統合するために必要な表象体系をもっていないために，さまざまな刺激に対して一貫性と多様性をもったパターンで対応することができないのである。

　たとえば，分離に対して，自己表象や対象表象が奇怪な欲動対象に置き換えられたり，自己表象や対象表象が利用できないために，世界没落体験といった，世界は空虚で恐ろしいものになってしまう。あるいは危険に対して，表象がすべて原始的未分化な状態へと変化する。たとえば，性愛的な興奮が突如として怒りに変わったり，信号不安が心気症的不安に変わる。表象体系の欠如は，過剰な環境依存や現実への執着を引き起こしたり，たえず自己の同一性や時間・空間の見当識を維持しようと努力しなければならず，これは覚醒過剰状態を引き起こす。その結果，統合失調症性現実主義や統合失調症性具象思考となって現れる。

　　　　　　　　　　　　　　　文　献

1 ) Fraiberg, S. (1969) Libidinal object constancy and mental representation. Psychoanal. Study Child, 24 ; 9-47.
2 ) Freud, S. (1925) Negation. Standard Editions, 19 ; 235-239. Hogarth Press. London.
3 ) Hartmann, H. (1950) Comments on the psychoanalytic theory of the ego. In: Essays on Ego Psychology, International Universities Press, New York.
4 ) Jacobson, E. (1964) The Self and The Object World. Int. Univ. Press, New York. (伊藤洸訳〔1981〕自己と対象世界．岩崎学術出版社，東京．)
5 ) J. Laplanche et J. B. Pontalis (1976) Vocabulaire de la Psychoanalyse, Presses Universitaires de France, Paris. (村上仁監訳〔1977〕精神分析用語辞典．みすず書房，

東京.)
6 ) London, N. (1973) An essay on psychoanalytic theory : Two theories of schizophreni a. Part Ⅰ & Part Ⅱ. In: J. Psycho-Anal., 54 ; 169-193.
7 ) Moore, B. and Fine, B. (1968) Glossary of Psychoanalyitic Term and Concepts. American Psychoanalytic Association.（福島章監訳〔1955〕精神分析事典.新曜社,東京.)
8 ) Pine, F. (1985) Developmental Theory and Clinical Process. Yale University Press, London.（斎藤久美子,永田一郎監訳〔1993〕臨床過程と発達 1 . 岩崎学術出版社,東京.)
9 ) Sandler, J. and Rosenblatt, B. (1962) The concept of representational world. Psychoanal. Study Child, 17 ; 128-145.
10) Sandler, J. (1994) Fantasy, defense, and the representational world. Infant Mental Health Journal, 15 ; 26-35.
11) 新村出編（1985）広辞苑.岩波書店,東京.

# 心的表象としての自己の病理

## はじめに

　本章では，精神分析療法が，その目的，原則，技法などの側面で大きく変化しつつあるということについて，心的表象論を用いながら論じたい。とくに，治療における間主観性の意義について論じたい。それは，精神分析療法において，二人の人間の関係，とくに内的世界と内的世界の関係についての理論化はなお十分になされていないと考えるからである。そして，こうした思考は，精神分析における「自我」論から「自己」論への理論的展開と軌を一にしていることを述べたい。

　このさい，筆者は，Winnicott, D. W.[13]のいう自己に関する逆説，すなわち一人でいられる能力は母親の存在を必要とする，という重要な観察を前提にしている。また，この逆説を支持したModell, A. H.[9]の2つの考え，すなわち第一に，自己は，時間の流れのなかで同一性感覚として持続するが，いっぽう，自己意識はたえず変化している，第二に，自己のまとまりと連続性は個人の内側からくるが，同時に他者から認められることにもよる，つまり自己のまとまりや連続性は他者によって支持されることもあれば破壊されることもある，という考えを基礎においている。

## I　自我と自己をめぐるジレンマと課題

　長い間，精神分析家は「自我」か「自己」かというジレンマに直面して当惑してきたが，それはFreud, S.自身のジレンマでもあった。この点についてのModell[9]の以下のような指摘は当を得ていると思われる。「Freudは，自己という用語を避けたが，それはなお自我構造論のなかに内包されていた。彼は，自己について純粋に現象学的主観的に記述することは非科学的である，客観的な自我に比べてみよと主張した。彼のジレンマは，自分自身の自己についての

個人的でユニークな体験を，その体験を客観化しようとする外的な観察者のもつ概念システムに，どのように変換するかをめぐってである。自己体験を客観化することは，自我のような普遍的で非人間的な図式のなかにそれを位置づけることであり，結果自己のユニークさを損なってしまうのである」。

しかし，このジレンマは，過去においても現在においてもむしろ生産的であった。自我という概念をもって，われわれは「こころ」をフワフワしたとらえどころのない，ときには悪魔的なものとして見るのではなく，生物—心理的および社会—心理的な基盤をもとに構造と力をもった存在として位置づけることができた。いっぽう，精神分析の臨床は，自我をあたかも絶対的な存在と見立て，そこに精神分析療法で起きるすべての現象を還元するというやり方にたえず疑問を投げかけてきた。いいかたをかえると，臨床では自我という抽象概念を探求するのではなく，自分が自分を動機づけているという自己体験を探求するのである。そのさい，自我という用語では，精神分析療法で起きるでき事を，とりわけ重いパーソナリティ障害や精神病の場合，他の人にわかるように記述できないということに多くの研究者は気づいていた。Fairbairn, W. R. D., Winnicott といった対象関係論者や，Jacobson, E., Sandler, J.といった自我心理学者が自己や対象という用語を用いたのもそのためである。筆者は，Klein, M.がその論文のなかで自我という用語を用いることが少なかったのもそのためと考えている。ここに精神分析の展開があったといえる。

精神分析では，つねに理論の構築よりも臨床実践が先んじていたという歴史的事実は，この課題を考えるうえで無視できない。たとえば重いパーソナリティ障害の場合，先に理論があったというよりも，臨床の実践の中で，ある意味では自然な技法の修正がなされ，その結果として理論に変更が加えられたわけである。もし，Freudの理論に完全に忠実だったなら境界例に関する精神分析理論は産まれなかったのである。

このようにみると，歴史的にも現在においても精神分析がアプローチしている課題は以下のように抽出できると筆者は考えている。

①人間の主観的世界はいかにしてつくられるか，そして子どものそれはどうか？
②そのような主観的世界を記述する用語は何か？
③その用語は臨床素材に適切に適応できるか？
④早期の自己と対象との関係やそこでの情動体験が，内的にどのように構築

され，それがその後われわれが世界や他者を見る視点にどのように影響するのか？

⑤内的な自己と対象との関係はどのような力動的性質をもっているのか，そしてそれはどのように展開していくのか？

⑥内的な世界と外的な世界との関係をどのようにとらえるか？　とりわけ治療における間主観性はどのような意味をもつのか？

⑦このように考えるとき，「私」に関連する自我，自我装置，自己，自己表象，自己感といった用語はどのような意味をもつのか，そしてその病理とは何か？

## II　心的表象論（前章を参照）

これらの課題にアプローチする手段として，筆者は心的表象という考えを用いてきた。

われわれは，ある体験を集積し，これはこういう体験だというふうに整理したり，平均化したり，つまり抽象化し，表象に書き込む。そのさい，体験のプロトタイプとなるようなものが表象であり，それは一定の構造をもっていると考えられる。こうした表象世界と表象する能力は発達の非常に早期からはじまり，その後の発達の中で展開し，より複雑な構造をもつようになるということが最近の乳幼児精神医学で解明されている。

このような心的表象という考えは，精神分析のどの学派にも共有されているし，いい方をかえれば，異なった学派間の対話のための場を提供する考え方である。それはつぎのような意義をもっていると考えられる。

①心的表象は，記憶痕跡を心的に組織化したものである。記憶痕跡は内側と外からの刺激にかかわる体験や主体の反応に由来するが，それは出来事の記載以外のなにものでもないのに対し，心的表象は体験の単純な複製以上のものを含んでいる。願望，動機，反応，防衛，情動，運動などすべて心的表象である[6]。この意味で心的表象は，記憶に関する諸概念と密接な関連をもつことになる。この視点から，Modell[8]は，書き換えられないままに長期感情記憶として書き込まれた外傷体験が，その後の対人関係の相互交流の表象を規定し，精神障害の病因となりうると主張している。

さらに心的表象的考えに立つと，記憶痕跡を心的表象に組織化する過程とそ

の障害や心的表象を維持する能力とその障害といった病理的問題がみえてくる。まさにこうした障害が統合失調症の一次的障害であると主張したのが，London, N.[6]である（前章，34頁参照）。

Fraiberg, S.[2]は，対象恒常性が内的に確立するということは，心的表象という視点からみると対象に関する喚起性記憶の成立に基礎づけられていると主張した。Mahler, M. S.ら[7]の分離個体化といった発達研究も，この視点から，自己表象と対象表象のあり方を探求したものである。

②人間は，自分の体験をそれぞれにユニークなやり方で処理したり加工したりするが，こうした主観的オーガナイゼーションをStern, D. N.[11]は自己感とよぶ。これも心的表象としてとらえられ，主観的世界の発達研究の重要な指標となる。たとえば，乳児において相互交流体験は，前言語的に平均化され，表象されるという。そしてこのような基本的な記憶単位は「すでに一般化された相互交流に関する表象（Representation of Interaction that have been Generalized：RIGs）」という基本ユニットとしてこころに刻印され，中核自己感のもつ重要な要素の統合に貢献するという。つまり，自己がもつ不変で同一であるという感覚，すなわち発動性，一貫性，情動性，歴史性といった要素は，RIGsによって統合されるというわけである。

③臨床における相互交流的な主観的体験を組織化するやり方を，われわれは性格，パターン，スタイル，力動的布置，あるいは防衛のあり方などというが，これらを客観化せずに，治療者と患者との間主観的な脈絡において生成された自己表象と対象表象との力動的関係的ユニット（Sandler, J.）[10]としてとらえることができよう。このように，人が人を理解するには，自分にも他者にも心があることを発見し，主観的体験を共有するという間主観性が不可欠である。相互交流において，われわれは，ある意味では，自動的に他者の内的状態を反映するのである。

ではこのような発達はいつ達成されるのか。Stern[11]は間主観性を確立する主観的自己感は7カ月から12カ月につくられるという。この時期においてとりわけ重要なのは情動調律という現象が見られることである。これは，幼児の情動を見たり聞いたりすることで，母親の内部に情動が自然に非意図的に誘発され，幼児の行動を模倣することなしに，共有された情動状態を行動で表現する，という現象である。調律されるのは，情動の強さ，リズム，タイミング，形であり，その内容ではない。母親の調律の仕方，つまりまったく調律しない，

意図的選択的に調律する,あるいは意図せず間違った調律をするといった相互交流が,母親の態度,空想が子どもの体験の輪郭を形づくる媒体になる。すなわち,他者と自分との関係におけるそれぞれの心的状態を表象する能力がつくられるわけである。

このSternの知見をそのまま大人の精神分析に応用するのは慎重でなければならない。なぜならば,大人は,その後もっと複雑な発達を達成しているからである。しかし,この概念は大人の精神分析的関係を記述するために多くの手がかりを与えてくれるのは確かである。たとえば,精神分析では患者の話したことの内容から,つまり患者の話の中の中心的なテーマをとらえることによって,自己と対象との関係を抽出するという考えが一般的である。しかし,もっと重要なのは治療関係において患者がその話にかかわる態度である。この認識は,Reich, W.の性格分析にさかのぼることができようが,近年間主観的な脈絡からとらえ直されている。とりわけ,話をしているまさにそのときの情動の強さ,リズム,タイミングのなかにこそ,患者の,知られていないしかし無意識に思考されたものが潜んでいると考えられるし,治療者と患者の間で調律されたりされなかったりする情動のパターンが患者に内在化されるのである。

いっぽう,Fonagy, P.[1]は,愛着理論にもとづき,こうした子どもの能力をreflective self function (RSF) とよぶ。つまり,他者の精神状態を想像する能力とでもいえよう。そして,母親の幼児の内的状態を考える能力が安全な愛着の発展を促し,それが子どものRSFを形成すると述べている。反対に,disorganizedな愛着パターンを示す子どもの場合はこの能力が傷害されていると述べている。彼は,こうした知見から重い人格障害の治療では,RSFの達成が治療の目標だと主張している。

筆者[4,5]は,境界例の治療の改善の初期徴候を把握することの重要性を指摘し,それらの徴候として,境界体験をもてることや近未来を予期する能力の達成を挙げたが,RSFはそれらと密接な関係があると考えている。

## III　精神分析療法の変化

さて,これまでの考察は,精神分析の技法上の変化と平行して起きているはずである。「はずである」というのは,従来精神分析は,技法の変化に関して,他のいろいろな精神療法が「新しい技法」を声高に提唱してきたのにくらべ

と，ひどく慎重で明言を避けてきたからである。たとえば，よい治療をしていても技法は「従来どおり」という発表が多かったように思う。しかし，確かに変化している事柄があるのである。以下にそれらを要約する。

### 1．目的の変化

無意識の意識化と洞察という観点から，他者と自分との関係の脈絡において，他者の欲望，感情，思考を理解すること，すなわちRSFのような自分と他者の表象を理解する能力の発展という観点が加わった。治療関係において新しく知覚されたものは，古い力動的関係的ユニットで組織化されつつも同時に新しい力動的関係的ユニットをつくり出すことがあるわけで，これが治療目的と考えられる。

### 2．治療構造の意味の変化

治療構造を設定するということは，自由連想の場をつくる，転移性歪曲に対する現実検討の場をつくるということだけでなく，それ自体，holding，containingさらには間主観的交流といった力動的な場という意味をもつことになる。

### 3．禁欲原則の再考について

間主観的立場に立つと，禁欲原則は治療者と患者の相互関係において不自然な調律をつくりだすか，極論すると不自然に患者をフラストレーションに陥れることがある（Stolorow, R. D.）[12]。すなわち，禁欲原則を遵守するかどうかではなく，そのことが治療の「いま，ここで」どのような意味をもつかを考える必要がある。

### 4．治療者の能動性の重視

治療者が表面的に沈黙しているかしゃべるか，あるいは匿名性や中立性を守るか否かという問題を越えて，内的世界の展開を可能にするような治療者のいっそうの能動性が要求される。これは，自己心理学でいう持続的な共感的探求（Stolorow）[12] といった態度の提唱に現れている。

## 5. 治療同盟の意味についての変化

　治療同盟とは，治療者と患者との合理的自我の協力といった転移外の現象というよりも，患者が理解されているという体験と，理解してもらえるだろうという見通しをもつという事態だという考えがある（Stolorow）[12]。これはRSFと通ずる考えである。その場合，厳密にいって治療同盟と転移とを区別することは意味がなくなるといえる。

## 6. 転　移

　転移は，過去の反復であるという単純な描写はできない。あえていえば，過去における関係パターンを治療の脈絡において再体験するさいのプロトタイプ（Hamilton, V.）[3]である。このさい，治療の現在における対象関係の修復を求める患者の動機や逆に治療者の治療への動機によって構成される現在の関係も重視される。

## 7. 介入について

　解釈に代表されるような言語的介入の内容に加えて，これまで述べてきたように治療者の意図的―非意図的介入の手順，パターン，強さ，リズムが患者に与える影響は治癒をもたらす一義的な意味をもつと考えられる。たとえば，治療者は患者に反応してどんな心的状態になるか，あるいは患者のどんなことにどのように調律するかといったパターンの認識が重要になる。

## Ⅳ　症　例

　以上に述べたことを念頭に置きながら，これから報告するのは，境界例患者との精神療法からのいくつかのセッションである。それらは別の研究報告[5]で用いたものだが，新しい観点からの検討のために，資料として再び用いることをお断りしておきたい。とくに，ここでは，間主観的脈絡における想像する能力あるいはRSFの意義，逆転移と情動調律の関係について検討したい。

　患者は，虚言癖を治したいという動機と錯乱・自殺企図などで受診した重い境界パーソナリティ障害の後期青年期の独身女性である。彼女は子どもの頃から絶えず向上することを考え，そのために自分にウソをつき，いわば自分に麻

酔をかけ，自分の弱い部分に蓋をして，ほかの誰かに完全になりきろうとしていた。これは，学童期には，誰かの真似をすることによって，思春期以降は，男性との性的関係を繰り返すという形でなされていた。当然だが，表面的な技術を身につけることに懸命で，彼女は自己と他者の内的状態について，主体的に考え，想像することができなかった。代わりに彼女がとったのは，後述するが「人の心をまさぐる」という態度だった。そしてこれらの行為の特徴は，他者に対し完全に秘密裏に行われていたということと，ほとんどの場合自己破壊的な結果で終わっていたということだった。

　この治療のテーマのひとつは，彼女の破壊的なpairing関係の意味を解明することであったが，治療の進行とともに，治療者は，彼女にとって主体的に想像する能力の展開がいかに重要であるかということを知った。先に述べたFonagyの概念を使えばRSFの能力の発展といえる。

　ちなみに，この治療は11年の経過で十分な成果を上げて終結した。前半の8年間は週2回対面法で，後半3年は週2回カウチを使った。しかし，治療が難渋をきわめたのは最初の3年間であり，それ以降は，環境調整と彼女のRSFの成熟によって現実適応は大幅に改善し，彼女は本心から自分のために治療を有効に使用したといえる。

　治療をはじめてすぐに，彼女は治療者である私にどれほど協力的であるかを示そうと懸命に努力しているように見えた。私は，こころの一部で「なんとかして助けてあげたい」という救済願望が強く刺激されるのを自覚していた。私に同一化し私との一体感を維持するために，彼女は私の言葉だけでなく表情や振る舞いの意味を見逃すまいとして，文字通りの五感を用いて懸命に私を探っているようだった。しかし，直感とか想像とかいった私の内面を理解する機能はまったく働いていなかった。さらに彼女は，セッションのあと私の言ったことをノートに書き留め，それを記憶しようと努めていた。彼女はこのような態度を「人の心をまさぐる」と表現した。ここには身体的接触の意味がこめられているが，実際私はあたかも全身を「まさぐられる」ような身体感覚を体験した。このような意志的な努力なしに彼女は自己を支えられなかったし，私との間のどんな違いにも耐えられなかったのである。

　この外来での治療は，彼女のリスト・カッティング，大量服薬，激しい気分変調のため，維持できなくなり入院治療となった。入院治療はいわゆるA－T分離で行った。私は，ようやく彼女の危険な行動に脅かされることなく，精神

療法を行えるようになったが，これは同時に私の彼女に対する救済願望を行動化した，つまり入院という形で彼女を保護したともいえる。治療関係で明らかに彼女のpairingのパターンが再現されていたのである。

ところで，彼女の母親は患者に対し要求水準が高く，とくに弟ができてからいっそうそれは強くなった。母親からは「愛想がよく活発で成績のよい」子であることを求められていた。この要求が少しでも満たされないと彼女は人前でも激しく叱責された。かといって母親の要求を満たしてもけっしてほめられなかったのである。彼女は高校に入ったころ「自分は母の願望を満たした，だからもう自由にしてよい」と考え，男性との性的関係にのめりこんでいった。しかし，いっぽうで表面的には完璧に親のいうことに従っていたのである。

入院治療は彼女と男性病棟患者との駆け落ちで終わった。病棟における彼女の人間関係はかなり深まっていたが，同時に男性患者と性的な関係に陥り，2人で新しい生活をはじめようとした。しかし，2人は生活に困り間もなく自宅に戻った。

### 1．想像する能力の展開

その後間もなくの，治療者の夏休み直後のセッションである（治療開始1年半頃）。

彼女はひどく憔悴した様子で現れた。そして「友達がどんどんいなくなる，友達と共通の話題がない，ひとりぼっちだ」といって激しく泣きはじめ「家事も一生懸命やってきたのに両親に判断力がない社会性がないといわれる，自信がなくなる，ここへ来るのが厭です」という。私が，休暇を取り"自分を見捨てた"治療者に対する彼女の怒りと寂しさをについて解釈すると，彼女は態度を一変させ，泣き止みむしろ怒りをこめて，「そんな感情もったことない，先生の言葉は私を傷つける，親もそうだ，なぜ親のいうことをきかなきゃいけないんでしょうか！　自分は治療に努力していない，駄目だ，親にも見放されている」といった。表面的には否定的感情が現れているものの，彼女の態度は対象と関与しようとする建設的傾向を示していた。私がこのことを伝えると彼女は挑戦的かつ皮肉っぽく「今，私がここを出ていったらどうなると思いますか」というので，どうなると想像するかと問い返した。彼女は「先生ははいどうぞ，というような気がする，それで精神療法が今日は終わるような気がします，家に帰ってまた怒られると思います，犬がうるさいんですよ，裏の家の，殺して

やりたい」と激しい憎悪を示した。そして「精神療法は冷たい，時間どおりに始まって時間どおりに終わる。なぜ時間どおりに終わらなきゃいけないんですか！　話の途中でも終わるし，人がこんなに苦しんでいるのに！　今日夢を見ました」といって恋人に捨てられた夢を報告した。私は「あなたは自分が自己主張的になると，無視されたり捨てられるという気持ちになってしまう」と解釈すると，彼女は「先生，どこで感じたんですか」という。そして「私の自己主張は間違っているかもしれない，病気だから」と続けた。

　ここで私は「もし自分が出て行きたいといったらどうなるか」という彼女の質問について答えた。「あなたがもしここから出て行きたいといえば，それはあなたの自己主張だから，それについては反対しない，しかし，もし本当に出て行こうとしたら多分止めようとするでしょう。あなたは，もし自己主張したら自分が捨てられるという空想をもっていて，それが空想に止まらず実際にそうなってしまうという不安で困っているのではないか」といった。すると彼女は「メチャメチャな行動をしたいと衝動的に思うときがある，それが心の中にあって，親のいうことなんかきかないで夜出歩きたいとか，いちど父親に向かって，おまえ！っていってやりたいと思う」と，すこし恥ずかしそうにいった。続けて，彼女はかつて自分をはっきりと主張できた出来事について想起した。

　この後，彼女は私の言葉をノートにつけるのをやめた。その代わりに，セッションの後，喫茶店に立ち寄り，セッションでの出来事を思い浮かべ反芻するようになった。それを繰り返しているうちに，彼女は一人でいろいろなことを「想像」して楽しむという遊びを発見した。たとえば心細くなったとき，入院したらどうだろうかと想像する。そしてかつて入院したときのことを思い浮かべ，「あのときは，無断離棟を何度もした。でもあの期間がなかったら今はないのかなー，入院するとつらいことが多いかもしれないが，前と違ってもしこういう行動をとったらどうなるか，と考えられるから無断離棟はしないだろう」と想像した。そしたら急に「あ，いつまでもここにいたら家の人が心配するだろう」という考えが浮かび，そこで「はじめて自分が人に影響をいい意味でも悪い意味でも与えることがある」ということに気づき愕然とした，といったことである。

## 2．考　察

　以前，筆者[5]は，患者の近い未来を予期する能力の展開というテーマでこ

のセッションを検討した。ここでは，その考えをさらに発展させることができよう。すなわち，患者は，治療者を物として記憶することに頼る代わりに，治療者の内面について主体的に想像することができるようになった。治療関係の脈絡の中で治療者ならどうするか，自分ならどうするか，それに治療者はどう対応するか，といったように互いの心的状態を共有するという体験を基礎に，相互関係について想像できるようになった。

さらに，重要なのはこうした間主観的な脈絡において想像する機能は，その後なおときおり患者が示した退行的行動にもかかわらず，消滅せず機能し続けたということである。もちろん，この想像する機能が，どのようにどのくらいの期間続くと永続的に内在化されるかということは，これだけでは確かなことはいえないが，少なくとも重いパーソナリティ障害治療の初期の改善徴候としての意義はあるだろう。

### 3．逆転移と誤調律

患者の態度に反応した治療者のちょっとした意図しない防衛的態度が，両者の間主観的関係をとおして，いかに大きな影響を患者に与えたかを例示する。治療開始後2年半頃のあるセッションである。

彼女は「この頃過去のことを話すのがかえってつらい，最近母から，お前この頃変わったね自分のスケジュールを話すようになったものねといわれ，自分は刹那的なのだと思った」と連想した。私が「刹那的でなくなると同時に，刹那的な部分に気づいたのかな」というと，彼女は「自分が変化してきているのかなーと思い，嬉しい」「なんか顔をくしゃくしゃにしたくなった，化粧を落とすのは嫌だけど，そうしたら気持ちいいだろうなー」と，いかにも楽しそうにのびのびとした様子であった。この反応は私をひどく満足させた。そこで，私は過去の出来事についてももっと話せるようになるとよい，といった。これに対して彼女は「自分はこれまでなんでも自分のイメージどおりになれた，だから新しいイメージの自分になると，その都度それ以前の過去はすべて切り捨てて来たのです」と述べた。このセッション終了後私は彼女の振る舞いや洞察的態度に満足していた。しかし，彼女の本当の反応はその2日後（つぎのセッションの前日である）の家出と短期間の行方不明という形で現れた。後に，彼女は，「先生にああ言われた後，急に両親にこれまでのウソがすべてばれるのではないかという恐怖心が出てきて，家を飛び出した」と述べた。

## 4. 考　察

　治療者は，このセッションにおいて，彼女が楽しそうにのびのびとした様子を示したとき，そこにのみ意図せずに過剰に調律していた。しかし，彼女が秘密の内的生活をもっていること，そしてそれはすでに治療者と共有されていたこと，親の側から見るとこの事態はまさしく治療者と患者が共謀関係にあったこと，そして治療者の主観ではこうした共謀関係に由来する罪悪感から，共謀関係そのものを防衛していたのである。つまり治療者は反動形成的にそしていくぶん操作的に，患者ののびのびした様子に調律したのである。それこそ，実は非常に侵入的であり，患者の被害的不安を高めたのは，確かである。

## 5. 治療その後

　しかし，この陰性治療反応ともいうべき彼女の家出の意味についてさらに考えていくうちに，とくにこの家出の結果どうなるかということを考えたとき，私は希望を見いだすことができた。つまり彼女は，この家出という行動によって私に彼女が被害的不安におびえている弱い子という側面を伝達しているだけでなく，自分の力で秘密を明らかにし素顔を見せることができる準備があるという強さをも伝達していた，と私は理解できたのである。彼女から電話があったとき，私は彼女が家出によってこれらの意味を伝達してくれたことについて感謝していることを伝えた。彼女はようやく――完全ではないにしても――自己の深く隠された弱い部分を思い浮かべることができるようになった。

## 6. 考　察

　上に述べたように，情動調律という概念を大人の精神療法にそのまま当てはめることには慎重であらねばならないだろう。しかし，この症例が示しているように，治療関係のいたるところで情動体験の間主観的共有は起きていると考えてもよいであろう。そして，完璧な治療者など存在しないのだから，それは治療に効果的に作用することもあるし，治療を危険に陥れることもあるといえよう。少なくとも，ここでいえることは，逆転移をモニターするさいにこの概念は有用性をもつということである。

## おわりに

本章で，筆者は，自我の病理を，心的表象論の観点から自己の病理として読みかえることに，この課題の展開の可能性があることを述べた。そして，心的表象論あるいは心的表象という考え方の構造論的，発達論的，治療的意義について考察した。さらに，こうした立場から近年の精神分析療法の変化について明らかにした。最後に症例を挙げて，間主観的脈絡における想像する能力，RSF，逆転移と情動調律との関係について考察した。

### 文　献

1) Fonagy, P. (1998) An attachment theory approach to treatment of the difficult patient. B. Menninger Clinic, 62 ; 147-169.
2) Fraiberg, S. (1969) Libidinal object constancy and mental representation. Psychoanal. Study Child, 24 ; 9-47, .
3) Hamilton, V. (1996) The Analyst' Preconscious. Hillsdale, NJ. The Analytic Press.
4) 狩野力八郎（1990）境界人格障害の治療．現代精神医学大系　年刊版'90．中山書店，東京．
5) Kano, R. (1998) Development of the capacity for anticipation in adolescence. In: Adolescent in Termoil ; A monograph of the International Society for Adolescent Psychiatry. Praeger, Conneticut.
6) London, N. (1973) An essay on psychoanalytic theory ; Two theories of schizophrenia. Part I & Part II. International Journal Psycho-Analysis, 54 ; 169-193.
7) Mahler, M. S. et al. (1975) The Psychological Birth of Human Infant. Basic Books, New York.（高橋雅士他訳〔1981〕乳幼児の心理的誕生――母子共生と個体化．黎明書房，名古屋．）
8) Modell, A. H. (1990) Other Times, Other Realities. Harvard University Press, Cambridge.
9) Modell, A. H. (1993) The Private Self. Harvard University Press, Cambridge.
10) Sandler, J. (1994) Fantasy, defense, and the representational world. Infant Mental Health J., 15 ; 26-35.
11) Stern, D. N. (1985) The Interpersonal World of the Infant. Basic Books, New York.（神庭靖子他訳〔1989〕乳児の対人世界――理論編．岩崎学術出版社，東京．）
12) Stolorow, R. D. et al.: Psychoanalytic Treatment. Hillsdale, NJ. The Analytic Press, 1987.（丸田俊彦訳〔1995〕間主観的アプローチ．岩崎学術出版社，東京．）
13) Winnicott, D. W. (1965) The Maturational Processes and the Fascilitating Environment. The Hogarth Press, London.（牛島定信訳〔1977〕情緒発達の精神分析理論．岩崎学術出版社，東京．）

# システム論的家族論および
# 家族ライフサイクル論の流れ

　ここでは精神分析的な家族論の流れを，一般システム論及びライフサイクル論の見地からさらに発展させたシステム論的な家族論及び家族ライフサイクル論の流れについて概説する。

## I　システム論的家族論

### 1．システム論から見た家族

　システム論的家族論では，個人の精神症状，行動異常，身体症状を，個人を取り巻く家族システムの問題の反映と考える。それゆえ，その治療対象は家族システムであり，治療目標は，家族システムの構造や機能を内外のストレスや変化に対してより安定した柔軟性あるものに変化させ，個人の症状の改善をはかることにある。ここでは，Bowen, M.の家族論と，Minuchin, S.の家族論について紹介する。

　それぞれ治療技法はシステム理論に基づいているが，Bowenの治療では，多世代にわたる家族システムの発達に焦点があてられ，Minuchinの治療では，家族システムの構造に焦点があてられる。

　von Bertalanffyにより1948年に発表された『一般システム理論』は，還元主義にかわる新しいパラダイムとして，社会学から生物学に至る広汎な分野へ影響を与えた。

### 1）構造的認識

　実在するものの基本構造を理解し，相互関係における共通したパターンを見いだしていく構造主義的な接近が，システム論的なアプローチの基本である。症状を単に個人の問題としてとらえるのではなく，それを取り巻く状況との関

係において，全体的，統合的に理解していく。

　家族（環境システム）は個人というサブシステム（1つ下位のシステム）を持ち，さらに個人は心理システム（情緒，認知，知覚，etc），生理システム（循環器，消化器，呼吸器，etc）といったサブシステムを持つ。システム論的な理解では，個人の症状をこうした環境，心理，生理という3つのシステムの連関から理解していく。あるレベルのシステムの変化は，他のレベルのシステムに影響を及ぼすため，治療的な介入はすべてのレベルから行い，重複した治療も可能である。つまり家族療法は環境システムへ，精神療法，認知療法，行動療法は心理システムへ，薬物療法は生理システムへ働きかけると理解できる。

　2）開放システム
　個人も家族も「開放システム」である。つまり構成要素（メンバー，金銭，食物，情報，情緒，葛藤，etc）が絶えることなく流入，流出している。われわれは，観察対象，治療対象をあたかも閉鎖システムとしてとらえがちである。

　たとえば父親が単身赴任で不在，母親と娘の間の達合が強まり，娘が思春期に入り，やせ症に陥った家族を考える場合に，しばしば「やせ」の症状を娘個人の身体や心の問題として見たり，（少し視野を広げても）家族システムだけの問題として見たりする傾向に陥りやすい。しかし，娘の問題には家族システムがかかわり，家族システムの問題には，単身赴任を必要とする会社の問題や，さらには企業の国際化といった社会状況など，上位のシステムの問題が必ず関与し，先に述べた構成要素が流入し，流出している。対象を「開放システム」としてとらえ，より広いコンテクストから理解し，どのレベルのシステムに働きかけるのかを考えて治療していく必要がある。

　3）フィードバック
　患者の症状（身体症状，行動異常，精神症状）に対して家族は反応する。この反応を敏感に感じとった患者は，家族の意識的，無意識的ニーズに合わせて，自分の行動をよくも悪くも修正する（フィードバック）。ある特定の個人の症状が，家族の安定の維持に使用されていたり，他の個人の機能を高めるために利用されている場合がある。患者の症状は，システムを維持するためのフィー

ドバックの連鎖の中に組み込まれ，固定されてしまうのである。
　こうした視点で，患者の心身の症状をとらえることは重要である。たとえば，夫の胃潰瘍や子どもの喘息が，家族システムの中で，いかなる役割を担っているのか，どんなフィードバックの連鎖に組み込まれ，固定化されているかを同定し，治療的に介入する。

## 2．システム論から見た個々の病態の理解

### 1）Bowen の理論から見た家族

　Bowen の理論において鍵概念となるのは，「分化度 differentiation」である。個人はそれぞれ感情システムと知性システムを持っており，知性が感情に巻き込まれやすい人は分化度が低く，巻き込まれにくい人は分化度が高いという。分化度の低い人は感情システムが優位に働くため，容易に他者と感情的に融合してしまう。したがって，分化度が低いメンバーからなる家族は感情的に融合しており，あるメンバーの情緒的変化は容易に他のメンバーに影響を及ぼす。家族システム内での感情エネルギーが不均衡となり，緊張状態が続くと，ある個人に症状（精神症状，身体症状，行動異常など）を引き起こす。
　どの個人がどんな症状を呈するかは，システムの中で，その個人がいかなる機能を有しているかで異なる。分化度の低い個人は，家族内の感情的融合状態に巻き込まれ，「本来の自己」を見失い，表面的で，その場しのぎ的な「偽自己」を形成していく。こうした分化度は，原家族（実家）から伝達（多世代伝達）されてきており，次世代（子）に伝達されていくと考えられている。
　Bowen によれば，分化度の低い二人で構成されるシステムは感情的に不安定のため，第三者を巻き込んだ三角関係を形成し，安定しようとする傾向があるという。彼は，夫婦（父母）と子どもとで形成される三角関係を観察し，分化度の低い夫婦が偽安定していく際に用いる 3 つの交流パターンについて述べている。
　ひとつ目は，夫婦間の衝突（喧嘩）を生じさせて，過剰な融合状態に陥るのを防ぐ場合である。
　2 つ目は，いっぽうの配偶者が不適応を起こし，融合関係のバランスを保つ場合である。つまり，いっぽうが精神症状や身体症状を出現させ，他方が失敗し面倒をみるという相補的な関係をつくり，バランスを保つのである。夫が胃潰瘍や高血圧となり，妻が面倒をみるというのがこのパターンである。

3つ目は，夫婦間の緊張が子に投影される場合である。夫婦の緊張関係を解消するために，いっぽうは子と融合関係をつくり，他方が家族から遊離することで家族が偽安定する状態である。子は心身症や精神症状を発現させることで，家族システムを維持しようと努める。こうした関係では，子が思春期に入り，過度に融合した親子関係から自立していく際にさまざまな問題を引き起こす。このパターンにおける代表的な心身症が思春期やせ症であろう。

### 2）Minuchin の家族構造療法から見た心身症家族

ここで，代表的な病態である心身症家族を例にとって説明する。Minuchin は，心身症を一次的 primary 心身症と，二次的 secondary 心身症に分類して述べている。一次的心身症は，アレルギー体質のような生物学的脆弱性や基礎疾患をもった特定の個人が，家庭内の葛藤やストレスを回避し，家族の安定を維持するために，症状（たとえば喘息発作や糖尿病性ケトアシドーシス）を発現させることで生ずる。こうした症状は家族システムの安定のために利用され，フィードバックの連鎖の中に組み込まれ固定されてしまう。つまり，個人の生物学的脆弱性や基礎疾患が家族システムの安定に利用されてしまうのである。

二次的心身症はこうした生物学的脆弱性や基礎疾患の存在は前提にはない。問題になるのは，特定の個人の身体に対する家族メンバーの過剰な心配や先取りした対応である。家族メンバーが特定の個人に対して心気的に心配したり，過剰に不安になることが心身症の形成を促すのである。思春期やせ症がその代表としてあげられる。

Minuchin は，小児における糖尿病，喘息，思春期やせ症の家族を観察し，心身症家族に特有な家族システムの特徴を導き出した。それらは，①絡み合いの関係 enmeshment，②過保護 over protective，③硬直化 rigidity，④葛藤回避のパターン luck resolution of conflict の 4 つである。

## 3．家族療法のプロセス

### 1）Bowen の家族療法プロセス

Bowen の治療における主題は，IP（identified patient）を巻き込んだ三角関係を解消し，家族（夫婦）の分化度を高めることである。このため，治療は IP をのぞく両親との面接を設定することが多い。セッションでは，「世代関係図（家系図）」をつくりながら，夫婦の歴史，原家族（実家）の歴史，原家族

と個人の関係などを明確にしていく。

### 2）Minuchinの構造的家族療法プロセス

Minuchinの家族療法は，家族の構造を，特定の個人が症状形成しなくてすむような機能的で安定したものに変容させることが目的となる。家族の構造を「境界」「連合」「サブシステム」という観点からとらえるのが特徴的である。

## Ⅱ　家族ライフサイクル論の流れ

家族ライフサイクルの視点に立った家族精神医学の動向は，主として1970年代のものであるが，すでに1960年代に精神分析的立場に立つZilbach, J.（1968）は「家族発達family development」という論文で，一単位としての家族の時間の経過とともに連続して起こる家族の発達を，家族内の各個人の発達とは別の特殊な小集団の発達として概説している。

### 1．家族ライフサイクルとその段階

ここでいう発達とは，一定の構造と機能をもった全体としての家族が一定の先行する段階から次の予期された段階へと前進ないし展開することを意味する。むしろそれは，発達というよりもライフサイクルと呼ぶべきであり，その段階は，第1段階から第6段階までに至るものとしてとらえられた。

それは，結婚（第1段階），第1子の出生（第2段階），第1子の家族外社会への参加（第3段階），末子の家族外社会への参加と家族機能の縮小，父母関係の新たな再構成（第4段階），第1子の結婚や別居（第5段階），末子の結婚・別居，父母の祖父母化（第6段階）である。それぞれ個別的なライフサイクルをもった夫婦（または父母），子どもたち，家族成員の互いに異なった年代と発達段階の個々の時間的な過程を超えた，その家族それ自体としての変遷をとらえるのが家族ライフサイクルの観点である。

さらに，1950年代から60年代にかけてのBowen, Ackerman, Jackson, Satirらの家族療法の臨床経験と家族研究は，必然的に家族発達ひいては家族ライフサイクルの正常モデルの確立なしには先に進めない局面を迎えた。

Bowenは，家族療法に先立って，家族ライフサイクルの全体像を家族診断上重視するようになり，その家族の三世代間の交流・出産・結婚・病気・別

離・移動などがどんなふうな経過をたどっているかを，家族診断の理解のうえで強調し，Haley, J.（1974）は，家族ストレスは家族ライフサイクルのある段階から次の段階に移行する時点で最も高まるという。

こうした状況で，個人の家族成員の誰かに症状が現れる。家族療法はこうした家族ライフサイクルを，どんなふうに正常な発達の方向に導くかにある。Minuchin（1974）は，家族をひとつのシステムとしてとらえる場合の最も重要な構成要因として，家族の発達的なサイクルを挙げ，ある状態から新しい状態への移行状況にともなって，家族内に潜む苦痛が高まる事実を指摘した。

そして，Carter と McGoldrick（1980）は，こうした家族ライフサイクルに対する認識を，一般システム理論の立場から統合して，『家族ライフサイクル』というモノグラフを刊行した。

現代社会の新たな動向に伴う家族ライフサイクルの現代的な課題をも包含したライフサイクルの特徴は，家族ライフサイクルの第1段階に，どの家族にも属さないヤング・アダルトの段階を置くことと，離婚にともなう家族ライフサイクルの脱臼dialocationとその前後の家族過程や再婚による新しい家族形成の問題を，例外的な現象としてではなく，むしろ基本的な家族過程のひとつとして取り上げている。

これらの視点は，離婚率50％以上という米国社会の現況を反映する家族ライフサイクル論にふさわしいものであるが，いまやわが国の臨床家にとっても必ずしも対岸の火事とはいえない側面をもっている。

## 2．家族ライフサイクルの基本要因

家族をひとつの社会システムとみる揚合，家族は一定の構造をもつが，その構造は社会全体に対する適応の中で形成され，支持され，それぞれ年齢・性別の異なる家族成員と幾つかの世代によって構成され，一定のホメオスターシスを維持する。このような家族は時間的な変化を遂げ，次のような特徴をもっている。

その特徴の第一は，その成員が死亡する以外には基本的に永久メンバーであること，第二は，その成員の相互関係がもっぱら情緒的な性質をもつこと，第三には，生存と発達することへの要求を支持し，充足することを目的とするなどである。

## 1) 第1水準の発達と第2水準の発達

　Terkelsen, K.は，家族の変化・発達の水準を基本的な2つのカテゴリーに分けている。第1水準の発達 first order development とは，子どもが洋服を着せてもらいたい要求をもっていた状態から，自分で洋服を着たいという気持ちをもつようになる，といった新しい要求や適応上の課題が増大するときに起こる変化を意味する。つまりそれは，満足とかプライドとかの情緒的な欲求にかかるもので，その変化・発達は増大するフラストレーションの解消にかかわって生じる。

　第2水準の発達 second order development は，第1水準の発達が何か新しいことをしたいという変化にかかわるのに対して，何か新しいものになりたいという要求，つまりその成員の家族内での身分や存在上の意味の変形transformationにかかわっている。第1水準の発達が何をするかという行為の上での変化であるのに対して，第2水準の発達は，それを行う成員自身の家族内での地位の変化・発達にかかわるものである。それだけに第2水準の変化・発達は，家族における各成員共通の相互に関連しあった現実の全般的な改定や構造上の二次的変化を必要とする。

　第1水準の変化は，日常的に頻繁に起こるが，第2水準の変化はしばしばは起こらない。前者が連続的であるのに対して，後者は不連続的に起こる。このような観点から見ると，家族ライフサイクルの発達・推移は第2水準の発達によって起こってくる。さらに，こうした第2水準の発達の主要な変化を段階づける2つの基本的な出来事の原則がある。

　Aは，正常な出来事で，明確な第2水準の発達の性質をもっている。そしてそれは，結婚・夫婦生活・出産・育児などの機能による家族単位の変化を直接的に引き起こすものである（a：結婚，b：子どもの出生，c：子どもが学校に入る，d：子どもが青春期に入る，e：子どもが成人期を迎える，f：孫の誕生，g：引退，h：老化）。

　Bは，これらの正常な家族単位を変容するような出来事，つまりある種の異常な出来事である（a：流産，b：夫婦の別居または離婚，c：病気，心身の障害による能力の喪失，死亡，d：移転や移住，e：社会経済的状態の変化，f：家族単位の崩壊にともなう破局）。

　これらの出来事がまだ起こり，さらに引き続いて出来事に対する家族の反応が起こり，やがて家族全体の変化が生じることになる。

## 2) 発達的相互作用と多世代的発達作用

家族ライフサイクルを規定するもうひとつの基本要因がある。そのひとつは，各家族成員それぞれの発達の相互間に起こる発達的相互作用 developmental interaction effects であり，子どもも成長し親も年をとる，そのお互いの変化・成長の相互作用である。

もうひとつは，多世代的発達作用 multigeneration developmental effects である。それぞれの家族成員は，それぞれの世代特有の歴史をもっているが，そこには，各世代の発達経験をつぎの世代に直接または間接に伝達し，結合する相互作用がある。こうした世代的な伝達・継続は，親の代から現在まで続くものであり，各家族構成員はこれらの伝達内容を各発達段階で内在化していく。たとえば父親の自分自身の父親との関係の回想が，自分の息子との間の相互関係の中に伝達される。どんな回想が伝達されるかは，息子の発達と父親のライフサイクルの段階の相互作用で決まっていく。このような基本要因に規定された家族ライフサイクルは，一定の発達段階に沿って発展していく。

## 3) 世代間伝達と想像の赤ん坊（イマジナリー・ベイビー）

家族ライフサイクル論における世代間の相互作用に関する認識は，精神分析的な母—乳幼児治療の臨床と結合し，母親の乳幼児に対する幻想の投影とその治療に代表される乳幼児精神医学における新たな発展を遂げている。Lebovici, S.は，母親が向ける乳児についてのかかわりを，幻想の赤ん坊 fantasmatic baby，想像の赤ん坊 imaginary baby，現実の赤ん坊 actual baby の水準について研究し，この母親の無意識の投影には，母親自身の家族関係の体験の無意識的な伝達が大きな役割を果たしているといい，これを世代間伝達と呼んでいる。

この認識に基づいた乳幼児精神医学の臨床は，精神分析的な治療とシステム論的な家族療法の統合的な展開である。

### 文 献

1) Ackerman, N. W. (1958) The Psychodynamics of Family Life.（小此木啓吾・石原潔訳〔1956〕家族関係の理論と診断.〔1970〕家族関係の病理と治療. 岩崎学術出版社. 東京.）
2) Bowen, M. (1975) Family therapy after twenty years. In : American Handbook of Psychiatry, II nd Ed. Vol. 5.

3) Bowen, M. (1961) Family Psychotherapy. The American Journal of Orthopsychiatry, 31 ; 1. (大原健士郎他訳. 家族精神医学. 岩崎学術出版社, 東京)
4) Bowen, M. (1976) Theory in the practice of psychotherapy. In Guerin, P. (ed.) : Family Therapy ; Theory and Practice, New York, Gardner Press, p.42.
5) Carter, E. and McGoldrick, N. (1980) The Family Life Cycle, A Framework-for-family Therapy. Gardner Press Inc, New York.
6) Cooper, D.: Psychiatry and Anti-Psychiatry. (野口昌也・橋本雅雄訳〔1974〕反精神医学. 岩崎学術出版社. 東京.)
7) Dicks, H. (1967) Marital Tensions : Clinical Studies Towards Psychological Theory of Interaction. Routledge and Keg. an Paul, London.
8) Dolto, F. (1971) Le Cas Dominique, Editions du Seuil. (小此木啓吾・中野久夫訳〔1975〕少年ドミニクの場合. 平凡社. 東京.)
9) Duvall, E. R. (1957) Family Development. Lippinncott, New York.
10) Duvall, E. R. (1977) Marriage and Family Development. Lippincott, Philadelphia.
11) Flugel, J. C. (1921) The Psychoanalytic Study of the Family. Hogarth Press, London.
12) Foley, V. D. (1974) An Introduction to Family Therapy. Grune & Stratton, New York. (藤縄昭・新宮一成・福山和女訳〔1984〕家族療法：初心者のために. 創元社. 大阪.)
13) Freud, S. (1905) Entwurf einer Psychologie. (小此木啓吾訳〔1974〕科学的心理学草稿, 著作集7. 人文書院, 京都.)
14) Freud, S. and Breuer, J. (1895) Studienüber Hysterie. (懸田克躬・吉田正己訳〔1955〕ヒステリー研究. 選集9. 日本教文社, 東京. 懸田克躬訳〔1971〕ヒステリー研究. 著作集7. 人文書院, 京都.)
15) Freud. S. (1900) Die Traumdeutung. Vienna. (高橋義孝・菊盛英雄訳〔1954／69〕夢判断〈上下〉. 選集11, 12. 日本教文社, 東京.)
16) Freud, S. (1911) Formullerungenüber die zwei Prinzipen des psychischen Geschehens. (井村恒郎訳〔1970〕精神現象の二原則に関する定式. 著作集6. 人文書院, 京都.)
17) Freud, S. (1905) Bruchstück einer Hysterie-Analyse. (細木照敏・飯田眞訳〔1969〕あるヒステリー患者の分析の断片. 著作集5. 人文書院, 京都.)
18) Freud, S. (1909) Analyse der Phobie eines füunjährigen Kraben. (高橋義孝・野田倬訳〔1969〕ある五歳男児の恐怖症分析. 著作集5. 人文書院, 京都.)
19) Freud. S. (1953) Family Romance. In: Collected Papers. P. James Strachey (ed.), Vol. 5. (佐竹洋人訳〔1982〕家族空想物語.〔山根常男編〕家族の社会学と精神分析. 家族研究リーディングスⅢ. 誠信書房, 東京.)
20) Haley, J. (1973) Uncommon Therapy: The Psychiatric Techniques of Milton H. Erickson. Norton, New York.
21) Haley, J. (1975) Family Therapy. In : Comprehensive Texbook of Psychiatry. Ⅱ. Freedman, A. M., et al. (ed.). Wiliam & Wilkins Company, Baltimore.
22) Hill, R. (1964) Methodological issues in family development research. Family Process, 3 ; 186-204.

23) Hill, R. (1970) Family Development in Three Generations. Schenkmen, Cambridge.
24) Howells, J. (1968) Theory and Practice of Family Psychiatry. Oliver & Boynd Ltd, London.（大原健士郎他訳〔1970-1971〕家族精神医学．岩崎学術出版社，東京.）
25) Howells, J. (1980) Advances in Family Psychiatry. II. Int, Univ. Press.
26) Jackson, D. D. (1957) The Question of Family Homeostasis. Psychiat. Quart. Suppl.
27) 加藤正明・藤縄昭・小此木啓吾（1980）家族精神医学 I．弘文堂，東京．
28) 加藤正明・藤縄昭・小此木啓吾（1980）家族精神医学Ⅲ．弘文堂，東京．
29) Levinson, D. (1978) The Seasons of a Man's Life. Knopf, New York.
30) Levobici, S. (1988) Fantasmatic interaction and intergenerational transmission. Infant Mental Health Journal, 9 (1), Spring.
31) Lidz, Th. (1962) Family and Human Adaptation.（鈴木浩二訳〔1985〕家族と人間の順応．岩崎学術出版社，東京.）
32) Lomos, P. (ed.) (1967) The Predicament of the Family : A Psycho-Analytical Symposium. Hogarth Press, London.
33) Mandelbaum, A. (1977) The family treatment of the borderline patient. Boderline Personality Disorders (Hartocollis, P. ed.), International Universities Press, New York.
34) Manoni, M. (1967) L'enfantine "maladie" et les autres. Edition du Seuil.（高木隆郎・新井清訳〔1975〕症状と言葉．ミネルヴァ書房，京都.）
35) Minuchin, S., Rosman, B. L., Baker, L. et al. (1975) A conceptual model for psychosomatic illness in children ; Family organization and family therapy. Arch. Cen, Psychiatry, 32 ; 1031.
36) Minuchin, S. Rosman, S. L. Baker. I. (1978) Psychosomatic Families. Anorexia Nervosa in Context, Cambridge Mass. Harvard University Press.（福田俊一監訳〔1977〕思春期やせ症の家族——心身症の家族療法．星和書店，東京.）
37) 小此木啓吾（1980）家族精神医学の臨床的課題．（加藤正明・藤縄昭・小此木啓吾）家族精神医学 I．弘文堂，東京．
38) 小此木啓吾（1980）家族精神医学の基礎理論としての精神分析．（加藤正明・藤縄昭・小此木啓吾）家族精神医学Ⅲ．弘文堂，東京．
39) 小此木啓吾（1980）精神分析的家族関係論の流れ．（加藤正明・藤縄昭・小此木啓吾）家族精神医学 I．弘文堂，東京．
40) 小此木啓吾（1980）アッカーマンの家族力動論．（加藤正明・藤縄昭・小此木啓吾）家族精神医学 I．弘文堂，東京．
41) 小此木啓吾（1980）家族ライフサイクルとパーソナリティの発達の病理．（加藤正明・藤縄昭・小此木啓吾）家族精神医学Ⅲ．弘文堂，東京．
42) 小此木啓吾（1980）思春・青春期患者と家族とのかかわり——主として並行父母面接の経験から．（加藤正明・藤縄昭・小此木啓吾）家族精神医学Ⅲ．弘文堂，東京．
43) 小此木啓吾（1991）エディプスと阿闍世．青土社，東京．
44) Richter, H. (1914) The Family as Patient. A Condor Book, Souvenir Press, Ltd.（鈴木訳〔1976〕病める家族．佑学社，東京.）

45) Rodgers, S. L. (1977) A developmental approach to the life cycle of the family. Social Work, 301-310. (May).
46) Rodgers, R. (1960) Proposed Modifications of Duvall's Family Life Cycle Stages. Paper presented at the American Sociological Association Meeting. New York, August.
47) Satir, V. (1964) Conjoint Family Therapy, Science & Behavior Books, Inc. California. (鈴木浩二訳〔1970〕合同家族療法. 岩崎学術出版社, 東京.)
48) Satir, V. (1964) Conjoint Family Therapy. Science & Behavior Books, Palo (Alto).
49) Terkelsen, K. G. (1980) Toward a Theory of the Family Life Cycle. in Carter, E. and McGoldrick, N.: The Family Life Cycle; A Framework-for-Family Therapy, Gardner Press Inc., New York.
50) Tessman, L. H. (1918) Children of Parting Parents. Jason Aronson, New York & London.
51) von Bertalanffy, I. (1968) General Systems Theory. Geroge Braziller, New York. (長野敬・太田芳三郎訳〔1973〕一般システム理論. みすず書房, 東京.)
52) 渡辺俊之・狩野力八郎（1990）家族とのかかわり――システム論的家族療法の観点から.（小此木・末松編）今日の心身症治療. 金剛出版, 東京.
53) 渡辺久子（1980）リヒターの家族神経症論.（加藤正明・藤縄昭・小此木啓吾）家族精神医学Ⅲ. 弘文堂, 東京.
54) Willi, J. (1975) Die Zweierbeziehung. Rowohlt Verlag GmbH. (中野良平・奥村満佐子訳〔1985〕夫婦関係の精神分析. 法政大学出版, 東京.)
55) Zinner, J., and Shapiro, E. R. (1915) Splitting in Families of Borderline Adolescents. In: Borderline States in Psychiatry. Mack, J. E. (ed.), Grune & Stratton, New York.
56) Zilbach. J. J. (1978) Family Development and Familial Factors in Etiology. In: Basic Handbook of Child Psychiatry, VI'Nosbitz, J. D., et al. (ed.), Basic Books, New York.

# 家族システムの病理からみた
# 社会・文化的価値観の変化

## はじめに

　本章のテーマは，家族システムの変化が社会・文化的価値観の変化とどのような関係をもち，それがどのように臨床に反映されているか，というものである。しかし，このテーマを論じることにはいささか躊躇を感じる。ひとつは，筆者が社会学者でもなく文化人類学者でもないので，そうした分野の知識は断片的だからである。もうひとつは，精神療法家の理念として，臨床場面で，個人的な価値観や思想を患者に押しつけないといういわゆる「医師としての分別」に代表されるように，社会と一線を画することによって精神療法状況を成立させているという立場からして，たとえいろいろ感じることはあっても社会論や文化論を自らが論じることからは距離を置きたいという気持ちがあるからである。

　しかし，個人の精神病理が社会や文化の変化を先取りしていることはしばしばある。逆に，それは社会や文化の潜在的に進行している変化を個人の精神病理がその中に表現しているともいえる。家族の病理についても同じことがいえる。これは，個人・家族・社会のどれかが原因で他方が結果であるということを意味しているわけではない。個人，家族，社会というシステムはともに変化していくひとつの力動だからである。近年，医学において疾病構造が複雑化しているとか，あるいは生活習慣関連病とか環境ホルモンという用語が登場してきている。このことは，現代において文字通り疾病構造が複雑化したとか生活習慣関連病という新しい病気が出現したというのではなく，医学の世界に病気をたんに個体の内側の問題としてはとらえずに，生態学的に理解するという視点が導入されてきたということを意味していると思う。こんな趨勢をみると，精神療法も精神療法と社会との生態学的関連からとらえ直す時代になってきているのであろう。このような視点から，本テーマについて私見を述べてみたいと思う。

　さて『広辞苑』によれば[4]，「価値」とは物事の役に立つ性質・程度，よい

といわれる性質のことであり,「価値観」とは個人もしくは集団のもつ価値評価の判断のことだという。こうしてみると,価値観は時間的空間的な人間関係によって影響を受けると考えてよい。人は人生の各段階で異なった価値観を持つ。子どもと青年と中高年の価値観は異なっているであろう。また,個人が所属する集団の影響も受ける。つまり,価値観は個人的であると同時に家族的社会的でもある。また,価値観はたんなる観念以上のものである。それは,構造と力と方向性をもっている。それゆえ,人は価値観を保持するために自分の生活だけでなく他者の生活すら犠牲にしたり破壊することがある。

## I 家族と価値観の形成

価値観は個人の内的な構造としては,超自我・自我理想としてとらえられる。しかし,価値観は同時に社会的なものでもある。価値観は,個人が家族という集団の中で,親との同一化をとおして,個人としての同一性を形成するとともに内在化されていくものである。したがって,価値観は家族の中で共有されるものであり,家族の表象と結びついている。Ackerman, N.[1] は価値観の問題をもっとも重視した家族療法家である。彼は,価値観は家族の中の情緒的役割関係,たとえば夫婦,母子,子ども同士,などの共通の経験の中で形成されるという。さらに,価値観は個人が成熟し,新しい集団——幼稚園,学校,地域,職場,結婚,新しい家族——に入っていくとさらに変化する。個人は,新しい集団に所属するたびに,価値観をめぐって自己を適応的に修正していかねばならない。つまり価値観の変化は,集団のなかでの自己と他者との関係,集団への同一化,集団の中での役割と密接に関達している。集団から集団へ移動するとき,個人は古い価値観と新しい価値観との葛藤を経験する。その際,こうした価値観をめぐる葛藤は各集団における役割と密接に結びついている。

以上のような考えの根底には,成長するとか精神的健康というものはこうした葛藤の発展的解決に依拠しているという考えがある。この過程では,一致することと違うことが重要なテーマになる。つまり分化と個体化である。集団は個人を集団に一致させようとする圧力をかける。この圧力が強すぎると個人は個人的充足を得られない。しかし,この圧力が弱すぎると個人に対して価値観をめぐる葛藤を解決することへ向けての方向性を提供できない。

このように人がどんな価値観をもっているかといった価値観の内容ではな

く，価値観の形成と形成過程における価値観をめぐる葛藤という視点から家族をみると，特定の家族が社会システムとして開かれたものであるか，それとも閉じられたものであるかということは決定的に重要なことになる。開かれた家族の場合，そのメンバーは社会に協調できるし，閉鎖的な家族の場合は新しい集団や外界を恐ろしい有害なものとして経験する。要するに，家族構造は，人間関係における個人の価値観の歪みに影響を及ぼすといえる。とはいえ，前述したように家族と社会が有機的に関連しあっていることを考えれば，そのどちらかが問題だという問題の建て方は不適当である。むしろ，家族と社会がそれぞれオープンなシステムとして有機的に関連しているかどうかが決定的な問題である。

## II 家族システムとその変化

ではそもそも現代において家族は変化しているのだろうか。変化しているとしたら何がどのように変化しているのだろうか。しばしば，家族の問題として取り上げられる代表的な意見は，家族構造における「戦後核家族化」論であり，家族機能における「父親不在ないし父親機能の低下」論である。しかし，このようなステレオタイプな意見は本当に正しいのだろうか。山本七平氏[8]によれば日本の家族の特徴は，家族に関する原則がないことだという。一夫一婦で両親と子どもでもって家族と考えるという核家族化は，すでに鎌倉時代から始まっており，父系制とか大家族主義はなかったし，親孝行とか血縁を大事にするという文化もなかったそうである。ある地方で大家族が存在しても，それはたまたま経済的理由からであって文化とか価値観からではない。だから，財産の相続者以外の子どもは「厄介者」であり，家族の外へ（しばしば江戸などの大都会へ）でて生活を営み，核家族を再生産することになる。父親不在などは江戸時代の参勤交代をみれば一目瞭然である。そして，氏家幹人氏[7]によれば，江戸時代において地方各藩の為政者の悩みは，参勤交代で夫が留守の間に横行する妻の不倫であったという。

こうしてみると，われわれはステレオタイプな家族論に踊らされていたようである。とはいえ，視点を変えてみるとこうした「無原則な日本の家族」は近代資本主義社会にもっとも適応しやすい構造と機能をもっていたともいえる。単身赴任や小此木啓吾[5]の言う「ホテル家族」は戦後に始まったわけではな

いのである。
　つまり，現代における家族の変化を一義的に家族構造や機能の変化に帰するわけにはいかないようである。とはいえ，家族の世代境界の揺らぎ，両親同盟の脆さ，家族の仕事の外注化，家族の中への情報の無制限な侵入，養育機能の低下など家族構造や機能の変化を数え上げれば切りがないのも確かである。
　この問題について，思春期パーソナリティ障害の子どもをもつ家族を例に考えてみたい。というのは，第一にパーソナリティ障害はその行動化をとおして家族の他のメンバーや社会を巻き込むために，その病理現象は個人的現象であると同時に家族的一社会的現象だからであり，第二に思春期青年期の若者の行動はその置かれている社会や文化を反映しているという意味で彼らは社会・文化の変化のキャリアーと考えられるからである[3]。

[症例1]
　母親と思春期の2人の娘で構成されている片親家族である。父親は離婚後再婚している。長女はスキゾイドであり空虚感と「哲学的理由」から自殺企図をし，精神科治療を受けることになった。母親は，男性的な性格で経済的な自立を大切に生きてきた人で，事業を成功させている。彼女は自分の両親も離婚しているため，片親家庭であることに「何の苦労も悩みもない」と言いきる人である。しかし，同時に娘たちの内面的な葛藤や苦悩にはまったく気がつかない。長女は，小さい頃からしっかりした子なので何も心配していなかったという。また，長女の自殺企図についてもひどく過小評価していた。さて，この家族の特徴は，家庭のルールがないということであった。それぞれが勝手に生活している。勝手に生活しているということにも気づいていなかった。それぞれがそれぞれの仕事（会社，学校）にいき，終わると帰ってくる。食事もばらばらであった。次女は明るく活発で，しばしばボーイフレンドをつれて泊めていく。まさに，ホテルのような家庭であった。そして，この家庭にはそれぞれが自立して自由であればよいという考えが支配的であった。もうひとつの特徴は近くに母親の実家があるが，それとの情緒関係も希薄であり，この家族に誰も「文句を言ったり」「お節介な世話焼き」をしないことであった。
　しかし，患者である長女だけは，このように互いの関係が希薄なことに対してわずかに不満をもらした。この長女の不満を手がかりに，「お節介にも」治療は開始されたわけである。長期の入院治療を経て，外来治療の段階になった

ときの家族への治療的介入とそれに対する家族の反応について述べる。治療は，3人の治療スタッフによって行われていた。女性臨床心理士が，患者との個人面接，男性医師が主治医，もう一人の男性医師が母親担当であった。当時，治療チームは，この家族に食後の団欒をもつこと，家事の役割分担をすること，など家庭の中のルールづくりという介入をしていた。つまり，治療スタッフは，「家族はひとつの家庭としてまとまるのがよいことだ」という価値観をこの家族にもち込んだわけである。最初1カ月ほどの期間，この家族は「もち込まれたルール」を維持したが，このルールがいかに互いの関係や相手を強制するか，そして情緒的葛藤を喚起するかに気づいたとき，母親と次女はこのルールを放棄しようとし，長女だけがそれを維持しようとした。しかし，この経験から3人が得たものもまた大きかった。母親は初めて娘の内的な葛藤に気づいたのである。結果，この家族は母親と娘2人で自ら調整しあって，新しいより現実的なルールをつくることができた。そして，3人が気づいてきたことは，各人が個人的な目標とその世代に相当した理想をもち，それに向かって進んでいるという感覚である。のちに，長女が母親に同一化し母親と同じ職業選択め方向性をもつようになったとき，母親は実に嬉しそうであった。

［症例2］

この家族は，三世代同居から核家族化への移行期であった。三世代同居といってもそれはもっぱら通勤通学の便がよいという理由からであった。子どもは高校生の娘1人であった。彼女は理想としていたスポーツ選手の道を身体の病気で断たれたとき錯乱状態になり精神科を受診した。両親は，娘について幼少から明るく元気だったというが，同時にまるで「錨のない船」のように飛び回っていたという。彼女はそれまで親戚や友人の誰からも好かれていたが決して深い情緒的関係はもつことはなかった。自己愛性パーソナリティ障害である。受診時，父親と娘が実家近くのマンションに住んでいた。母親と娘が一緒だと母親が情緒的に混乱するというのが理由であった。入院後，この家族と治療目標について話し合った。母親は，娘を出産後すぐに母親の役割を祖母にとられてしまったので，もう一度母親の役割をとりたいと希望した。父親は内向的な人だが妻と娘を愛している人であり，しかも，3人は互いに心配しあっている。治療目標について，本人の治療に加え，家族3人は母親の「娘の母親になりたい」という希望をかなえるために家族療法を希望した。退院後3人は，実家を

出て一緒にマンションに住んだ。この行動に祖父母も親戚も一切反対しなかった。余計な口出しはしないというのが決まりであるかのようであった。外来治療に移行してまもなく明確になったのは，この家族は門限のない家庭であることであった。むしろ，門限を設定できないといったほうが正確である。そのプロセスは以下のようである。娘が今日は遅くなるという。母親は，厳しい倫理観をもっていて早く帰るようにいうが，自分で判断できず，父親を頼る。すると，父親は「のびのびと自由に育てたいから」という理由で娘の言い分を丸呑みしてしまう。娘は，両親がはっきりしてくれないので困るという。結果，何事も決められず，その場しのぎの決定になる。この家族はその後，娘が実家に，両親はマンションに住むというパターンを経て，最終的に父親が実家にすみ，母親と娘は別にマンションにすみ，父親が週1回そこにいくという方法を選択した。

　そうしたあるセッションで，父親が，マンションを出るとき寂しさを感じると口にした。それに対し母親は，ちょっと驚いたようだったが，寂しさよりも具体的に物事を決めるとき夫がいないと困ることがあるということを多々述べた。すると，娘が，実は自分も友人との間で，2対1になったときに寂しさを感じると述べたとき，突然この家族は押し黙ってしまった。しかし，彼らは，初めて「孤独感」をそれぞれが体験し共有することができたのである。

　この2つの家族について，家族構造の視点から，片親家族とか三世代同居にかかわる問題を取り上げられるかもしれない。あるいは，世代境界とか役割さらには家族のルールという観点から論じることもできる。しかし，もっと問題なのは「すべての価値観，信条，思想，宗教観から自由であることがよいことだ，あるいは幸福をもたらす」という「価値観」がこの2つの家族メンバーそれぞれに支配的だったということである。このことは家族とそれを取り巻く環界（拡大家族や知人）との間でも認められた。両者の間に日常的交流はあるし，たとえば両親はそれぞれの拡大家族や友人との交流を楽しんでさえいた。しかし，誰一人として「お節介をしない」し「口出しをしない」のである。お節介をしたのは治療者（達）だけであつた。

## III 現代の社会文化的価値観の病理：自由と孤独をめぐって

筆者に与えられた問いの答えは出てきたようである。現代を支配している価値観は「すべての価値観から自由であることはよいことだ」「価値の多様化が大切だ」という価値観である。そしてこのような考えにとらわれると，大人は，同一性拡散やモラトリアムをゲーム化している青年の背後にある孤独への恐怖に気づくことができないのである。子どもや若者の自己愛的な行動化を礼賛し，彼らの表現を商品化している大人は，その背後にある孤独の恐怖に気づかない。「楽しいことがよい，やさしい人がよい，自由がよい，多様であることが人を認めることだ」という考えが支配的になる一方で現代の若者の間で「癒し」系の商品（……セラピーも含め）が流行している。

このような事態を，鋭く予言したのは「自由の重みに耐えかねている現代人」を描いたFromm, E.[2]であることはいうまでもない。現代の家族もまたそうである。家族は，自由を獲得した代償として，コミュニティからの束縛を失い，ひとり自由がもたらす重荷についてあえいでいる。しかし，この家族をめぐる深刻な事態に気づこうとせず，高度経済成長を達成し，物も情報も豊かな時代において「これでよいと思い変化を求めていない」大人が多いのではなかろうか。

## IV 臨床家に求められること：
## 治療者は価値観から中立でいられるか

臨床家は，治療関係をとおして自分の価値観，思想，宗教観を患者に押しつけないという医師としての分別が強調されてきた。そして，従来この規範を堅持しながらも，果たして臨床家は本当に自分の価値観を患者に押しつけていないかどうかという問題についても論じられてきた。そして近年，精神療法の分野に，こうした内省にとどまらずもっと積極的に社会的文化的価値観の問題をとらえ直そうとする視点が導入されてきた。構築・主義や社会構成主義である。とりわけ，社会構成主義にもとづいた治療的介入とは，渋沢田鶴子[6]によれば「クライエントの構築を理解するために言語やナラティヴ，そしてクライエントが問題を問題として意識する背景にある社会文化的・社会政治的なプロセスを重要視する……社会文化的コンテキスト，すなわちドミナント・カルチャ

ー（優位文化，支配文化）が治療システムに及ぼす影響について考える」ものである。つまり臨床家は，たとえば医者であること，男性であること，異性愛者であること，結婚していることやそれらにまつわり自分はどのような価値観をもっているのかなど，自分の社会的立場について考えること，そして患者や家族がそうしたドミナント・カルチャーの支配・抑圧から解放されるために援助すべきことが要請されているわけである。

　社会構成主義の立場に立つかどうかはさておいても，この視点が明らかにしているのは，わが国に存在する少数民族，日本に滞在する外国人，在日韓国人，あるいは「素人である」患者，女性，同性愛者，未婚の成人女性や男性，低学歴の人々，片親家族，未婚の母など数え上げればきりがないほどであるが，そうしたいわばマイノリティの人々のもつそれぞれにユニークな社会文化的価値観を理解することの臨床的重要性のことである。

　しかし，それだけでなく，臨床家は，自分の個人的，家族的，職業的価値観のすべてにオープンでなければならないし，現代の社会が共有している価値観に鋭敏である必要があると筆者は考えている。そして，臨床家が一つひとつの症例との治療においてそれらを認識するという作業は，自分の価値観や思い込みを洞察するという意味で，対象喪失という苦痛な情緒体験をともなうのはもちろんである。しかし，それ以上にこうした作業に必然的にともなう「よけいなお節介や口出しをする」ことによって引き起こされる混乱をも引き受ける覚悟が臨床家には必要とされるのではないだろうか。

文　献

1）Ackerman, N. W.(1958) Psychodynamics of Family Life. Basic Book, New York.（小此木啓吾・石原潔訳〔1970〕家族関係の病理と治療　上／下．岩崎学術出版社，東京．）
2）Fromm, E.(1941) Escape from Freedom. Holt, Rinehart & Winston, New York.（日高六郎訳〔1970〕自由からの逃走．創元新社，東京．）
3）狩野力八郎（1996）誰にとっての課題か——思春期青年期の現代的課題．思春期青年期精神医学, 6；159-165．
4）新村出編（1973）広辞苑．岩波書店，東京．
5）小此木啓吾（1983）家庭のない家族の時代．ABC出版，東京．
6）渋沢田鶴子（1999）社会構成主義と治療関係．家族療法研究, 16；175-180．
7）氏家幹人（1995）性の現代史．現代, 10；197-200．
8）山本七平（1992）日本文化と家族．（精神分析学振興財団編）企業と家族．職場とこころの健康3，東海大学出版会，東京．

# 誰にとっての課題か？
――青年期の課題と力動的システム論――

## I 前　提

　思春期青年期の現代的課題というとき，それはどのような課題なのかということを問うているだけでなく，誰にとっての課題なのか，ということをも問うているのだと，筆者は考える。本章で，筆者は後者について考えてみたいと思う。その場合，すぐにいくつかの問題を提起することができる。第一に，それは若者にとっての課題なのか，大人にとっての課題なのか，あるいは社会全体にとっての課題なのか，あるいはわれわれが職業とする青年期精神医学にとっての課題なのか，という問題である。おそらく，この問題は，入り口というか切り口の問題であって，いずれから入ってもこれらの課題すべてに触れなくてはならないと思われる。なぜならば，それらの課題は独立しては論じられないほど相互に密接に関連しあっているからである。第二には，そもそも青年期というものが存在しているのか，という疑問を立てることもできる。確かに，数として，ある一定の年齢層の人間たちとして，若者は存在している。しかし，青年期は，いろいろな必要性から大人が考え出した思考の産物ともいえる。つまり，青年期の課題とは，大人の問題を投影したものだということができるわけである。実際，思春期青年期精神医学とか青年期という概念は大人が考え出したものである。こうしてみると，第三に，思春期青年期の課題は，現代の変動する社会のその時点その時点における変化を反映しているのではないか，つまり，若者は社会の変化のキャリアーであると考えられないだろうか，という考えにいたる。さて，このように思考を進めてくると，なにはともあれ，思春期青年期について考えるとき，われわれは常に大人の心と若者の心とを併置して考えねばならない，と思われる。このような考えを前提として，青年期精神医学のある側面についてさらに考察してみたいと思う。

## II 社会現象からみた若者の問題

　まず，思春期青年期の精神病理現象からはなれて，社会現象からみた若者の問題，とりわけ大人が扱いかねている問題を思いつくままに列挙してみよう。まず不登校がある。さらに，家庭内暴力・校内暴力・車での暴走・いじめ，さらにはオヤジ狩り，などといった暴力にかかわる問題がある。あるいは，性的問題，たとえば，妊娠，乱交，売春——テレクラ，援助交際，レイプといったことがある。また，自傷行為，自殺，薬物嗜癖の問題やオカルトなどの宗教問題もあげられる。こういった問題は，どれかが鎮まると別のことが優勢になる，たとえば学校で校内暴力が鎮静化すると，不登校が増えるといった具合に，モグラたたきのような特徴がある。そして，モグラたたきを繰り返していくうちに，こういった問題が低年齢化していくといったこともいえそうである。

　別の視点から，社会現象としての問題をみると，家族の崩壊——たとえば父親不在，帰宅拒否症侯群，中高年の離婚の増加，はたまたリストラ離婚などなど数えあげればきりがないわけである。価値の多様化にともなう，性別の境界が曖昧になっているということはずいぶん以前から指摘されていることである。

## III 思春期青年期心性と社会

　こうしたもろもろの現象は，確かに若者と彼らが生きている社会のある側面を表している。そして，こうした社会現象に対して，大人の側がとるアプローチは，それらに評論を加え，政治や行政，社会の問題として評論するというやり方や，一つひとつの事象を特異なものとして抽出しそれらを研究するというやり方であろう。しかしこれらのアプローチはけっして無意味ではないにしても，一定の限界があるといわざるをえない。なぜならば，そのようなやり方には，青年期という存在を自明のものとみなし，若者を社会や大人との関係から切り離してとらえるために，どうしても前述したような関係性の認識が欠落しているからである。

　これらの現象を正確にとらえるためには，若者を大人—家族—社会といった共に変化する力動のサブシステムとみなすことが必要である，と筆者は考えて

いる。そして，先に述べたように，大人の心と若者の心とを併置し，それらの関係という視点から，こうした現象にアプローチすべきであろう。この意味で，思春期青年期の臨床の中で，転移—逆転移について考えているわれわれ臨床家には，こうした問題を論ずる資格があるといえる。いうまでもなく，これまでに解明されてきた青年期心性の構造やその発達に関する概念は，このような視点から生まれてきたといえるし，それらは，青年期精神医学の臨床について多くの貢献をしてきたということは周知のことである。

さて，この貢献について考察する前に，Fromm, E.が『自由からの逃走』[4]の中で指摘していることについて触れておきたい。ここで，このあまりにも有名な本を取り上げるのは，彼が「現代人がおかれている運命」について貴重なそして忘れてはならない指摘をしているからであるが，それ以上に重要なのは，この本は筆者が上に基本的視点として述べたような立場からなされた個人と社会に関するほとんど最初の研究といえるからである。この本自体は1941年に出版され，1951年に邦訳されている。彼は，ルネッサンスや宗教改革によって「自由」を獲得したはずの人間がなぜ積極的にナチズムのような全体主義を望んだのか，ということを解明しなければならないという強い動機から，この本を書いている。彼は次のようにいう。「近代社会において，人間はよりいっそう独立的，自律的，批判的になったが，よりいっそう孤立した，孤独な，恐怖にみちたものになった。……われわれが自由の否定的な側面，すなわち自由が人間にもたらす重荷については，とくに自由の主張でこころがいっぱいになっている人にとっては，理解しがたい」（p.120-121）。そして自由の重荷にたえかねると，われわれを束縛するはずの権威主義とか破壊性，機械的画一性に走ってしまう，と彼は主張している。現在，社会変化のキャリアーとしての若者は，前述したような現象を示しているが，その背後に，Frommのいうごとく自由の重荷つまり孤独とか無力とか恐怖にあえいでいるが，しかしそのことに気づかないという事態が見て取れる。そして，われわれは患者の両親との接触から，「そのことに気づかない」のは若者だけではなく大人もそうなのだということを痛感している。

このまさに現代的事態をすでにFrommはつぎのように明確化している。「人間は古い敵から自らを解放したが新しい敵の台頭に気づかない，その新しい敵とは外的な束縛ではなく内面的な要素である。教会から解放された。近代人は，それが自由の獲得の最後の勝利だと信じると，いっぽうで自然科学の方

法によっては証明されないものを信じるという内的な能力を失っている，……また言論の自由の獲得が最後の勝利だと信じると，近代人は自分が考え話している大部分が，ほかの誰もが考え話しているような状態にあることを忘れている，つまり独創的に考える能力がないことを忘れている」，そして「あからさまな外的権威から解放されると，いっそう世論とか常識というあいまいな権威に束縛される。人間はそうしたものからの期待にはずれることをひどく恐れているからである」。ここには，孤独や孤立を恐れる結果，われわれの民主主義社会のもつ安易な同調主義に陥る危険性が鋭く指摘されている。

実は，この考えはErikson, E.や小此木のモラトリアム論[6]につながっていく。つまり，Eriksonの，同一性拡散という病理が，その発表後10年もたったとき，病理ではなく，社会に受け入れられる青年に特有の心理になった，という事態について彼らはつぎのように考察している。Freud, S.がヒステリーの病理の中に「性の抑圧」を発見し，それが公然化し，社会の変動の結果「性の抑圧意識」が一般化し，さらには性の解放が唱えられたのと同じように，同一性拡散も発見され，公然化し，現代青年一般の心理になったというわけである。かつて無意識的な悩みであり，はっきり自覚されていなかった同一性拡散を公然とみせびらかすようになったのだが，その背景には第一に，あえて否定的なものに同一化することによって，一見同調主義を拒否しているようにみせながら，実は否定的な形をとった同調主義に陥っており，そこには孤独や孤立への恐怖から安易に仲間をもとめる欲求が認められること，第二に，受動的なものを能動的に変える機制によって同一性拡散の悩みをゲームにしている。

彼らの考察は，どちらかというと青年に焦点を合わせている。しかし，大人と青年の関係からみると，こうした事態のいっぽうには，同一性拡散を容認する大人がいるのではあるまいか。つまり，現代を支配している「価値の多様化」という常識にとらわれている大人にとっては，同一性拡散をゲーム化している青年の根底にある孤独への恐怖に気づくことができず，彼らと対決する能力や勇気を失っているのではないだろうか。この事実は，われわれ臨床家を訪れる青年期患者の両親をみるとよく理解できることである。こうした現代の動向には，現代の若者の両親の青年期体験が大きな役割を果たしていることは見逃せない事実である。彼らこそ1960年代から1970年代を思春期青年期として生活し，大人世代にのみ込まれることを拒否しつつ学園紛争を経験し，モラトリアム世代・同一性拡散の世代，それに続く「シラケ世代」というレッテルを貼ら

れながら，その後の社会変動に対し，自分自身を変化させることによって，適応してきた，いわば価値の多様化という常識を生み出してきたまさに主役だ，ということである。

こうした事態を，Frommは前述した本の中で「社会的性格」と呼んでいる。彼は，社会的性格を「その集団の大部分の成員の性格構造に共通する面。それは個人のもっている特性からあるものを抜き出したもので，その集団に共同の基本的経験と生活様式の結果発達したものである。(p.306)」と定義している。社会的性格は，一定の社会構造に対して人間が力動的に適応していく結果うまれる。したがって，社会条件が変化すると社会的性格も変化し，新しい欲求・願望・思想を生み出し，人々にそれらの新しい思想を受け入れやすいようにする。こうした動きが新しい社会的性格を固定化し人間の行動を決定する。こうしてその社会に支配的な社会的性格は，社会過程を形成し，生産的な力になることもあるし，破壊的な力になることもありうる。

もちろん，筆者は，社会的性格としての「モラトリアム」の生産的な側面，たとえばLifton, R.がプロテウス的人間論で主張したように，プロテウス的である力動的な過程の中に自己があり，自我の発展があり，既成のいろいろなけじめ・境界が失われていく世界の中で，むしろ積極的にプロテウス的であることは適応的でさえある，という考えを否定するわけではない。しかしなお，筆者は，このような考えが世論となり常識となったとき，われわれ臨床家にとって，それらのもつ「曖昧な権威」あるいは神話的な力にとらわれることなく，その背後にある，個人の深刻な孤独感や変動する社会から裏切られ置いてきぼりにされてしまうという不安から，安全をもとめ同調を求めているという力動に，個々の症例をとおして気づき，対処することが，今日的課題ではないかと考えている。

このように考えてくると，青年期に特徴的にみられるパーソナリティ障害の精神力動も同じ運命をたどっているといえる。まず，スキゾイド心性がそうである。人との深いかかわりを避ける，引きこもる，自分を失う・不安，全能感（自分勝手），自己愛的，一時的その場限りの，その場で人を利用するだけの関係しかもてない，「大人のいいなりになってたまるものか」，つまり大人に近づくとのみ込まれる，しかし離れると保護を失う人との親密なかかわりを避ける，こうした心性も現代の青年の社会的性格といえる。境界例もそうである。衝動コントロールが不十分，刹那的，気分の激しい変動，スキゾイドのように引き

こもるというよりも一方的に支持と保護を求めるといった対象関係，内的規範——つまり超自我，自我理想の形成が不十分である，といったようなことはもはや現代の青年に一般的な心性になっている。自己愛障害はもっと一般的ですらある。恥知らず，プッツンしてきれてしまう，徹底した自己中心性，自分を商品として売ることをあえて行い，自分自身を商品として感じて恥じない。また，自尊心を保てるか否か，劣等感に陥らないですむかどうか，が中心的な関心であり，それは人気によっている，つまり，人に気に入られるかどうかが重要なのである。

## Ⅳ　ある青年の言葉

ここで最近見聞したある青年の言葉を引用する。

「楽しくなければ意味がないというか，深いところで人とかかわろうとしない面があるようです。いつも楽しくしていたい。逆にいうと，お互いに本音をさらけ出してケンカをしたり，指摘しあったりすることが苦手なのかもしれません。それと私もそうですけれど，『これを言ったら，かっこ悪いと思われるかな』とか，『こう言ったら，何も知らないことがバレるかな』という気持ちがどこかにある。自分を守ってしまうというか，……今までの私には，第一印象だけで『この人いや』とか決めたり，『これは楽しいから受け入れよう』と考えたりする傾向がありました。でも，楽しいことを与えてくれる人が，つらいことを抱えているなどには気がつかなかった。与えられるものだけ取って行くことが当たり前になってしまうと，周囲の世界とのつながりが希薄になり，自分が一人になってしまった時に『これわからないんですけど，教えてくれませんか』というSOSを出せなくなってしまうんです。でも，私も最近ようやくなんとかSOSを発信できるようになりました。自分の歩んできた道，自分の今のポジションは周囲の人たちが作ってくれたものだと気づくようになってきたからだと思います。今後の課題は，もう一段階上げて，SOSを出している人に自分が手を差し伸べられるようになることでしょうね。人からあることをしてもらう受け身の態度ではなくて，自分からのメッセージを発信していくことが大切だなって，思うようになりましたね。」（渡辺満里奈，読売新聞

1996.5.13から引用)。[7]

　この言葉から，モラトリアム心理，あるいはスキゾイド，境界例，自己愛病理の社会化した様子がよくわかる。
　繰り返しになるが，このように病理が社会性格化している，みんな同じような心理になり，同じようなことをいう事態は，現代の若者が，スキゾイド病理，境界例病理，自己愛病理を表現する言葉を得たということはいえるだろうが，けっしてそれらの奥底にある，孤立感や無力感を洞察したわけではない。むしろ，それらが，常識化し，つまり自我親和化してしまうために，かえって問題は潜在化しているようにみえる。たとえば，スキゾイド心性が一般化しそれが当たり前だと思うようになると，そのとき同時に彼が「もっぱら与えられることに慣れてしまい」，実は「体制に飲み込まれていること」に気がつかなくなるのである。それゆえ，筆者はこれらの病理とその精神力動にかかわる概念を一時的なものとしてすててしまうのは，むしろ若者と共謀してしまう結果になり，問題を回避することになってしまうのではないかと考える。

## V　大人から見た思春期

　このような意味で，筆者は青年期に関する古典になってしまった理論はいまなお十分価値があると思われる。代表的なものをあげてみよう。
　Freud, A.[5] の，「幼児的な対象との結合が緩むこと（近親相姦的結合からの分離，同時に自己感覚や自律的機能，超自我との結合が緩むわけである）とのために起きる不安の防衛」という考えがある。そして，Erikson[3] の，「個人の内面的生活と大きな歴史の流れとの相互作用をとおしてその自我が形成されていく，同一性という考えも自己が同じであることと連続していることという側面と同時に環境と相互的にかかわりながら変化していくという過程の中に自我の力動的な質をみようとする側面とが含まれている」といった概念である。Winnicott, D. W.[9] の青年のひきこもりについて「彼らは何事においてもまず考え，悩み，空想するようになる。空想の中でさまざまなリハーサルを行う」という考え，つまり，われわれの内的な多くの自己はちょうど舞台のうえの俳優のように，対象とかかわりながら自由に入れ替わるという考えがある。そしてBlos, P.[2] の第二の個体化論といわれる精緻な発達論，などである。

いずれの理論にも共通しているのは，葛藤をとおして青年期は達成されるという考えと，その葛藤を，内的な葛藤と自分と大人との現実的な葛藤という視点からとらえるという姿勢である。

## VI 世代間ギャップ，世代間葛藤，世代境界

つまり，若者にとっても大人にとってもこの世代間の葛藤を避けては，望ましい成長・発達は獲得できないわけである。この過程についてWinnicottは微妙ないいまわしで見事に表現している。青年は自己や同一性の中心を破壊されないように孤立という独特の交流様式を保持している[8]。それは大人の目から見ると，見つけようとしたり知ろうとしたりしてはいけない青年の私的な内的空間のことである。青年期の特徴は未成熟であり，それに対して大人のとるべき態度としては「対峙すること」[9]である。すなわち，大人はその地位を譲り渡さず責任をとり，非報復的でありながら束縛する力をもつような態度を，個人的にとるべきである。このような態度によって，青年の闘いに現実性が付与される。さもないと，青年は偽りの過程によって早く大人になり過ぎ，考えや行動の自由を失ってしまう。ここで彼がいわんとしているのは，無意識的空想やそれにともなう憎しみ，罪悪感といった感情，対象選択，性的満足などを受け入れることができるようなパーソナルな内的空間を成立させることが青年と彼に接する大人にとっての課題だということである（たとえば，毅然としたしかし温かい，あるいは権威あるやさしさが望ましいとか，物わかりのよさはかえって若者の疑惑や不信をかき立てる，などである）。Winnicottは育児におけるgood enough motheringを強調しているが，青年期の若者にはbad enough fatheringが必要なのかもしれない。そしてこれは，家族システムの視点からみると，世代境界のあり方やそれをいかに維持するかということについて論じているといえる。

この大人と若者との関係について，Blosがずいぶん前に発表した考えを紹介したい[1]。彼は，アメリカ青年期精神医学会の第1回大会で，大人と若者との関係について述べている。それは，generation gapとgenerational conflictという視点からである。generational conflictは青年の自己とcivilizationの成長とにとって本質的であり，この葛藤は世代というものが成立して以来起こっているものである。そして，この発達的葛藤には必ず情緒がともなうが，そ

れに耐え得る力は，潜伏期でつくられる。generation gapの心性をもつ若者は自らを社会的問題に結びつけたり，自分の分離・分化の問題とイデオロギーを結びつけたりする。しかし，この世代間の問題にはいっぽうで大人が重要な役割を果たしている。若者は，大人の若者への態度を支配しようとする。いっぽう，大人は，若さへの強迫的な希求がある，情熱的な関心をもって若者を見つめ，すぐに彼らをまねる，そうして老いを避けようとする。だから若者の創造した洋服を着たがるし，それを商売にもする。つまり若者のものを宣伝し商売に使い，そうして若者のものを奪っていく。つまり，若者は大人世界の関心を喚起しようとするし，大人の方は若者を理解しているということを示そうとする傾向がある。

　generational conflictを体験する耐性がない若者が，generation gapを経験すると，その結果，彼らは大人から距離を置く手段——たとえば家出，大人は間違っているから謝るべきだ，などなどを用いる。結果，葛藤は曖昧になる。しかし世代間葛藤が作動しているときは発達促進的である。

　こうしてみると，WinnicottとBlosは表現こそ違うが，青年期の課題とは若者の課題である。と同時に，すぐれて大人の課題でもあるということを強調しているのである。したがって，青年期の課題を考えるとき，世代間ギャップ，世代間葛藤，世代境界はもっとも重要なキーワードといえる。

## おわりに

　以上，筆者は，若者を個人—家族—社会というシステムのサブシステムであるという観点から思春期青年期の現代的課題について論じたわけであるが，Frommはこの分野においてパイオニア的な実に重要な仕事をしていることを再発見した。外傷やオウム真理教に象徴されるような問題に直面している今日，彼はまさに現代のこうした事態を予言したかのように，われわれの課題について明確化しているのである。この意味で彼の業績はもっと見直されてよいように思う。

文　献

1 ) Blos, P. (1971) The generation gap : fact and fiction, In Adolescent Psychiatry Vol. 1 (ed. Feinstein, S. H., Giovacchini, P. L. and Miller, A. A.), Basic Books, New York.

2) Blos, P. (1979) The Adolescent Passage. International Universities Press, New York.
3) Erikson, E. H. (1959) Identity and the Life Cycle. International Universities Press, New York. (小此木啓吾訳〔1973〕自我同一性. 誠信書房, 東京.)
4) Fromm, E. (1941) Escape from Freedom. New York. (日高六郎訳〔1970〕自由からの逃走. 創元新社, 東京)
5) Freud, A. (1966) The Writings of Anna Freud. Vol. 2, International Universities Press, New York. (牧田清志・黒丸正四郎監修〔1982〕自我と防衛機制. アンナ・フロイト著作集2. 岩崎学術出版社, 東京.)
6) 小此木啓吾（1974）アイデンティティ. 現代のエスプリ78号. 至文堂, 東京
7) 渡辺満里奈（1996）読売新聞. 5.13.
8) Winnicott, D. W. (1965) The Maturational Processes and Facilitating Environment. Hogarth Press, London. (牛島定信訳〔1977〕情緒発達の精神分析理論. 岩崎学術出版社, 東京.)
9) Winnicott, D. W. (1971) Playing and Reality. Tavistock Publications, London. (橋本雅雄訳〔1979〕遊ぶことと現実. 岩崎学術出版社. 東京.)

# 生きている連想と生きている関係
―― 家族療法の中での心的プロセス ――

## はじめに

　システムズ・アプローチが家族療法の準拠枠となって以来，家族療法において個々の参加者の心的プロセスは「用済み」の問題として忘れ去られているようにみえる。これをもう少し正確にいうと，それは学会やセミナー，教育施設といった確立された集団においてのみ「用済み」になっているのである。しかし，一つひとつの治療の実践に立ち返ってみると，それはなお決して無視できない本質的問題のままであることがわかる。「家族療法の中での心的プロセス」を考えるということは，家族療法に精神分析的技法論を導入しようとする試みでもないし，how to 的な家族療法「テクニック」を提示しようとする試みでもない。家族療法は，こころと役割をもった人の特殊な集まりである家族との共同作業なのだ。

　精神分析理論にもとづいて個人精神療法を行う治療者は，無意識，内的葛藤，欲動と情緒，自我の防衛機制，空想，対象関係，心的決定論，性格といった概念によって患者の精神力動を理解し，自由連想法を用いて抵抗や転移の解釈を行っている。しかしそのような治療者でも「この患者の家族関係は込み入っている」とか「緊張をはらんだものだ」，といったことを考えないものはいないだろう。同じように，システム家族療法を行い，精神分析との違いを強調している治療者でも，家族メンバー一人ひとりの内面を，つまり個人精神力動にかかわる問題を考えないものはいないだろう。こうしてみると「家族療法の中での心的プロセス」は「人と人との相互交流を介して他者に変化をもたらす」という精神療法の基本的な問題にかかわっていることになる。このような基本的視点から以下に考察を進めたいと思う。そのうえで，私の実践している家族療法の方法について述べたい。

## I 心的プロセスとは何か

　まず，最初に心的プロセスとは何かを明確にするところからはじめたいと思う。それは，文字通り人間の「こころ」のことであり，家族療法においてそれを構成する人々が何をどのように「考え感じ」ているかということである。もっともそれだけではいかにも曖昧だ。私は，それは力動的精神医学が対象としているような，対象関係や対人関係を含む精神内界の構造と過程のことであるととらえている。そして，心的プロセスに臨床的にアプローチするということは，程度の差こそあれ，われわれが，治療者－患者・家族メンバー関係における，各々の主観的体験を，個人の生活史と発達，欲動と情緒，心的葛藤，防衛機制，幻想と現実，意識と無意識，対象関係，転移と逆転移，性格と人格といった概念をもちいて認識するということである。すなわち，それは徹底的に個人のユニークな主観的体験に価値を置くということを意味している。ここでは症状，行動，言葉などは主観的体験過程の産物と考えられる。このような意味での心的プロセスについて，われわれは家族療法の中でどのように認識し扱っているのか，ということを本章で考えてみたい。

## II 精神療法における理論と実際との矛盾

　つぎに，すでに確立されている精神療法諸学派において，その理論と実際が同一かどうかについて考える必要がある。というのは，もし各々の精神療法の実際が理論と寸分違わぬものならば，さまざまなシンポジウムや学会は成り立たないからである。あるいはせいぜいのところ，あなたの理論－技法と私のそれとは違う，ということで話は終わってしまう。たとえば，治療において私（治療者）は，システム家族論によっているので心的プロセスなどまったく視野の外であって家族システムしかみないと言い切ったり，精神分析家が実際の家族関係など治療に関係ないといって家族関係を切り捨てるならば，話はこれで終わる。しかし，実際にはそうではなく，理論と実際の矛盾はいたるところにあるのだ。

　精神分析を例に考えてみよう。転移という概念は，治療の妨害因子すなわち転移性抵抗だと考えられてきが，転移の研究が進むにつれ，それは治癒促進因

子の側面があることがわかってきた。逆転移は,治療にとって好ましくないことだと考えられていたが,現在ではそれは精神療法過程で必ず起きるものであり,それを通して患者理解が深まると考えられるようになってきている。同じように,行動化は抵抗か建設的か,想起すること(言語化すること)は行動することより価値があるかどうか,といった議論もある。さらに,解釈は誰が構築したものか,患者か治療者かあるいは治療過程そのものかといった問題も決して解決済みではない。これらの矛盾は決して紙の上のことではなく,日常の臨床の中でたえず直面している私たちの体験なのである。Orange, D. M.ら[16]は「精神療法は徹底的に,不完全で,不確定で,オープンである」と指摘している。この引用句が示しているのは,精神療法が曖昧なものだということではなく,精神療法は「生命をもっている有機体」だということである。彼らは,精神分析を念頭に置いてこういっているのだが,筆者はこの言葉は家族療法を含む精神療法全般についていえることではないかと考える。

## Ⅲ 精神療法の制度化と精神療法の展開を促すもの

　結局,精神療法において理論と実際は異なっているといえる。いい方をかえれば,理論には必ず限界があるということである。しかし,これに対して2つのステレオタイプな態度がある。ひとつは,精神療法の理論は曖昧なので価値がないという,理論そのものを否定してしまう態度。これは間違いどころか危険な態度である。精神療法理論はそれにもとづいて精神療法課程という有機的な現象を説明し,さらに探求を続けるためのひとつのモデルだと考えられる。理論のない精神療法は羅針盤をもたない船のようなもので,信頼性を獲得できない。

　もうひとつは,理論と実際の相違を否認して理論と実際が同じものであると主張する態度である。この場合,精神療法が必然的にもつ限界を否認するために自分の理論を制度化しようとする。結果,学派が組織化され,教育研修システムや資格ができる。確かに,制度化と教育研修システムは,信頼し得る精神療法家を再生産するという建設的な面をもっている。しかし,同時に制度化は,服従を要求し異なった考えとの対話を好まないという一面があることを忘れてはならないと思う。にもかかわらず,精神療法は展開してきた。新しい理論や概念は,「私たちの必然的に偏向している考え」(Langs, R.)[13]の修正を促し

てくれる。それだけに新しい理論は魅力的なのである。しかしここでも、私たちがともすれば陥りやすい態度、に気づくべきだろう。それは、新しい理論との対話なしに、過去の理論を放棄し新しい理論を鵜呑みにするという安易な態度である。この点について、精神療法の歴史は教訓的である。歴史は、理論が精神療法を展開させたのではなく、精神療法の中で起きている出来事の注意深い観察とそれにもとづく技法の修正や変化が精神療法を展開させてきたということを物語っている。理論と実際との矛盾に対するオープンで鋭い観察が、新しい方法論を産み出してきたといえる。そしてこの展開過程は、今も私たちの臨床場面で進行中だということは、強調してもし過ぎることはない。

## IV 情緒的治療関係と現実的家族関係の放棄

つぎに理論と実際との弁証法的展開を示す典型的な例を挙げてみよう。それは、情緒的治療関係と現実的な存在としての家族についてである。なぜかというと、この2つは、精神療法における転移を検討するための必須要素であり、同時にどんな精神療法にも共有されている精神療法の構成要素である、というところから、心的プロセスを考察するためにもっとも適切な素材だからである。精神分析は、治療者と患者との保護的－情緒的相互関係を切り捨てた[11]。つまり情緒関係の大部分は、いわゆる転移性抵抗であるという認識である。そして、転移は徹底的に患者の内部の出来事、つまり幻想として扱われたことによって、家族関係も家族物語（family romance）に代表されるように、幻想として位置づけられ現実の家族関係は放棄されたのである。精神分析的発達論では、子どもと親の情緒関係を重視しているにもかかわらず、治療論においてなぜこのような理論化をしなければならなかったのだろうか。

第一に、情緒的関係に頼る治療は、その関係がなくなると治療効果が失われてしまうばかりか、しばしば情緒関係が知的洞察にいたる道を閉ざしてしまうという臨床観察があったからである。精神療法が医学的治療であるためには、ちょうど外科手術がそうであるように、治療関係に頼らなくても治癒をもたらすものである必要があったわけだ。これは第二の理由につながるが、精神分析がみずからを近代的治療技法として確立するためには、中世的な魔術的治療から決別する必要があったし、それらの治療が用いていた依存的退行的でしばしば性愛的な治療関係という手段を否定しなければならなかったからである。そ

して，第三の理由は，Freud, S.自身が，患者と家族との実際の関係を扱うことに困難を経験したからである。彼は率直にもつぎのように述べている。「私は家族の取り扱いについては，途方に暮れていることを告白する。一般に，私は家族が行う自己流の治療というものに対してはあまり信頼を置いていないのである」[5]。結果，彼は家族という存在は患者の洞察に対して抵抗として働くような外的抵抗として機能すると考え，現実の家族を切り捨ててしまった。しかし，私は，このような情緒的治療関係に対する考え方は，一人の精神分析に限ったことではないということを明確化しておきたいと思う[11]。森田療法も行動療法もそれらが創設されたときには，情緒的治療関係に頼らない治療方法の確立を目指していたというのは興味深い事実である。

## V　情緒関係の再認識と対象関係論的視点

　いったんこうして確立された精神分析は，しかし，その直後から情緒関係や現実の家族関係の意義を見直しはじめた。つまり，対象関係論の導入である。たとえば，Fairbairn, W. R. D.[2]は，人間の根元的な動機は，欲動ではなく「自我は現実の対象を希求している」という対象希求性であると主張した。Bowlby, J.の愛着理論もこの流れにある。それゆえ，個人の情緒発達においては現実の環境と個体との相互関係システムが，治療においては治療者－患者関係という相互作用システムが一義的に重要な役割をもつと考えたわけである。そうした流れの一つの帰結として，Winnicott, D. W.[19]の「母親（治療者）との関係の中にいながら，ひとりでいられる能力」というコミュニケーションにおける逆説の認識は決定的に重要である。現代的な対象関係論研究者の一人であるModell, A.[14]は，精神分析における逆説を受け容れることの重要性を指摘している。彼は転移についてそれが過去の反復かどうか，妨害因子かどうかとかという議論そのものが，直線的時間系列に立った考えで間違いだと指摘し，「転移は現時点における現実によって喚起された情動的記憶と幻想との間の複雑な循環的体験」であると主張している。

　ここまでで，私は理論と実際との矛盾を直視することが，精神分析の展開を促してきたことを明らかにしてきた。そして，まったく同じことが家族療法にもいえると思われる。家族療法は個人の内的世界を切り捨てることでシステム家族療法を確立した。それはそれで精神療法の大きな前進だったと考えられる。

家族の複雑な事態つまり構造や境界，力関係を明快にとらえるためにシステム理論は非常に有益だからだ。しかし，それでもなお家族療法における情緒的相互交流を介して，私たち治療者は自分をも含む各々の家族メンバーの心的プロセスを体験し，考え，感じている。家族メンバーもまた治療者や他の家族メンバーの心的プロセスについて体験し，考え，感じている。この決して無視できないジレンマを，私たちはどのように認識し統合しているのだろうか。私は，「家族メンバーは，家族システムに所属感をもちながら，ひとりひとりが自分自身である」というSatir, V.の観察[17]に共感を覚える。こうした臨床的ジレンマをめぐっておそらくひとりひとりの治療者が，その主要な理論的立場をこえて，それぞれユニークなアプローチをしているのではないだろうか。

## Ⅵ 心的プロセスと対人関係のインターフェイス

さて，こうした私の考察は個人と家族，個人精神療法と家族療法のインターフェイスに関する一連の研究からの刺激によって喚起されたということを述べておきたい。私にとって，心的プロセスと対人関係とのインターフェイスが臨床的かつ理論的解明を必要とするテーマになってきた。このテーマは決して新しいものではないが，なお重要なものである。このテーマに関連して，大きな展開点となった2つの基礎的な概念をここで取り上げておこう。ひとつはBion, W.のcontainer-containedモデルである。彼は，投影同一視を幻想上のことではなく，自己や内的対象の一部が直接的に外的対象の中に向けて外在化されることを明らかにした。「現実的な投影同一視を通して，悪い乳房が現実の外的乳房の中に排出される。夢想する能力を持つ母親は，悪い乳房に結びつく不快な感覚を変形し，乳児に安堵感を与える。そして乳児は和らげられ改変された情緒経験を再び取り入れることになる。……すなわち母親の愛の非官能的(non-sensual)側面を再び取り入れるのである」(Grinberg, L.他)[6]。このモデルは，内的な病理が，現実的な投影同一視を介して，現実の治療者の中で修正され，患者に再び取り入れられるという治癒過程の原理を説明している。もうひとつはAckerman, N.の社会的役割理論である[1]。よく知られているように，彼は家族関係と個人の精神内界は情緒的役割関係という概念によってつながっていることを明らかにした。「母親について論ずれば必ず子どもがそれに含まれ，夫の役割について述べるとき当然妻の役割が含まれる。……すなわち，

役割関係の概念は何らかの相互関係を考えさせずにはおかない」(Foley, V. D.)[3]。そして,役割関係を診断し,そこにアプローチするというように,この役割概念が家族療法における実践的な武器になるわけである。

## Ⅶ 精神療法におけるひとつの観察

さて,精神分析の目的は個人の内的構造の変化であって,家族療法の目的は家族の構造や関係の変化である。もちろん他にもあるだろうが,いずれにしてもそれらは,治療者の意図した目的である。実際の臨床では,精神分析が家族関係の変化をもたらすことはよく知られている。ところが,家族療法が個人の心的構造の変化や対象関係の変化を引き起こすということはあまり議論されない。まるで,現代の家族療法家は,そうしたことを考えたり主張することを禁じられているかのようである。個人精神療法と家族療法のインターフェイスに関する貴重な研究は,家族関係の変化は個人の内面の変化をもたらすことができるかもしれないという可能性を示唆してくれている。この視点からもう一度,精神療法の治癒機転を考えてみる。というのは,治療目標,治癒機転,治療機序,治療手段,治療場面の設定といったどの精神療法にも共通する要素に関して,それぞれの精神療法を比較することができるからである。精神分析において,もっとも重要な治癒機転は洞察であるとされてきたが,過去においても現代でも必ずしも一致しているわけではない。私は,別の論文で治癒機転として解釈-洞察モデルに加え,対象関係の内在化モデルがあることを明確化した[7]。

しかし,今ではさらに第三の治癒機転モデルがあると考えている。「生きている連想と生きている関係」モデルである。Kris, A. O.[12] は,自由な連想が起きることそのものに一義的な意味を見いだしている。抵抗が起き,連想が自由でないときは,そこから何か新しい意味が産みだされることはありえない。確かに,自由な連想が起きると,治療者は患者の思考や行動のパターンに何か新しい意味が加わり,連想自体が豊かになるといったことを経験する。同時に,治療者の中でも連想が拡大し深化する。対象関係論と対人関係論を統合する立場をとるOgden, T.[15] も,こうした治療者と患者との意識的無意識的コミュニケーションの展開に注目し,死んだ連想から生きている連想へ,死んでいる関係から生きている関係への変化こそが,治癒機転としてもっとも価値があるということを明らかにした。重要なことは,このように自由な連想が生じるとき,

治療関係も生き生きしたものになるという臨床的観察である．ここで，思考と思考との関係すなわち連想が生き生きしていることや，治療者と患者の関係が生き生きした相互関係であることそのものが，治療のメカニズムであると同時に，治療上の変化あるいは目標ではないかと考えることもできるように思う．同じ出来事が家族療法でも認められる．どこか澱んだステレオタイプな相互関係から「生き生きした」相互関係へと変化するパターンは，精神分析における変化のパターンと非常によく似ている．このとき，家族関係における役割の積極的な相補性が認められるし，自由な対話（それは主観的にはしばしばコミュニケーションのギャップや対象喪失の痛みとして体験される）と個人レベルでも自由な発想が起きる．別の論文で主張したが[8,9]，治療手段が精神分析であれ家族療法であれ，「うまくいっている精神療法」システムは，それ自体が効果的であるような，生きている連想（個人レベル）－生きている相互関係（対人関係レベル）－生きている家族システム（家族レベル）を含む，共に展開する有機体であると考えられる．

## Ⅷ 精神療法の目的，構造設定，方法

こうしてみると，個人精神分析療法と家族療法という2つの精神療法は，治療の手段は異なっていても，その治療目標や治療メカニズム，治癒機転では共有されているものを見いだすことができる．この視点から，精神療法の目的，設定，方法について述べてみよう．

### 1. 目 的

生きている連想や生きている相互関係とは，より主観的な表現をするならつぎのようにいえる．つまり，他者との関係の中で，他者が私についてどのように考えているか，について私が想像することができる能力の展開である（Fonagy, P.）[4]．家族レベルで表現するなら，家族の一員でありながら，自立した人間であるという矛盾した体験ができる能力の展開といえる．そして，このような関係が起きる契機となるのは，澱んだ距離のない二者の単一的状態，つまりは自己愛的な関係に第三者が参入することによって三者関係ができ上がる事態である．二人で構成される個人精神療法でも，思考上の第三者が参入することが重要であるし，反対に現実には3人以上で構成される家族療法場面で

も，家族があるいは治療者を含む全体が，自己愛的なひとつの塊になってしまっているのはよく経験される事態である。

## 2．精神療法構造の設定

私はこのような目的が達成されるのは，精神療法という「特殊な状況によってつくられた脈絡の中」においてだと考えている。その意味で，治療構造を設定するという作業は，もっとも重要な治療実践であるといえる。精神療法設定が特殊な状況だというのは，日常のコミュニケーションとは明確に異なるという意味で特殊なのである。第一に，治療者はそこで起きるすべての出来事に価値を見いだす。ここにおいて，家族療法は他の精神療法が見落としていたことを明確化したという意味で，精神療法全般に対して大きな貢献をしてきたと思う。たとえば，positiveconnotationという概念が挙げられる。第二に，治療状況はたえず変化しながらも，設定にはかならずルールがあり，一定の状況を提供し続ける。第三に，最終的な目標とは別に，個々のセッションや個々の状況において，参加者は何らかの目標に向かって動いている。何かを伝えたい，何かを理解したい，何かを変えたいなどなどである。つまり個々のセッションや個々の瞬間には目標指向性がある（Stern, D.）[18]。第四に，前述したように治療者はさまざまなジレンマを受容している。治療者は，訓練を受けた専門家でありながら，自分の家族をもつ日常生活者である（Modell, A.）[14]。治療者は，治療システムの一員でありながら外からの観察者である。治療者は，個の自律を尊重しながら，関係を促す。治療は構造的に治療者が患者・家族より上位であるという不平等さをもちながら，平等に交流しようとする。私はFreud, S.の最大の貢献は，精神療法における治療構造の設定の意味と方法を見いだしたことにあると考えている。そして，彼の貢献をさらに深化させたのが小此木の治療構造論であろう。

## 3．精神療法の方法

私は，以上のような精神療法構造の設定という方法を精神療法における非特異的技法と呼んできた[10]。これは，単に実際的かつ物理的な設定をするという意味ではなく，治療者が構造を設定するという内的感覚を意味している。また，それは空間的感覚だけでなく，たえず「設定し続けている」という時間感覚をも意味している。それゆえ，ここに治療者の人格や情緒的葛藤，設定を巡るジ

レンマといった心的プロセスがいやおうなしに関与してくるため,治療者は構造を設定している自分についてたえざる内省が求められるわけである。このような構造設定をしながら,治療者はなんらかの特異的な治療手段を選択しなければならない。精神分析的精神療法,夫婦療法,合同家族療法などなどである。この選択は,見立てや診断,自分が使用できる治療は何か,患者や家族が心理的社会的に使える治療は何かといった多くの条件によって決定される。しかし,これは本論に直接関連しない次元の異なる問題なので,ここではこれ以上言及はしない。

### 4．合同家族療法の設定

さてこれまで,私は心的プロセスと対人関係や家族システム,個人精神療法と家族療法とのインターフェイスについて論じてきた。そこから明らかになったことは,精神分析か家族療法か,心的プロセスか家族システムかといった議論自体が,精神療法の実践という視点の欠落によるものだということである。精神分析と家族療法の決定的な違いは,ごく表面的な技術的なことにすぎないのだ。つまり一対一か家族合同かの違いである。こうした考えから,私の行っている家族療法の実際について説明しよう。

まず第一に,基本的なルールについて。おそらく,このルールの設定は家族療法の各学派ばかりか,各治療者によって大いに違いのあるところではないだろうか。私は,家族メンバーの誰が参加してもよいこと,自由に話すこと,互いの相違を認めること,個性の尊重と他のメンバーの内面を理解することの4点を基本としている。第二に,治療者の態度だが,個人精神療法に比べるとはるかに積極的である。モデル提供といってもよいだろう。この点では多くの家族療法家と大して相違はないと思われる。個人精神療法では,患者個人の建設的力をあてにできる。個人の連想が熟成し自由な連想が展開するのを待つという意味では,治療者は受け身的でよいわけだ。「他人同士」の集まりである集団精神療法では,集団に内在する力が強力に治療を展開させる。そのため,治療者は集団力動や相互関係の展開をうながすことはあっても,関係付けのモデルを積極的に提供することはしない。ところが,家族も一種の集団であるが,特殊な強いつながり,社会的役割を介した相互の強い愛着関係があるために,「集団」であるということが治癒の動因になりにくいのである。したがって,家族療法では,治療者はより積極的にモデルを提供することが必要となる。も

うひとつ治療者の態度として，私は「ルール」からの逸脱に注目しながら治療を進めている。設定された目標やルールは，治療者と家族メンバーとが現実的に共有しているものである。家族療法は，こうした共有された現実——すなわち治療——への家族の適応過程と考えられる。逸脱がよいか悪いかではなく，逸脱もまた治療者と家族メンバーがその場で共有するものである。搾取，非難，回避，共謀，偽の結束，家族神話など，これまでの家族療法はさまざまな「逸脱」を明らかにしてきた。この逸脱の意味を明らかにして新たな相互交流のパターンを示すのが，治療者の役割だと考えている。

## おわりに

精神分析家は新しい技法を提案することにはひどく慎重である。しかし，実際の治療では，一人ひとりの臨床家は新しい試みや古典から偏向した試みをしているに違いない。対照的に家族療法家はめまぐるしいほどにつぎからつぎへと新しい技法を繰り出してくるが，実際には標準的な手順にそった治療をしているはずである。そこで，もう一度「心的プロセス」という概念を家族療法に投げ込んで，家族療法の実際をあぶりだしてみようと考え，私は，ここで「精神療法学派」の確立した「技法」というルールを一度取り外したうえで，家族療法を含む精神療法の方法を再考しようと試みた。

文　献

1) Ackerman, N. W. (1958) Psychodynamics of Family Life. Basic Book, New York. (小此木啓吾・石原潔訳〔1970〕家族関係の病理と治療上／下．岩崎学術出版社，東京．)
2) Fairbairn, W. RD. (1952) Psychoanalytic Study of the Personality. Tavistock, London.
3) Foley, V. D. (1974) An Introduction to Family Therapy. Gurune & Stratton, New York. (藤縄昭・新宮一成・福山和女訳〔1984〕家族療法：初心者のために．創元社，東京．)
4) Fonagy, P. (1998) Attachment theory approach to treatment of the difficult patient. B. of the Menninger Clinic, 62；147-169.
5) Freud, S. (1912) Ratschlage fur den, Arzt bei der psychoanalytischen Behandlung. (小此木啓吾訳〔1969〕分析医に対する分析治療上の注意．精神分析療法，p.106，日本教文社，東京．)
6) Grinberg, L., Sor, D. and Bianchedi, E. T. (1977) Introduction to the Work of Bion. J Aronson, New York. (高橋哲郎訳〔1982〕ビオン入門．岩崎学術出版社，東京．)
7) 狩野力八郎（1993）治療者の支持的役割治療状況における退行の意味を認識すること．精神分析研究，35；47-57.

8）狩野力八郎・渋沢田鶴子（1993）父－母－乳幼児療法——精神分析か家族療法か．精神分析研究，36；552-556．
9）狩野力八郎（1997）システム論から見た家族と精神分析から見た家族——おもに三者関係をめぐって．思春期青年期精神医学，5；175-184．
10）狩野力八郎（1997）動機と創造——境界例の家族療法について．家族療法研究，14；179-184．
11）狩野力八郎（2000）精神分析の二重性．精神分析研究，44；66-70．
12）Kris, A. O. (1982) Free Association : Method and process. Yale University, New Haven. （神田橋條治・藤川尚宏訳〔1987〕自由連想——過程として方法として．岩崎学術出版社，東京．）
13）Langs, R. (1988) Primer of Psychotherapy. Gardner Press, New York. （妙木浩之監訳〔1997〕精神療法入門．金剛出版，東京．）
14）Model1, A. (1990) Other Times, Other Reallty. Harvard University Press, Cambridge.
15）Ogden, T. (1997) Reverie and Interpretation : Sensing something human. Jason Aronson, New Jersey.
16）Orange, D. M., Atwood, G. E. and Stolorow, R. D. (1997) Working Intersubjectivity : Contextualism in psychoanalytic practice. The Analytic Press, New Jersey. （丸田俊彦・丸田郁子訳〔1999〕間主観的な治療の進め方——サイコセラピーとコンテクスト理論．岩崎学術出版社，東京．）
17）Satir, V. (1964) Conjoint Family Therapy. Science and Behavioral Books, California. （鈴木浩二訳〔1970〕合同家族療法．岩崎学術出版社，東京．）
18）Steern, D. N. et al. (1998) Non-interpretive mechanisms in psychoanalytic therapy. International Journal Psycho-Analysis,79；903-921．
19）Winnicott, D. W. (1965) The Maturational Process and the Facilitating Environment. Hogarth Press, London. （牛島定信訳〔1977〕情緒発達の精神分析理論．岩崎学術出版社，東京．）

# システム家族論からみた家族と精神分析からみた家族
―― おもに三者関係をめぐって ――

## はじめに

　システム家族論と精神分析理論とは一般にいわれるほど違うものではなく，むしろ一致点，それも重要な概念において共通するところがあるのではないか，ということが筆者の問題意識であり，本章ではこの点について，とくに三者関係について考察したい。
　さて，臨床において，システム家族療法と個人精神療法はおおいに重複している。臨床の実情はつぎのようなものである。精神分析理論にもとづいて個人精神療法を行っている治療者は，無意識，欲動，内的葛藤，空想，対象関係，心的決定論といった概念によって患者の精神力動を理解し，自由連想法を用い，防衛，抵抗，転移の解釈を行う。しかし，そのような治療者でも，仲間内では，当の患者の家族関係がひどく緊張をはらんだものだ，といったようなことを話したりする。いっぽう，システム家族療法を行い，精神分析との違いを強調している治療者でも，家族メンバー一人ひとりの個人精神力動にかかわる問題を考えないものはないと思う。これが臨床の実情なのである。それゆえ，理論の違い，学派の違いということで，この興味深い実情を，切って捨てるわけにはゆかないと思う。
　そこで，システム家族論と精神分析的家族論という異なったレベルから抽出されている概念や表現を比較検討するならば，なんらかの共通の理解や共通言語を得られるかもしれないと考えている。

## I　個人システムと家族システムの違い

　しかし，その前につぎのようなことを考えておく必要がある。つまり，異なった理論モデルからえられた観察資料は異なったものであろうし，異なった用

語で記述されるであろうから，安易な折衷主義はかえって理論上の混乱をまねくばかりか，治療そのものにおいても何が起きているか曖昧にしてしまい，治療の科学性，客観性を失ってしまうという危険を冒すことになるのではないか，という問題である。

筆者は[7]，以前精神分析学会で，「治療の実践において，治療者は意図的であれ，非意図的であれ，心的現実としての家族と現実的システムとしての家族という2つの脈絡から家族を理解しているものであり，問題は個々の治療者が自分の用いている諸理論をどれだけ意識化しているかである」ということを主張した。つまり筆者のいいたかったことは，治療において治療者は，この2つの理論の違いを，常に明確に意識することが必要だということである。同じことについて，Dare, C.[4]は「個人に関する精神分析的理解と夫婦や家族に関するシステム論的理解は，システムの要素として記述される個人の内的仕組みと，上位システムであり，現在，相互に作用している対人的脈絡とを，注意深く区別することによって，統合させることができる」と述べている。このような考えの基礎を提供したのは，Miller, J.[10]の「生きているシステム論」である。つまり，より上位のシステムは，単なる下位システムの総和ではなくそれ以上のもっと複雑な機能をもつという考えである。

そこで，家族システムと個人システムの違いとして，Dareが挙げているのは次の3点である。精神分析と異なりシステム論では，まず第一に，夫婦をそれ自体ひとつの準拠枠ないしはひとつの単位とみなすということ，つまり，夫婦が表現するものは互いのパートナーのいろいろな側面の表現とみなすということである。よく知られている夫婦の「相補性」や「対称性」という概念はこの代表的なものである。第二には，Minuchin, S.[11]が強調した，家族における力や支配をめぐるヒエラルキーを重視することである。第三は，やはりMinuchin, S.[11]が——彼だけではなく多くの家族療法が述べているが——いう「境界」の重視である。

## II エディプス葛藤，三角関係，三者関係

このような考えを前提にして，つぎにエディプス葛藤と三角関係について考えてみる。もちろん前者は，精神分析のもっとも重要な概念であり，後者はシステム論の概念である。Freud, S.は，人間の心的リアリティとしての家族，

つまり家族のロマンスを明らかにした。そしてその中核的物語がエディプス葛藤である。いっぽう Lidz, T.[9] は，外的現実から，エディプス葛藤をとらえ直している。彼は，健全な核家族の基本条件として，父母の連合・世代境界・性別役割の明確化を挙げた。つまり個体は，この基本条件がみたされることによって，自我の成長や，適切な抑圧が達成されると考えたのである。このような Freud, S. から Lidz, T. にいたる学問的展開を可能にしたのは Hartmann, H. による自我心理学の確立であるが，この流れについては，小此木[4]が詳しく論述しているのでそれを参照してもらいたい。こうした Lidz の考えは，精神内界と家族システムという異なったレベルで起きる出来事を統合する視点を与えた最初の試みとしていまなお価値があるのではないかと考えられる。

さて Lidz のいう3つの条件が満たされないときに招来される事態が，家族システムからみると硬直した三角形（triangulation）や三角関係化（triangling）であり，精神内界からみるとエディプス空想の抑圧不全，親子の近親相姦的結合，前エディプス結合への退行である。では，両親がこれら三条件を可能にするのは何かというと，両親がおのおのの父母とのエディプス葛藤からどれだけ脱却しているか，にかかっていると彼は考えている。精神分析の視点から，さらにつけ加えると，両親がおのおの喪の過程をどれほど体験し，それらをどれほど統合しているか，どれほど同一性を確立し，自立しているか，によるということである。いっぽう，システム家族論的にみると，両親がそれぞれの実家からどれほど分化しているかという自己分化度の高さ（Bowen, M.）[2]，両親と祖父母との世代境界がどれほど明確か，ということが重要になる。

この三者関係について，Ciompi, L.[3] は，精神分析と一般システム論を積極的に統合する立場からつぎのように述べている。システム論的に考えると，「2つのシステム間の関係……が3つのシステム関係に拡張されるということは，組み合わせ論的に考えれば，かなりの自由度を獲得することになる，……この二者から三者間への関係性の拡張は，数学的な意味にとどまらず，ある意味では，監獄——つまり排他的な母子関係という監獄——から自由な世界への脱出とさえいえるものなのである。第三者へと通じる扉が開かれるということは，何か『他なるもの』がとにかく存在するのだという可能性を，はじめて体験するということになる。すべての他なるもの，すべての複数，すなわち可能な限りすべての他の関係，布置が，三者関係の中に『含意され』，三者関係によってはじめて直感的に体験されるのである」。

すなわち三者関係において，情緒的にも広がり・深さ・多様性が体験されるようになる。たとえば，三者関係において，忠誠，嫉妬，取り残される不安，ライバル意識，罪悪感あるいは三人一緒になる楽しさが体験され，同時に力関係をめぐって家族のダンスが始まるわけである。

このように考察を進めてくると，3つのシステム間の関係――エディプス葛藤・三角関係・三者関係――の成立が，個体の発達と家族の発達にとって特異的な力動であり構造布置だと，いってもいいように思う。

ここで，われわれは，三者関係がどのように発達してくるのかという，発達的視点あるいは歴史的視点に関心が向く。この点に関して，精神分析が多くの貢献をしてきたのはいうまでもない。たとえば，Freud, S.はもちろん，Lacan, J.が父親の登場を重視したこと，Mahler, M.の分離―個体化論に準拠したAbelin, L.[1]の父親の役割に関する研究，つまり父親はリビドー的な母子の共生関係から乳幼児が分離―個体化する過程を促進する機能をはたす，といった主張，最近では，エディプス期に入る前の，息子と母親，そして母親の内面の母親の父親の三者からなる移行的な三者関係というOgden, T.[13]の考えなどが挙げられる。

いっぽうシステム家族論の分野では，このような早期発達に関する文献はあまりないようである。しかし，最近，乳幼児精神医学の分野において，二人プラス一人から三人一緒への移行がどのように起きるか，乳児はこの移行をどのように学ぶか，といったことが重要なテーマになりつつある。ローザンヌ大学のグループとその共同研究者ら[6]は，実験室設定で，健康な両親と乳児を対象に，精神内界，対人交流，世代間の領域において家族システムの三者化（triadification）がどのように起きるか，ということを精神分析的マイクロアナリシス，いくつかの精神力動的面接，家族システム論による家族面接をおのおのの専門家が行い，比較検討をしている。その結果はなお試論的なものだが，三者化は3つのレベルでつねに行動しており，（時間的流れからみてどのレベルの三者化が先ということはなく）個体のあるいは家族に共有された動機的目標を達成する主要な心理学的テーマであるという。父や母はそれぞれ特有な三者化のスタイル（おそらく原家族における影響であろう）をもつばかりか，赤ん坊も独自の三者化のスタイルをもっている。そしてこれらの個人的スタイルから相互関係的スタイルや家族スタイルができてくる。興味深いのは，三者の相互関係はミクロにおいても家族の習慣や儀式といったマクロな家族相互関係

に類似しているようであったという。そして，これら3つのレベルで起きている三者化の間の影響についてのひとつの統合的考えは，三者の相互関係からみると，両親の組織化された行動としての三人一緒が，赤ん坊に現実的かつ潜在的な場を提供し，その助けで赤ん坊は三者の一人として活動しはじめる，これが赤ん坊の表象レベルにおける三者空間をつくる必須条件であり，その結果赤ん坊は，自分が三者の中にいるという図式や両親の相互関係に自分が影響を与えるという図式を内的に構成でき，それが自分の行動に影響を与える，といったものである。

こうした研究はようやく始まったばかりであるが，そこで示唆されているのは，発達において，従来考えられていたように二者関係から三者関係へと発達するのか，あるいはそうではなく三者関係が基本で二者関係はその構成部分なのかという議論である。そして，さまざまな三者関係の表現について，今後もっと詳しく記述していく必要があるということも示唆されている。

こうしてみると，思春期において，三角関係化・エディプス葛藤はおのおの異なったレベルで同時におきていて，各レベル間で互いに影響を与えあっている，と推測してもよいのではないかと思われる。この理解は思春期治療に多くの示唆を与えてくれるが，治療に関しては後に述べる。

## Ⅲ 二者関係

さて，三者関係にくらべ，二者関係については精神分析とシステム家族論はより密接に絡み合いながら展開している。たとえば，二重拘束，相補性といった家族論の概念と投影同一視・自他の境界・自己愛的延長という精神分析の概念との関係，夫婦の共謀関係・密約を投影同一視によって説明できるといったことである。これらのことは今日あまりによく知られているので，ここではこれ以上言及する必要はないと思う。

## Ⅳ 治　療

ここまで，ながながと理論的な考察をしてきたが，つぎに治療的問題について考えてみる。

## 1．治癒機転と治療目標

まず最初に治癒機転や治療目標について比較してみたい。

精神分析では，症状を過去の記憶に変換すること，拘束されたエネルギーの解放であるカタルシス，除反応，無意識の意識化，無意識的防衛パターンやそれにともなう幻想を発見し，適応的な防衛に変えるといった個人システムの構造的歪みの修正，対象関係の内在化，自由な連想の創造，といった概念があげられる。

システム家族論では，家族システムにおけるサブシステム間の相互関係を硬直化させているものを発見し，それを解決することで，三者関係における力動的な相互関係を展開すること，が基本的な考えではないかと思う。力動的な相互関係とは，各メンバーが主体性をもち，ほかのメンバーとの間に明確な境界をもち，オープンでいきいきした意見の交換が生じる，ということである。しばしばそれは意見の違い，ギャップとして現れる。そして，このような機転を促すものとしていろいろなアプローチが工夫されているが，それらを要約してみると以下のようになるかと思われる。

まず第一に，歴史的な観点から，家系図を事実としてとらえ，調査し，構成することによって，その家族にひそかに働き，多世代にわたって繰り返されているような相互関係パターンを明らかにしたり，家族神話がどのように形成されたか，家族の中の各メンバーの役割の形成などをさぐるという方法である。つまり，歴史的に家族を再構成するわけである。第二に，今現在の家族の相互関係や構造に焦点をあてて，相互関係のパターンを把握したり，家族の中の明らかなあるいは潜在的なルール，たとえば三角関係化などを探求する。とりわけ，隠されている家族神話や中心的なテーマを発見することが重要だが，これは後に述べる予定である。第三に，こうした相互関係にともなう情緒について，どんな情緒がどのように家族の中から排除されているのか，ということを明らかにする。とりわけ，喪の過程にまつわる情緒がどのように体験され，統合されているか，あるいは排除されているか，といったことが重要である。

さて，このようにみてくると，思春期患者とその家族に対して（多くの場合家族は混乱しているのであるが），仮に患者の精神力動を精神分析的に理解できたとしても，複雑な相互関係や態度，行動，会話のなかから，重要な相互関

係パターンを抽出し，家族関係を変化させ，個人の成長を促す場をつくるためには，システム家族療法のほうが，精神分析による個人療法よりは，もっと容易に目的を達成できるのではないかと思う。少なくとも，治療の初期段階においてはそうではないだろうか。

　たとえば，もっともありうる治療モデルは，患者（そして両親）を精神分析的に理解しながら，実際的な治療アプローチとしてはシステム家族療法をもちいるという方法である。そして，この場合たんに家族システムの変化を目標とするだけではなく，異なったレベル間の相互作用がありうるという仮説にもとづいて，個人の精神内界の変化をも治療目標の視野にいれておくべきであろう。つまり，筆者は家族システムの変化は，個人の精神内界の変化をもうながすという仮説を考慮すべきだと考えている。

　そこで，つぎに治療技法において重要ではないかと思われる2つの事柄を挙げてみる。この2つのことは，精神分析においても家族療法においても馴染み深いものだからである。ひとつは治療環境の設定であり，もうひとつは家族神話の解決である。

## 2．家族のための治療空間の提供

　筆者は[8]，個人療法の経験から，家族療法においても，「家族のために，家族が新しい関係性のあり方を経験し，学び，認識できるような，holding environmentあるいは時間的に連続性のある『治療空間』」を提供することが大切ではないかと主張したことがある。これは，playfulな治療の場といってもよいかもしれない。Minuchin, S.[11] は，joiningという技法で，見事にこの治療空間をつくっている。ちなみに，筆者は，この技法をどのように表現したらよいかということについて，今日の発表者の一人である中村先生[12] に教わったのでそれを引用したい。

　つまり，joiningとは，治療者と家族が意気投合するように治療者が能動的に働きかけることであり，しかし，家族の問題や葛藤には直接関係のないことを述べるわけである。たとえば「よくいらっしゃいましたね」とか「いい天気ですね」とか「お父さんはお仕事でお忙しいでしょう」などといったことである。つまり，これは雰囲気のよい治療の場を作るための一種の仕込みのようなものである。

## 3. 家族神話

　家族神話[5]は家族全体のある種の防衛機制として考えることができる。家族のメンバーはお互いに無意識の合意のもとに，家族を防衛するために特定の硬直した役割を担う。これは，家族がひそかに共有している暗黙のルールといってもよい。たとえば，喧嘩はいけない，家族はつねに一体である，親密になることは束縛されることだ，などなどである。そして，このために家族は新しい状況に対して柔軟に適応できなくなる。たとえば，赤ん坊が生まれたとき，子どもが自立するとき，結婚するとき，親が死んだときなどである。夫婦の場合，夫婦の神話はそれぞれの配偶者が原家族の中でスプリットされた自己が否認されたまま夫婦関係にもち込まれることによって維持される。Pillari, V.[15]はこれを joint false self とよんでいる。たとえば，怒りを表現することが許されない原家族で育った配偶者は，怒りが否認され自己から分裂排除される。そして夫婦関係を形成するうえで，怒りを互いに表現しあわない joint false self を形成し，怒りに対する防衛機制が家族の相互作用やコミュニケーションを支配するようになる。そして子どもも親の防衛を守るようになり，親と共謀し，怒りを表現することがネガティブなことだと思いながら育つわけである。

　この家族神話と同義の概念が，家族療法では多く述べられている。たとえば，家族のテーマ，family script，家族のルール，夫婦の密約，共謀関係などである。家族神話に代表されるような家族システムレベルにおけるこれらの概念は，精神内界レベルにおける三者関係と，類似性をもって影響し合っていると考えられる。

　この概念の意義は，治療者が，非常に複雑な態度，行動，相互関係を示す家族を前にしたとき，ともすると瑣末なことにこだわってしまうものだが，それを避けることができ，かつ混乱している家族のなかに一定の秩序をもたらし，それまでの関係を修復する手がかりを与えてくれることにある。

## V　症　例

　この症例は，三者関係が見えぬほどに大変混乱した家族で，家族から怒りが排除されているということが特徴である。
　中年の夫婦が，中学生の息子の家庭内暴力のため，私のある知人からの紹介

状をもち，治療を希望して受診してきた。息子はおだやかで一人で本を読むことが好きな，しかし人付き合いが乏しい子であった。小学生の頃から，断続的に不登校になったため妻がカウンセリングを受けていた。しかし，そのころまで家庭は平和で，いさかいなどまったくなかった。夫の父親は社会的に成功した人物であり，家庭ではひどく権威的であった。夫は大切にされて育ちながらも，自分の父親に親しみや競争心などをまったく体験せず，ひたすら自分の父親を尊敬している人である。妻は，女だけの同胞の真ん中で，あらそいごとも経験せずのんびりと育った。妻は夫をたて従っていた。夫も家庭の中で怒るということは一度もなく仏様のようであったが，いくつかの強迫症状をもっていた。この家族には高校生の娘がいる。この家庭が暗転したのは，夫が仕事のストレスから，家庭の中であたりかまわず激しい怒り発作を起こすようになってからである。

　彼は，この怒りについて，治療者に「そんなに怒ったかなー」と不思議そうに述べ，実際怒っているという感覚を経験していなかったようである。しかし，この態度は妻の怒りを誘発するものであった。確かに彼のあまりの自覚のなさに治療者も内心腹立ちをおぼえた。この夫の不思議な怒りの発作は，息子が中学になって，今度は，息子が父親（夫）に暴力をふるうようになるまで続いた。

　その少し前息子は，抑うつ感と登校困難のため自分の希望で治療を受けはじめた。娘も気分不安定のため精神科にかかりはじめていた。

　初診時，息子の暴力のため，娘と父親はそれぞれ家を出て別々に住まざるを得なくなっていた。その結果，息子の暴力は多少沈静化の方向に向かったが，ときどき父親のことを思い出すと，激しく怒ったり，母親をたえず自分の側におこうとしたため，母親は家事をしたり外出をするのも困難になっていた。

　いろいろな現実的事情から，筆者は治療を引き受けることに躊躇したが，妻（母親）の強い希望で治療を受け入れることにした。つまり，妻（母親）主導で治療は開始されたわけである。治療を引き受けるにあたり，筆者はいくつかの指示を与えた。第一に，息子と娘は現在の治療を継続すること，第二に夫（父親）は通院可能な場所で自分の治療をうけること，第三に，家族がばらばらに暮らすという現在この家族が取っている方法はとてもよい方法であるから，継続すること，第四に，私との治療の場は家族全員のために設定するから，だれが来てもよいこと，である。この指示について，妻（母親）は安心したと

反応した。夫（父親）も概ね同意したが，「早く一緒に住みたい」そして「息子のためにもっと自分にできることはないか」と主張した（息子と直接会うと明らかに息子の暴力を誘発し自分が傷つくことがわかっていながらである）。治療者が，父親は大変息子のために協力していると応じたが，不満のようであった。

　しかし，その後夫（父親）は自分の治療を受けながら，妻（母親）とともに筆者のところに規則的に通って来た。2カ月後，今度は父親抜きで息子が母親とともに受診し，こちらで治療を受けたいという。この件について，これまでの先生と十分相談のうえだという。どうやら，妻（母親）の指示のようであった。そして息子は「先生は父をコテンパンにやっつけたって母から聞いたよ」という。これも母親のコントロールらしいと感じたが，筆者は「そんなことはない，お父さんは仏様みたいな人で，君のために頑張っているし治療も受けている，お父さんは怒るということを知らないんだよ」というと，「え？　そんなことないよ」といいつつもひどく驚いたようであった。

　その後夫婦（父母）の治療とは別に息子のために個人治療を設定した。息子の病理はけっして軽くはなく，変化は緩徐なものであったが，まず家族全体が変化しはじめた。つまり，一人ひとりが自分の生活目標を追求しはじめた，たとえば娘の大学入学成功と自立的生活の開始，趣味や仕事による母親の外出が現実的に可能になったこと，父親が自分の仕事や治療に専心しはじめたことなどである。もっとも重要な変化は家族システムの中の三角関係で起きた。最初は，この家族は点と点だけで線がなくばらばらであったが，母親―娘―息子，娘―父親―母親といった三角関係が行動のうえで現れるようになった。息子の暴力はほとんどなくなり，父親を想起しても内的に怒りをおぼえるだけで，感情の爆発が起こらなくなった。彼は「僕の中にもう1人の自分がいて，爆発をおさえているんです」と述べていた。

　ここで描写したのは，長い治療経過のごく初期の段階についてであるが，この家族から怒りが排除され，それは「親密になると喧嘩になる」とでもいうような家族神話によって達成されていたことがわかる。治療者は，家族全員が交流できる空間を提供するとともに，「ばらばらに生活する」という指示（そもそもはこの家族が考えたことであるが）を与えることによって，家族神話が明確化されたのである。その結果，むしろ家族は三角関係をつくることができるようになり，息子の内的な変化をも促したといえる。そして，この治療を動か

したもっとも決定的なものは，この家族のもつ潜在的な力と知恵であったということがお解りいただけたかと思う。

## おわりに

　本章で，筆者は，システム家族論と精神分析的家族論を比較し，それらの異同について論じた。そのうえで，家族システムと個人システムという異なったレベル間の相互関係を考えるさいに，三者関係が重要な鍵概念であることを示した。そして，思春期患者の治療において個人の問題を精神分析的に理解しながら，治療的には家族システム療法によるアプローチをとるという治療モデルを提示した。その治療モデルにおいて治療空間の提供と家族神話の明確化と解決という技法が重要であることを，症例を示しながら，述べた。

文　献

1 ) Abelin, L. (1975) Some observations and comments on the earliest role of the father, International Journal Psycho-Analysis, 56 ; 293-302.
2 ) Bowen, M. (1978) Family Therapy and Practice. Jason Aronson, New York.
3 ) Ciompi, L. (1982) Affektlogik, Klett-cotta, Stutt-gart. (松本雅彦・井上有史・菅原圭悟訳〔1994〕感情論理．学樹書院，東京.)
4 ) Dare, C. (1986) Psychoanalytic Marital Therapy. In Jacobson, N. S., Gurman, A. .(eds.), Clinical Handbook of Marital Therapy, 13-28, The Guilford Press, New York.
5 ) Ferreira, A. (1963) Family myth and homeostasis. Archive of General Psychiatry 9, ; 457-463.
6 ) Fivaz-Depeursinge, E., Stern, D., Burgin,D., et al. (1994) The dynamics of interfaces : Seven authors in search of encounters across levels of description of an event involving a mother, father, and bady. Infant Mental Health Journal, 15 ; 69-89.
7 ) 狩野力八郎（1988）家族アプローチの諸様態．精神分析研究, 32 ; 37-44.
8 ) 狩野力八郎・溝口健介・渋沢田鶴子（1994）新たな家族システムの提供（その1）乳幼児をもった家族の課題とその治療．（小此木啓吾・小嶋謙四郎・渡辺久子編）乳幼児精神医学の方法論．岩崎学術出版社，東京.）
9 ) Litz, T. (1963) The Family and Human Adaptation. International Universities Press, New York. (鈴木浩二訳〔1968〕家族と人間の順応．岩崎学術出版社，東京.)
10) Miller, J. G. (1975) General Systems Theory. In Freadman, A. M., Kaplan, H. I., Sadock, B. J. (eds.), Comprehensive Textbook of Psychiatry/II 75-88, Williams & Wilkins, Baltimore.
11) Minuchin, S. (1974) Families and Family Therapy. Harvard University Press,

Cambridge.(山根常男監訳〔1984〕家族と家族療法.誠信書房,東京.)
12) 中村伸一(1995)個人的コミュニケーション.
13) Ogden, T. H.(1989) The Primitive Edge of Experience. Jason Aronson, Northvale.
14) 小此木啓吾(1982)精神分析的自我心理学と家族関係.(西園昌久編)精神科Mook 2 家族神経医学.金原出版,東京.
15) Pillari, V.(1986) Pathways to Family Myths. Brunner/Mazel, New York.

# 対象関係論と家族療法

## はじめに

　本章で，私は家族療法とのかかわりの中から思いついたいくつかのことを述べるつもりであるが，それらはかならずしも家族療法に限定したものではなく，どの精神療法にも共通するような認識である。あえていえば力動的な精神療法の非特異的技法[7]にかかわる事柄とでもいった方がよいと思われる。

## I　臨床家としての姿勢

　私がどの精神療法にも共通した問題に関心をもっているのは，精神分析から出発して，家族療法，集団精神療法，力動的入院治療を行ってきたという私自身の経験に由来している。このように一人の臨床家がいろいろな精神療法を行うという姿勢は，最近でこそ少しは理解されるようになってきたが，一昔前なら「節操がない」と批判されたかもしれない。いや，今でも，そうした批判はあるようだ。私は，そのような批判は理不尽だと思っている。精神医学では，理論的ストイシズムが横行している。私たちは，研究者としての立場と臨床家としての立場とを混合してはならないと思うわけである。研究はより純粋さを求める一方，臨床は総合的なものである。治療上役に立つ治療法ならばなんでも受け入れる準備がなければならない。食わず嫌いは許されないのである。このような治療についての考えは他の科ならば当然のことだが，精神医学ではそうではなかったのだ。薬物療法を主張する精神科医は精神療法について「精神療法は疾患を治していない」と批判し，精神療法を行う精神科医は「薬物療法を行う精神科医は心の構造や力動的機能をわかっていない」と批判する。システム家族療法家の精神分析批判，あるいはその逆はよく知られているので繰り返さないが，これは，精神保健の領域における政治的葛藤によるものであって，およそ真理を探求する姿勢とはほど遠い「泥仕合」である。わが国についてい

えば，精神医学を覆っていた治療的悲観主義がこうした動向を助長していたといえる。

## II 対象関係論について

こうした風潮への疑問から精神分析こそがもっとも精神科臨床——直截(ちょくせつ)に言えば患者を治すことであるが——に貢献するだろうと考えて，私は精神分析の道に入った。当時わが国には対象関係論的考えが紹介されつつあり，当然，私も対象関係論という新しい学問に魅せられた。振り返ると，家族療法をわりあい自然に行うようになったのはそのためかもしれない。そこでまず対象関係論について少し述べてから，つぎに臨床経験に移りたいと思う。

対象関係論は，Freud, S.が発見しながら，十分理論化しなかった転移という現象に注目するところからはじまった考え方で，Freud以降の分析家が，学派を問わず，ひとしく共有した考えである。

Kernberg, O.の定義を借りるとつぎのようになる。「対人関係の内在化に対する精神分析的アプローチであり，対人関係がいかに精神内界の構造を決定するかにかんする学問である。また，これら精神内界の構造が，過去の内在化された他者との関係および現在の対人関係の脈絡においていかに保存され，修正され，あるいは再生されるかを研究する学問である。対象関係論は，精神内界の対象の世界と個人のもつ現実の対人関係との相互作用を取り扱うものである」[2]

これは，人間の情緒発達にアプローチする方法であり，精神病理や精神療法関係を理解する方法である。対象関係論は，人間の発達において，とりわけ人生早期における環境——養育者——への依存と環境を自分に吸収することの意義を強調している。つまり，子どもと親は，相互に適応しながら，その関係はそれ自体非常に特異的なひとつの関係システムとして発達する。適応課題を順にこなしていくことによって，子どもの対人世界が構築されていく。これは，のちに転移といわれるような行動能力として現れる。こうした適応過程と平行して，自己制御機制としての自己が組織化される[10]。このように対象関係論は，個人と家族とを全体的に理解する視点を提供している。こうした観点からErikson, E.はとても印象深い言葉を述べている[1]。彼は，家族について「ともに成長していく力動」という言葉でそれを表現している。この言葉は，それだ

けで治療する力をもっているような個体発達的であると同時に，世代間の相互作用を含むような，共に成長する全体的な力動のことを述べている。Winnicott, D. W.が，診断をするとき，環境の失敗とか不全という事態を重視するのも同じ視点からで，これは実際の環境のみをみることも精神内界のみをみることもいましめた見事な，そしてすぐれて臨床的な言葉である。治療的脈絡における対人関係において，どんな精神療法であれ，私たちはこうした特異的な関係を経験するということがいえる。

　異なった形態の精神療法を行ってきた経験から，よりいっそうはっきりしてきたのは，こうしたことである。このような関係が起きる場あるいは構造を提供するのが精神療法だともいえる。これが，私が，精神療法における非特異的技法を強調する理由である。個人精神療法でも家族療法においてでもそうである。やや，大胆にいえば，私にとって，両者の違いは，単に特異的な技術の違いといえるかもしれない。

## III　臨床経験から

　こうした考えは，私が，いろいろな精神療法を経験する過程でゆっくりと形をなしてきたように思う。対象関係論を背景にもちながら，家族療法の中で浮かんできたいくつかの着想について，つぎに述べよう。

### 1．精神療法研修のために複数の異なった精神療法を学ぶこと[3]

　たまたま境界例の夫婦療法に若い研修医に記録係として参加してもらったことがある。彼は，それまで受けていた精神分析的精神療法研修にいまひとつ乗りきれず困っていた。とりわけ，「中立性」「力動」「転移」が体験的にピンとこなかったのだ。しかし，夫婦療法において，夫と妻の間で投影が起こり，転移が働いていることを彼はまざまざと観察でき，彼は「あっ，そうか」という体験をしたのである。私もまた，「なるほど，精神療法研修にはいろんな入り口があってよいのだ」ということに気づいた。同時に，複数の精神療法を行うことによって自分の中で新しい着想が沸いてくることも知った。

### 2．親が病気で受診したとき子どものことも考えよ

　子どもが何らかの問題を抱えて受診したとき，精神科医が親に会うのは普通

のことだろう。しかし，親が何らかの精神的問題で受診したとき，精神科医は子どものことに思いをいたすだろうか。私はこのことを，産褥期うつ病の母親の治療をしたとき痛感した。母親のうつ病が，赤ん坊に与える深刻な心理的問題を目の当たりにしたのである。

家族面接で，よちよち歩きの赤ん坊が遊びを求めて母親に近づいた。しかし，母親はそれに応答できなかった。すると，赤ん坊はとたんに深い失望の表情を浮かべ母親から離れた。それを見て母親は「先生，わかるでしょう，私は嫌われています」と反応した。

こうした母子関係が続くと子どもはどうなるだろうか。いうまでもないと思う。理屈をいえば，これはシステム論的見方だということである。見立てをして治療計画を考えるとき，個人，関係，家族全体という3つのレベルから考えるという習慣をつけていると，思わぬところから治療の糸口がみえてくる。

### 3．変化させることをめぐる治療者のジレンマ[4,5]

統合失調症の家族療法の過程で，私は，家族に「変化しなければならない」しかし「変化するな」という矛盾したメッセージを送っていることに気づいた。私は，統合失調症である父親になになにせよという具体的な指示を出し変化を求めながら，他方で，もし変化したら統合失調症が再燃するのではないかと恐れていた。そしていつの間にか母親と連合して父親を過小機能させていた，ということを経験したのである。家族が変化にジレンマをもち，結果として変化に抵抗するのはもちろんであるにしても，そこに参加している治療者も同種のジレンマをもつ。つまり家族療法においても治療者はつねに自分の内面に何が起きているのかということをモニターする必要があるのだ。広い意味での逆転移を理解しようとする基本的態度こそ，現代の精神療法の信頼性を保証する重要な要素のひとつではないかと考える。

### 4．情緒の共有はオープンな意見の違いを明確にする[4,5]

私たちは，治療の対象となる家族において，対象喪失にともなう，落胆，嘆き，無力感，怒りを共有していないことに気づく。そうしたとき，家族のメンバー各々がラベルされたステレオタイプな役割にしたがって行動していることを観察する。相互関係は「死んでいる」のである。同時に治療者もまた，こうしたステレオタイプな役割にとらわれてしまい，一人ひとりの家族メンバーが

多様な役割と機能をもつ人間であることを忘れてしまう危険がある。たとえば，母親は妻であり女であることを容易に忘れている。病者は，弱い存在であると同時に強い存在でもあることも忘れがちである。こんなことは，どんな家族療法のテキストにも書かれていることであって，私たちはよく知っているはずであるが，治療場面で，ついつい忘れてしまうことがある。こうした現象の背景に家族神話があることはよくいわれていることである。そして家族神話が明確になるとともに，情緒が共有され，するとメンバー間のコミュニケーションにおいて各々の意見の違いが明瞭になってくる。それは，ときには喧嘩という形をとることもあるが，「生きた対話」になっている。表面的な意見の違いの背後で，情緒的ストーリーが家族全体に共有されているからである。私は，こんな観察から，精神分析療法の自由連想について連想した。抵抗が起きているとき，患者の連想は「死」んでいる。しかし，抵抗が克服されるたびに，患者の連想は自由になる。そして表面的には飛躍がありながらも，無意識的関連がよく見えてくる。まさに「生きた連想」になるわけだ。ここに私は，思考と思考との相互関係，人と人との相互関係に同形性を感じる。情緒の共有が先か生きた相互関係が先かという興味深い問題があるが，これらは分けられるものではなく，臨床的には同時に起きるように思われる。ではあるが，精神療法は個人療法であれ家族療法であれ集団療法であれ，めざすのは「生きた相互関係」なのではないかと考える。

## 5．小 括

その意味で，私は『家族療法は，家族が，家族のために家族が，新しい関係性のあり方を経験し，学び，認識できるようなholding environmentあるいは「治療空間」の提供である』と考えたいと思っている[5,6]。

## 6．未来・動機・期待・希望について考える——時の流れについて[9]

相互関係とは時間的な継起という側面がある。したがって精神療法とは，時の流れを体験することだといえる。こうした体験をもてないことがいかに深刻な事態を引き起こすかということは，心的外傷をもった患者の体験の流れの「亀裂」を見ればすぐにわかる。この問題は歴史性の体験といいかえてもよいだろう。歴史性とは過去に根差しながら未来に開かれていることだが，精神分析では過去を語ることが多く，未来を語らない。他方，家族療法では循環的因

果律という考えから,「過去」を問題にしないといった風潮がある。欲動であれ対象希求であれ,人間を動機づけているものはたえず未来を志向している。臨床で私たちが必ず問題にする治療動機や治療への期待・希望はまさに未来を志向している心の働きである。こんなところから,私は,精神療法において未来を連想すること,未来へのperspectiveをもつことの治療的意義についてあれこれ考えてきた。

### 7. 家族療法は個人の内的構造や対象関係の変化をもたらすか？[6,7]

精神分析の目的は個人の内的構造の変化であり,家族療法のそれは家族の構造や関係の変化である。しかし,それらはあくまで治療者の治療として意図した目的である。実際の臨床では,精神分析が家族関係の変化をもたらすことはよく知られている。ところが,家族療法が個人の内的構造や対象関係の変化を引き起こすということはあまりいわれていない。むしろ,一部の例外をのぞいて多くの家族療法家は個人の内的変化に目をつぶってきたのではないだろうか。水準の異なった3つの次元,すなわち個人,対人関係,家族全体のどこかの次元で起きた変化は連動して他の次元にも影響を及ぼす,という仮説を私はもっている。医学において病理はあくまで個人の病理であるから,こうした仮説によって家族療法は医療の中に正当に位置づけられるのではないだろうか。私は,家族療法と個人療法のcombined therapyを行う中で,個人の内的世界の形成,個人と個人の境界形成,三者化,核家族と拡大家族を含む社会との境界形成が,同時に生起するのを観察してきた。

### 8. 三者関係の意義[6]

こうした意味で,エディプス葛藤,三角関係,三者化という3つの事態はつねに関連しながら発達すると考えられる。人間の発達や家族の発達において,三者関係は重要な達成物と考えられる。空想の中であれ,現実の中であれ第三者の存在によって,人の心も対人世界もはじめて空間的立体的になるからである。嫉妬,怒り,忠誠,ライバル意識,罪悪感,三人一緒の楽しさなどという豊かな情緒は,三者関係の成立を待って体験されるものだろう。

### 9. 自殺患者の家族へ,そして治療者へ[8]

自分の患者が自殺するというのは臨床家にとって非常に苦痛な出来事であ

る。その患者と家族には，さまざまな個人療法と家族療法を行った。治療はかなりな成果をおさめ，フォローアップに移り数年したときのこと，ある日まったく突然，患者の自殺を知らされた。それは，家族の一人が私に，患者の社会適応はまったく順調に経過していると報告した数日後のことだったのだ。私はその後半年くらいの間，臨床家としても研究者としてもほとんど機能できなかったことを覚えている。

　遺された家族と面接をもった。互いに「罪悪感」をもちながら，それを共有することすら困難であったことも覚えている。こうした分野の職業人として，自殺を試みた患者の精神療法に挑戦しようと考えるようになるにはさらに相当な時間を必要とした。

　欧米の文献によれば，自殺を完遂した人の94％から98％はなんらかの精神疾患をもっていた，ということである。私は，自殺するという事態は精神病と等価の病的状態だと考えている。先行研究は，自殺の危険の高い患者の治療において，治療者は，自殺は絶対に防止されるべきであるという信念を患者に明確に表明すること，希死念慮は治療者や家族とオープンにコミュニケートされるべきであると患者に明確に述べること，が基本的な態度であることを示唆している。私も同感である。しかし，ともすると不都合な考えを隠蔽しがちなわが国においては，こうした態度はもっと強調されてもよいように思う。今後，自殺の危険が高い患者とその家族，あるいは自殺された患者の遺族や子孫の精神保健への配慮はもっと必要になるだろう。私たちが出会う患者たちのジェノグラムをみると，それらの中に自殺した人がいるのを発見することは決してまれではない。家族療法は，この分野でもっともっと貢献するのではないかと考えている。

文　献

1) Anthony, J. E.; Forward. In Call, J., Galenson, E., Tyson, R. L. (eds.) (1983) Frontiers of Infant Psychiatry. Basic Books, New York.（小此木啓吾監訳〔1988〕乳幼児精神医学．岩崎学術出版社, 東京.）
2) Segal, H.: Introduction to the Work of Melanie Klein. Hogarth Press, London.（岩崎徹也訳〔1977〕メラニー・クライン入門．岩崎学術出版社, 東京.）
3) 狩野力八郎他（1986）家族療法研修と精神科卒後研修教育．家族療法研究, 3(1); 128-135.
4) 狩野力八郎（1993）父－母－乳幼児療法──精神分析か家族療法か．精神分析研究; 36(5); 555-562.

5) 狩野力八郎・溝口健介・渋沢田鶴子（1994）新たな家族システムの提供その1――乳幼児をもった家族の課題とその治療．（小此木啓吾他編）乳幼児精神医学の方法論．岩崎学術出版社，東京．
6) 狩野力八郎（1995）システム家族論からみた家族と精神分析からみた家族――おもに三者関係をめぐって．思春期青年期精神医学，5(2)；175-182．
7) 狩野力八郎（1997）動機と創造――鏡界例の家族療法について．家族療法研究，14(3)；1179-1184．
8) 狩野力八郎：精神療法における自殺の危険のある患者の治療．開業精神療法研究会，1998．
9) Kano, R. (1998) Development of the capacity for anticipation in adolescence; on the adolescent's borderline perspective of the near future in psychotherapy. In Schwartzberg, A. Z. (ed) The Adolescent in Turmoil. Praeger, Connecticut.
10) Sander, L. W. (1983) Porality, Paradox, and the Organizing Process in Development. In Call, J., Galenson, E, Tyson, R. L. (eds.) Frontiers of Infant Psychiatry. Basic Books, New York.（渡辺久子訳〔1988〕極性，パラドックス，そして発達における組織化過程．〔小此木啓吾監訳〕乳幼児精神医学，岩崎学術出版社，東京．）

# 日本における「A-Tスプリット治療」の概観

## はじめに

　私の役割は，わが国におけるA-Tスプリットという治療形態の成り立ちというか歴史的な経緯について，文献を展望するというよりは，私が見聞きした個人的な経験にもとづいて，いわば私的A-Tスプリット物語を語るということである。そうすることで，文献的展望では触れにくいような，臨床上の実感をお伝えできるのではないかと思うからである（それゆえ，文献はいくつか主要なものを参考文献として挙げるにとどめた）。

　そこで最も強調したいことは，サイコセラピー（精神科治療一般もそうであるが）において構造設定がしっかりできていないとサイコセラピストの腰が据わらず，いい治療ができないということである。A-Tスプリットをめぐる諸問題はまさにそういうことにかかわっている。

　2番目に言いたいことは，A-Tスプリットという用語はあまり適切ではないと私が考えていることである。つまり，A-Tスプリットとは，広くチーム医療の一側面を表しているのであって，そこだけ強調するとチーム医療全体の価値を見失う危険がある。何も精神科医とサイコロジストだけで精神科医療をやっているわけではないということである。

　3番目は，主治医の役回り，役割，機能というのは，本来は非常に大きいのだが，それを自覚することなくA-Tスプリットにおいて主治医は多くの問題をサイコセラピストに丸投げしてしまう傾向があることへの批判である。そこで，川谷論文（2008）でも少し触れておられるけれども，そういう問題があるので，主治医の役割について述べておきたい。その関連で，最後に，両者の連携についても述べておきたい。

## I　成り立ちと変遷

　まず，このA-Tスプリットという言葉は外国では通用しない，もっぱら日本で使われている言葉である。これがどうしてでき上がったのかということだが，この言葉が日本で使われるようになったのは1970年代前半である。私が精神科医になったのが1971年だから，私の臨床経験歴とこの言葉の歴史はおおむね並行している。

　歴史的には，1971年に岩崎徹也先生がメニンガーから帰国し，当時最新の対象関係論と境界例の治療論や力動的な入院治療論を紹介した。これによって，それまでの日本の精神分析のやり方が大きく変わったわけである。先輩の先生の中には私のこのような見方への反論があるのは承知しているが，なぜ私がそう考えるのかということを以下につまびらかにしたい。

　ちょうどその頃，私は精神科医になって精神分析を始めたから，ある意味ではA-Tスプリットという発想をどこか自明なものとしてあまり疑問を感じなかったのだが，何年か前に岩崎先生と話をしていて，「A-Tスプリットって君がいったの？」というから，「いえ，違います，知りません。先生じゃないですか？」と答えたところ，岩崎先生は「違う」とおっしゃる。皆川邦直先生かと思い聞いてみたら，彼も違うという。なぜかというと，彼は，1975年頃米国留学から戻り，思春期患者に対する力動的なresidential treatmentを実践していた。だから，そうかなと思って聞いたら，違うという。その後，また岩崎先生と話したとき，どうもあれは小此木啓吾先生がつくったらしい，とのことであった。確かに，私がメニンガークリニックに留学したのは1981年であったが，A-Tスプリットといっても誰にも通じなかった。さらにadministrative doctorなどという言葉も日常臨床ではほとんど使われていなかった。administrative doctorという言葉は，Kernberg, O.が——彼が初めてではないのだけれども——メニンガー病院院長就任に際し発表した入院治療に関する論文の中で明確化したものである。このKernbergの思想や力動的入院治療論を，岩崎先生が日本に紹介したとき管理医と訳し，その後わが国に普及した。

　A-Tスプリットという用語が小此木先生の発案によるものではないかというもう一つの状況証拠がある。私が1981年にメニンガーに留学するとき，小此木先生が私にいくつかの宿題を出した。その一つが，「Kernbergは，境界例

の治療で最も大事なのは"highly structured treatment setting"だと書いてある。一体このhighly structured treatment settingというのは何なのか，これをよく調べてきてほしい」という宿題であった。まさにこのA-Tスプリット問題は治療の構造化と絡んでいるということを考えると，小此木先生はたぶん，岩崎先生の話，Kernbergの著書，こういうものからそれを着想されたのだろうと私は推測している。いまとなっては確かめようがないのだけれども。

　しかし，主治医とサイコセラピストの役割を分担する方法というのは，実はそれ以前から，少なくとも私の知る限りでは日本のいくつかの診療施設で行われていたし，私がトレーニングを受けた慶応病院では頻繁に行われていた。とはいえそれは，決して境界例の治療技法論にもとづいて実践していたのではなく，第一に臨床上の要請から，第二には教育研修上の要請から行われていたわけである。

　たとえば小此木先生が患者を診る，そして教え子であるわれわれにサイコセラピー患者を回し，スーパービジョンをする。少し重い患者の場合，小此木先生は主治医ロールもとる。そうすると，私どもがサイコセラピーをやりながら小此木先生は主治医かつスーパーバイザー役割をとる。こういうケースが大変多かった。それからもう一つ，当時慶応病院精神科にはサイコロジストがたくさんいた。慶応病院精神科の外来でサイコセラピーをやるときに，多くの場合は，サイコロジストのやるサイコセラピーを支持（保証）するために，小此木先生が主治医ロールをとることがあったわけである。そういう臨床上・教育研修上の要請によって主治医とサイコセラピストの役割分担があったという状況の中に，岩崎先生の管理医とサイコセラピストを分けるという理論が系統的に導入されたことを契機に，治療構造論者である小此木先生がA-Tスプリットという用語の実質的な治療論的意味を考えつかれたのだと私は推測している。

　もちろん，日本の一部では，さっき言った丸投げ——主治医が「面倒くさいから」「何だかややこしいから話でも聞いといて」とサイコセラピストに患者を回すということもあるにはあったわけだが，しかしそういう類の臨床からはA-Tスプリットという概念化は生まれなかったということはとても重要な事実である。

　さてこうした経緯で，1975年ぐらいまでには，境界例患者に対してA-Tスプリットを行うことは少なくともわれわれの慶応・東海グループでは公式化さ

れたやり方になっていた。

　その理由についてもう少し言及しておきたい。これは周知のことのようであるが，案外に徹底されていないということに最近いくつかの機会に気づいたので，繰り返しておくのである。たとえば入院治療におけるA-Tスプリットを想像してほしい。病棟主治医がもしサイコセラピストを兼ねるとすると，どうなるだろうか。薬物の処方をする，これは大変な権限である。あるいは処方の変更をする。これは治療者―患者関係からみると，患者の空想の中で，「私のことを気に入らないから処方を変えたのか」とか「処罰のためか」といった考えを生み出すかもしれない。また，主治医は外出・外泊させる権限，退院させる権限，そういうような幾多の権限とそれを実際に執行する権限を持っている。そういう人がサイコセラピーをやったとしたら，権力者とそれに従うものにまつわる強烈な葛藤が起き，患者は自由連想などできなくなる。しかもそれは現実でもあるから，転移としてだけでは解釈できないのである。

　サイコセラピストの基本的スタンスは，中立性とかノンジャッジメントな姿勢の維持である。良いか悪いかの判断をサイコセラピストは留保するのである。ところが，主治医は治療における現実的状況を考え，良いか悪いかの判断をせざるを得ないし，即座の実際的な助言や直面化といった現実的介入をせざるをえない。一人の医師が一人の担当患者に対し，サイコセラピーセッションのときは中立的態度をとり，病棟では実際的な態度をとるなどという矛盾した態度をとったなら，患者は混乱すること必定である。そうであるから，主治医とサイコセラピストは役割分担してやったほうが良い，というのが役割分担の基本的な考え方である。私は医者になって間もなくから，岩崎先生にそのようなことを教わっていた。

　ところが，それまで日本には入院精神療法という言葉があり，主治医がサイコセラピストを兼ねるという方法があちこちでやられていた。それは大変な混乱を引き起こしていたのである。先に明らかにしたように，患者は解決できない葛藤や混乱の渦に巻き込まれてしまうわけだから，その自我は圧倒され当然のことだがひどく退行する。さらに，病棟全体から見ると，主治医（兼サイコセラピスト）―患者というこの二人はどういうふうにみえるだろうか。他の医師や看護師からみると，「何だ，あの二人は何だか密室でごちゃごちゃやっている」とみえるであろう。くわえて，サイコセラピーの中での出来事についてはconfidentialityを守らねばならないという原則は守るものだから，何が起き

ているのか看護師にはほんの少ししか話さない。これではチームワークにはならない。病棟の中に不信感が募るだけである。だから，主治医（サイコセラピスト）―患者ペアは病棟活動から完全に浮き上がってしまう。これは，Bionの言葉を借りれば"pairing"という集団力動が優勢になっているといえる。basic assumption groupが優勢なわけだから，病棟はprimary taskに向かうような建設的な治療作業に逆行する動きをしていることになる。そこで起きているのは非常にmalignantな退行である。システム理論や集団力動論が普及している現在では奇異にみえるかもしれないが，かつてわが国ではそういう治療が行われていた（ところが，いまでもそういう治療が「精神分析的治療」と称して行われているのを見聞きする。注意を喚起したい）。

　では，どうしてそんなことが行われていたのかということが問題になる。いくつもの要素が関与しているが，私はA-Tスプリットの歴史という文脈に即して考えると，互いに関連する2つのことをあげたい。一つは，精神分析の治療機序としてもっぱら退行概念に頼っていたこと，もう一つは，グループあるいはグループ治療について，理論的にも実践的にも，その治療的意義が十分認識されていなかったことである。

　実は，それまで日本の精神分析の世界で，ほとんどの人の念頭にあったのは，「治療を開始して患者が退行すれば治療は進展している」という発想である。だから，患者さんが子ども返りすると，「ああ，治療が進展した」と喜ぶわけである。外来で一人でやっているぶんには，サイコセラピストが自分で全部ケアするのだから，それでいいかもしれない――本当はよくないけれども――。でも，病棟でそんな退行を起こされたら，誰が尻拭いをするのか，誰がケアするのか。みんな看護師である。

　それから，病棟には他の医者もいる。とくに精神分析的方向付けを持っていない他の医者は，そういう治療を見て何というだろうか。「精神分析はただ退行させるだけで患者の具合を悪くする」。彼らはこういう捉え方をしたのである。これは，残念ながらいまも残っている。精神分析的方向付けを持っていない精神科医の頭の中には，「精神分析をやると退行して具合悪くする，とりわけ入院治療ではそうである」という考えがある。現在では本当に時代遅れの考え方としかいいようがないのだが，それはいまだに神話として強い力を持っている。その意味で，こういう問題について今日こうやって考えるのは，神話に対するチャレンジとして大事な機会だと私は考えている。

さて、そういう発想でやっていたから、病棟は混乱するし、看護師は疲れるし、ほかの医者は冷たい目で見る。にもかかわらず、サイコセラピスト（兼主治医）はナルシスティックに「治療が進展している」と思っているという、非常に悲劇的な状況があったように思う。

　岩崎先生はもう一つ、入院治療では絶対に退行させないこと、あるいは、退行させないためにいかにわれわれが努力をするかということを教えてくれた。これはある意味では精神分析の大変な進歩である。この進歩をもたらしたのは対象関係論、あるいはクライン理論であり、集団力動論である。つまり入院治療をする場合に、患者が退行しなくても、患者の精神病理は、病棟で展開する対人関係の"here and now"の中に表れるから、それをしっかり把握すれば、患者の精神病理は把握できるし、介入もできる、治療的インパクトを与えられるのだ、こういう考え方である。

　これは、当然、一対一の精神分析療法にもいえることである。だからいまでは、退行ということについて、Klein, M. やポストクラニアンのグループは、退行という用語はあまり使わない。ほとんど使わないといっていいかもしれない。自我心理学とかウィニコッティアンとかは退行という言葉を使う。私も、治療上の出来事を表現するために退行という概念とかメカニズムは捨てる必要のないものだと考えているけれども、大事なことは、治療機序において一次的に重要なのは、対象との情緒的関係のあり方だという発想なのである。しかも、入院で退行させると、退行したところから進展に向かうためには大変なエネルギーと時間が要る。その間、患者はどれほど傷つくか。それから、さっきいったようなどれほどの害を周囲に垂れ流すか。こういうことがあるので、入院治療において可能な限り患者を退行させないで治療過程を進行させることが重要なのである。私は、これは大変よくわかる説明だと受け止めていたが、では具体的にどうやったら退行させないのか、これについては岩崎先生の次の世代である私たちへの宿題として残されたのである。

　もう一つ、これは岩崎先生の基本スタンスだが、彼はある意味では調整役リーダーであった。リーダーの中には、カリスマと調整役という2つのタイプがあるが、彼はどちらかというと調整役であった。権限を委譲して全体を調整する。できるだけカリスマ的にならない。だから、あまり断定的なことはいわないし、指示的になることを避け、各スタッフが主体的に動けるようにする。したがって何が起きていたかというと、彼がこういう大事なことを主張しながら

も，相変わらず東海大学精神科でも入院精神療法と称して主治医がサイコセラピーを行う場合もあったし，A-Tスプリットを行う場合もあった。その意味で，移行的な時代があったのである。

その一方で日本全体ではどうだったかというと，当時1975～84年くらいまで，なかなか大変なことが起きていた。東京の慶応・東海グループは，境界例治療においてA-Tスプリット構造の設定を重視するといったアプローチを主張する。一方九大・福大グループは，役割分離しないで主治医が一人でやるという方法を主張した。これが絶えず学会で激しいディスカッションを生んでいた。私は当事者だから真剣にディスカッションしていたけれども，外から見ている人によれば，それは大変熾烈な討論であったという。

九大・福大グループがどうしてそうであったのかというのは，私は内部にいないから事情はわからないけれども，たとえば，早期母子関係への退行という機転をとても重視していたとか，あるいは，西園先生がかつてanaclitic pharmacopsychotherapyをやっておられたこととも関係しているかもしれない。その治療は，患者を原初的なレベルにまで退行させて病棟全体でケアしていくわけである。ものすごいエネルギーの要る治療である。そういう伝統もあったのだろうと推測するが，とにかくそういう時期があったわけである。

この論争はいつの間にか消失した。そして，その消失の背景には1983年から継続的に始まったメニンガーワークショップの影響や東京と福岡からメニンガーに留学する人が増えたということの影響が大きいのではないかと，私は考えている。

これがA-Tスプリットの始まりとその途中までの経緯である。手前勝手なことをいわせていただいて恐縮なのだが，そこから先については，理論的には知っていたが，メニンガーに留学して主治医をやったりいろいろしているときに，「ああ，そうか，これがこういうことなんだ」というのが経験的によくわかったといったような私個人の理解について述べていきたい。

さて，小此木先生の宿題のhighly structured treatment setting，これも非常によくわかった。メニンガーで私が最初に配属された病棟で，最初のスーパービジョンのときにまず第一に，忘れないようにと思ってそれを聞いたのである。すると，スーパーバイザーは，にこにこしながら胸ポケットから1枚の紙片を出して「この紙っぺらだ」と。それは彼の1週間のスケジュール表であった。彼は手帳を持たないで，秘書が書いてくれた1週間のスケジュール表を持って

歩いていたわけだけれども，これが highly structured treatment setting だというわけである。

　それは，一見すると何の変哲もないタイムスケジュールである。それだけを見ると，「なに？　行動療法をやっているのか？」とか，そんなふうに見る方がいて，とても分析的にはみえない。しかし，ちょっと分析的に考えてみると，そこには自分が営むであろう時間と場所，そこで出会う人との関係，それらについての目的や目標といった現実的でありながらパーソナルな世界が反映されているのである。

　私は，なるほどと納得したし，この経験がその後の「主観的時間」の研究につながったのである。時間の流れ。この主観的時間の流れが境界例では内的に構造化されていないのである。彼らにとって将来は非常に悲観的なものか，あるいは，バラ色の世界として体験されている。ある境界例患者の例だが，彼女は治療の最初の頃はスケジュール表を全部埋めて，時間から時間へと忙しく行動する。治療が進んできて，empty な状態を体験し始めると，スケジュール表が真っ白になる。もっと治療が進むと，未来，とくに近い未来について，自分である程度予測を立てて，「もしこうなったらこうなるだろう」というようなことを想像することができるようになる。さらには，それが人との関係による高度に契約的なスケジュールなのか，もっと緩いスケジュールなのかと，分化することが可能になる。まさに，スケジュール表は，患者の対象関係やそれらをめぐる葛藤，自己像や対象像の表現といってよく，さらには彼らのアイデンティティを反映しているといってもよいのである。

　Kernberg の境界例に対して highly structured treatment setting が必要だという主張の背景にはこのような考え方があるというのが小此木先生からの宿題への私の答えであった。境界例治療では，入院であれ外来であれ，こうした時間と空間の構造化という考え方が鍵概念といってよいのである。

　だから境界例の入院治療では，できるだけ，たとえば午前8時から午後6時までのタイムスケジュールをきちんとつくるように患者に働きかける。この時間はサイコセラピー，この時間は activity therapy，この時間はお昼ご飯，この時間は何々ミーティング，こういうふうにつくっていく。自由時間をできるだけ少なくする。こうして，それぞれの時間の営みにおける，目的，対人関係やものとの関係，空間的場が明確になる。この構造化の程度が高いほど，患者の現実的合理的自我機能は維持され，退行しづらくなるのである。

このようなスケジュール作成過程やでき上がったスケジュールを遂行する過程に関する患者の情報をみると，対人関係と対象関係が非常によくわかる。たとえば，ある境界例患者は自由時間になると自室に一人でいることも何か生産的なことをすることもできず，広いデイルームの片隅にぽつんと座っている。孤独に耐えられず，かといって人と自由に交流ができないのである。ところが，いざレクリエーションのタイムになると，リーダーシップを発揮して非常によく機能する。このように，患者の自我状態とか対象関係とかが非常によくみえる。それを使いながら治療をしていくのが"highly structured treatment setting"である。

したがって入院してまず何をやるかというと，そういう設定をいろいろな職種の各スタッフが患者と一緒につくり上げる作業をする。当然このためには，精神病理を把握し，かつ長所を把握した上で全体的な治療目標や各領域における個別の治療目標を設定する。しかも，短期の目標，中期の目標，長期の目標をつくる。このためにはとりわけ，長所の把握，能力の把握が重要である。その上で，吊るしの洋服ではなく仕立て（テーラード）の洋服があるように，その患者にユニークな"tailored treatment plan"をつくるということが非常に重要である。ところがこれが一番難しい。だから，一番トレーニングを要するのはここなのである。これができ上がり，精神療法が始まれば精神療法そのものはずいぶん楽なものである。この意味でのtreatment settingを構想し，患者や家族の同意を得て，設定することが，難しいけれども最も重要な治療作業といえる。これは，外来治療でも同様である。

こういう臨床の積み重ねでわかっていったことは何かというと，精神科の治療にはいろいろあって，それぞれがユニークでプライマリな治療促進的価値を持っているという，いってみれば当たり前の話なのだが，私たち専門家が互いに認めたがらない事実である。精神分析も薬物療法もそうだし家族療法も集団療法もそうである。入院治療そのものもプライマリな治癒的価値がある。それぞれが一次的な治癒機能を持っているがゆえに，役割分担やその統合が必須の作業になるのである。

次に，こういう役割分担がどういう経緯で行われたかについて国際的にみると，Menningerを例にとると，1930～50年代の初めぐらいまで，入院治療というのは，外来でやる精神分析をサポートするために行われる補助的な治療方法であった。あくまで治癒は精神分析でないと起きない，こういう考え方があ

った。だから入院治療は補助的役割として位置づけられていた。

 ところが1960年代に入って，さっきも触れたけれども，対象関係論や集団力動論が導入され，入院治療そのものが対象関係を変えることができることがわかってきた。これは大転換をもたらした。入院治療が一次的な治癒作用を持つという考えにもとづいて，これまで述べてきたようなやり方をするようになってきたのである。

 その動きを後押ししたというか，支えた理論がある。それが「システム理論」である。日本の精神分析の世界でシステム理論を強調してきたのは私ぐらいのものである。日本でシステム論というとすぐに家族療法を連想されると思うが，そうではない。たとえば米国精神医学界は1960年にシステム論を取り入れ，今日では常識となっている。生物学的レベル，発達論，個人精神分析，集団精神療法，家族療法，入院治療などすべての領域で応用されている基本的な考え方である。ひと言でいうとシステム論とは，生きているシステム，有機体，これがどうして生命を持つのか（生きているのか），これを研究する非常にベーシックな科学である。

 さて von Bertalanffy, L. の一般システム論は，入院治療はどのようにして治癒作用を持つのか，を一挙に明らかにしてくれた。要するに，病棟で展開される一対一のやり取りよりも，患者も含めたその病棟を"unit as a whole（全体としてのユニット）"という視点でみるのである。ちなみに，この見方は一時流行ったものである。集団精神療法では"group as a whole"，家族では"family as a whole"といったふうにである。さて，そこで一般システム論は，全体としての病棟が開放システムとして生きているかどうかが肝心だという。そのために，まず，そのユニットがシステムとしてプライマリタスクに向かっていること，適切な透過性を持った境界が機能していること，そしてリーダーが適切なリーダーシップをとっていること，が必要だと考える。それらが機能していると，病棟は，生きている（living）システムになり，それ自体が治療作用を発揮するし，反対に機能していないとき治療は停滞するわけである。

 蛇足になるが，このシステム論的発想は，最近の精神分析でいえば，Ogden, T. の"aliveness"という概念化にもよく表れているのである。

 以上のようなことが明らかになったわけである。したがって，サイコセラピーというのも，広くみると外来治療であれ入院治療であれ，チーム医療の一部分あるいは一要素である。ただ，他のアプローチとは次元を異にするのである。

このことを，入院治療を例にとって説明する。入院治療の場合には多くのスタッフや他の患者が一人の患者にかかわる。そこで先に述べたような動きが起きて，それをスタッフミーティング（スタッフのみのミーティング）やチームミーティング（チームのスタッフと患者で構成される）で情報交換をする。そこでスタッフの中でも患者の中でも内的な変換が起きる。新しい情報が入れば，スタッフの患者に対する見方や患者の自分自身への理解が多角的・立体的になるのである。これを繰り返す過程で，患者の対象関係が変化修正するのである。こういうメカニズムを考えると，入院治療では，チームミーティングやスタッフミーティングそのものとそこでの相互交流が，サイコセラピーでいえば「解釈」に相当するような重要な技法となる。だから，スタッフミーティングとかチームミーティングは，それらをやらない入院治療は混乱と悪性の退行を巻き起こすだけだといってもいいくらい必須のものと考えられる。

　ところが，サイコセラピーそしてサイコセラピストはそのチームの一員ではあるが，一対一の関係を通して無意識を扱い，さらに転移・逆転移を扱い，解釈を行うので，次元が違うスタッフといえる。だから，ほかのスタッフのコミュニケーションに比べると，サイコセラピストのそれは大変に異なってくる。次にどのように違うかについてもう少し具体的に説明する。

　入院治療では，主治医であれ看護師であれ，対象関係的な理解——それは対人関係の"here and now"の文脈に表れるから，その無意識や転移・逆転移について考えるけれど——をすべて社会組織（social system）の言葉に変換して患者に伝える。だから，ダイレクトに無意識や転移・逆転移を解釈しない。スタッフミーティングでは転移・逆転移は十分扱って議論するが患者に接するときには「あなたが私に向けている情緒は」なんていうことは言わない。先にもふれたように，いわゆる入院精神療法（主治医とサイコセラピストを兼ねる）では，主治医が転移や無意識を解釈するので混乱を引き起こす。だから，これは扱わない。扱わないという意味は考えないということではなくて，十分考えた上で扱わない。もし，各スタッフ（主治医，看護師，ソーシャルワーカー，OTなど）がみんな一人の患者に解釈をし始めたらどうなるだろうか。患者は，あっちからこんな解釈，こっちからこんな解釈を受けてパンクしてしまう。ちょうどケースカンファレンスか何かあって，みんなからいろいろなことを言われるのが毎日続くような状況であろう。

　では，スタッフが理解したことを，社会組織の言葉に置き換えるというのは

具体的にはどのようなことか。病院は治療をプライマリタスクとする社会的組織だから，患者が自分に設定された治療目標に向けて建設的な努力をするという責任性を遂行しているかどうか，そしてそのために他者の協力を得つつ自分も他者の治療に協力しているかどうかが一義的な問題になる。すなわち，治療目標，自己の責任性の遂行，協力などの対人相互関係が鍵用語となる。たとえば「あなたは治療に向かって協力していますか」とか「あなたは努力してますか」とか「あなたは他の患者には協力的だが，自分の目標達成にはちっとも努力してないようですね」とか，そういうようなアプローチである。これが基本になる。

いっぽう，個人精神療法ではそうではなくて，まさに無意識や転移・逆転移の解釈をする。こういう役割上の大きな違い，技法上の大きな違いがあるわけである。

以上述べたような基本姿勢で臨床実践をするときに，いろいろなことを考えなければならないが，まず第一に浮かぶのは，境界例のような重い患者さんを一人で治療するというのはしんどいということである。やはり複数でアプローチするほうが，containing，あるいはholdingの機能というのは数段アップする。だから，できればこういう場合は複数で協力しながらアプローチしていくということが，私は望ましいと思っている。

次に，これも大事なことだけれども，臨床のあり方というのは，大学病院と単科精神病院と外来クリニックでは違うということを念頭に置くことである。いまのような基本理念に裏打ちされながらも，あるいは，精神分析という一貫した理論を持ちながらも，実際にどうするかということになると，臨床場面によってひと味もふた味も工夫が必要になる。

たとえばこういうことがある。大学病院精神科病棟で，教授が精神分析についてまったく知らない，でも，医長が割合理解があって，いま，私が言ったようなシステムとして全体をみていれば，これは割合うまくいく。ところが，教授が，精神分析とは別の精神療法をやるタイプの人だとする。これはうまくいかないことがある。あるいは，病棟にいろいろ口出しをしたい性格の教授がいる。これもなかなかうまくいかない。本当に教授が先頭に立ち責任を持って病棟の仕事をやればいいけれども，そんなことはしないからうまくいかない。

これまで述べたような構造設定ができていない病棟で，若い病棟主治医が，その熱意や患者さんとのいろいろなかかわり上，病棟主治医でいながらサイコ

セラピーをやりたいという気になることが多い。助言を求められたとき，私はやめろという。「そんなことをやっても傷つくだけだから，あなたにも患者にもよくない。そういうのはやめなさい」と。だけど，やる。どうしてもやる。サイコセラピーをやってみたいというこの好奇心は，強烈で止められない。でも，何回やったってうまくいかない。混乱するだけだからである。

　しかし，適切な環境下では，やる価値がある。ただし，これまで述べてきたように，転移の解釈はしないで，主治医として関与するという条件付きではあるが。それでも若い熱心な主治医にとっては，貴重な精神療法的な体験はできるものである。それ以上に，何例かをA-Tスプリット設定で，主治医の役割の場合やサイコセラピストの役割の場合を経験できるのがベストである。

　さて，外来クリニックもさまざまである。川谷先生が外来クリニックのお話をされると思うが，事前に少し聞いたが，いまのような考え方を含み込みながらいろいろな工夫をされている。この「工夫する」ということはマネジメントではない，「工夫する」というのがまさに治療技法だと私は考えている。だから，管理という言葉を私は好まない。管理ではなくて治療技法だということを私は昔から主張していて，病院の中でも一生懸命そんなことを宣伝し，これは治療技法だから，新しい技法をやっているのだから保険点数がもっとあってもよいのではないかとか主張してきた。

　現在，リサーチをレヴューすると，どんな（BPDの）精神療法でも効果を上げている治療法で，確かなのは，いまのように一定の理論にもとづいて，一定の構造をつくって，それを維持する。こういう治療が効果をあげている。精神分析でもそうやれば成功する。この間来日したLinehan, M. M.の弁証法的行動療法も，私から見るとまさに力動的 "highly structured treatment setting" をつくっている。これをしっかりやっている。彼女が強力なリーダーシップをとってやっているわけである。

　私は，このリーダーシップのあり方というのはとても重要だと思っている。リーダーは何を考え，どういう理論で，どういうふうにやっているのか，ということを明示していく必要がある。私が東海大病院でやったのは，岩崎先生が上にいてサポートしてくれたから，どちらかというと病棟医長としてはリーダーシップをかなり強く表現していたと思う。とくに治療を構造化することなど構造設定についてはかなり強く直截な指示をした。だから，入院精神療法などというのはよろしくないとはっきり言っていた。若い研修医が，病棟主治医と

して持っている患者と精神療法をやりたいと希望しても許可しなかった（それとは別に当時の東海大学精神科ではすべての研修医に個人精神療法の機会とそのスーパービジョンを提供していたという背景もある）。すでに述べたようにこれは混乱のもとだからである。病床数36名の小さな病棟であったが，みんながそんなことをやって三十数名がみんなmalignant regressionの状況に陥ることを想像するだけで恐ろしくなる。あちこちで事故が起きるリスクが高まるからである。

## II 主治医の役割と機能

　主治医の役割についてポイントだけ述べる。現在，精神科主治医として期待される役割は，精神医学の発展によって非常に増えた。診断するだけではない，薬を処方するだけではない。それらを伝える，説明する，同意と協力を得る，これらも非常に有用な役割である。さらに，本人だけでなく家族に説明すること，家族を忘れてはいけない。したがって主治医としては，薬物療法に加えて，家族に対する何らかのアプローチは絶えず念頭に置き，ときに応じ家族の来院を促し説明と助言を行い，家族を援助するということは必須のことになっている。

　以上挙げただけで整理すると，第一に，診断あるいは見立ての作業（これは1回で済むものでなく継続的に行う必要がある，心理テストのオーダーも含む），第二に，治療の全体的な処方（治療目標を考案し，それに応じていろいろな様態の治療手段を提示する），第三に，説明と同意協力を得る作業，第四に，家族へのアプローチ，第五に，精神療法を処方したとき，その維持と展開を支える。私はA-Tスプリットでやっているときに，精神療法の内容は聞かないが，しばしば「精神療法にちゃんと行ってる？」とか，そんなようなことを聞く。第六に，患者の現実的問題にまつわる葛藤の明確化やその解決への助言などをする。患者は生活上，対人関係や自己の理想実現などに関しいろいろな現実的葛藤を経験する。これらについて傾聴し明確化し時には助言をする。ただし，主治医に対する転移は解釈しないが，主治医の提供する治療に対する現実的な不満や怒りは取り上げて患者と話し合う。第七に，いろいろな社会資源を活用できるように患者や家族と話し合う。

　つまり，たとえA-Tスプリットという方法をとっていても，精神療法のみ

が一次的な治療作用を持つのではなく，主治医の機能も治療を促進する十分な機能を持っているのであって，このことを精神科医とサイコロジストを含め私たち臨床家はもっと自覚すべきだということを強調したい。

## Ⅲ　主治医とサイコセラピストの連携

　両者の連携に関してのポイントは，ひと言でいえば，各スタッフ（主治医，サイコセラピスト）は，互いの役割上のバウンダリーは意識しながらも（主体的にやりながらも）協調し合うということである。これは両親，父親と母親にたとえられる。両親が融合してしまったら両親として機能しない，互いに反目し合っていても機能しない。それぞれ，男，女，父，母，夫，妻，そういうふうに役割上のバウンダリーを維持しながら，しかし協力し合うというのが子どもや患者にとって一番望ましい姿であろう。完璧にできることではないが，そういうイメージを描いて努力をする。

　連携がうまくいっていないときに患者はさまざまな退行的行動をとってくる。したがって，私たちは患者の行動をA-T連携の文脈で理解する必要がある。おそらく川谷先生があとで，治療者側の提供するものとその失敗というお話をすると思うが，そういうこととも関連してくるわけである。

　さて，治療者が自分のやっている治療行為に価値がないと思ったら，患者にとってひどく気の毒なことである。主治医が，精神療法のみに価値があり「自分の行っているのは薬を処方するだけだ，境界例に薬はあまり効果はない」とか考えながら薬を処方しているとしたら，これは患者にとって気の毒である。そんな価値のない主治医の治療のために1時間も2時間も外来で待つ。この関係を見るだけで，ひどく退行促進的な関係だといえよう。したがって，5分でもいいし10分でもいいけれども，主治医は実践している治療は価値があると自覚する必要がある。これは病棟治療もそうである。サイコセラピストが，自分のやっていることは価値がないと思うことはあまりないだろうけれども，時にこれは注意すべき事柄である。

　精神科クリニックでしばしば起きることだが，サイコロジストのサイコセラピストが，クリニック組織の中で「何でも屋さん」になる危険がある。つまり，サイコロジストがサイコセラピーをやるのではなくて，本来，主治医がやらなければいけないことまでケアしてしまう。これは，主治医が症状を聞き薬だけ

処方し，上に述べたような主治医機能を果たさないようなクリニックでよくみられる。サイコロジストが全部ケアする。つまり，クリニックのいろいろなマネジメントまでサイコロジストがケアしていく。いつの間にか全体の支え役になってしまい，そうなると無意識の働きから目を背けることなくそれを直視するというサイコセラピストとしての基本的な態度が維持できなくなる。

ところが，そういう人はクリニック全体からみると役に立つ。とくにある種のクリニックの開設者にとっては，すごく好ましい。この両方がマッチして，「何でも屋さん」になってしまう危険が生じる。もちろん，それを職業としてもいい。そういう職業はあろうかと思うから，あってもいいけれども，それではとても精神分析的サイコセラピストとはいえなくなる。

これらのことをふまえながら，両者の連携について要約すると以下のようになる。

第一に，両者の日常的コミュニケーションがよく，互いに信頼していることが望まれる。第二に，定期的でなくてもよいが必要に応じた両者の情報交換が必要である。第三に，情報交換に際し，サイコセラピストはconfidentialityを守る見地から，どんなことを主治医に伝えるか患者の同意をとっておくこと（概して主治医に伝えるのは患者が連想した内容ではなく精神療法のプロセスで十分である），第四に，主治医は，治療に関する出来事についてサイコセラピストに何を伝えてもよい，サイコセラピーの維持を支持する，サイコセラピストとの意見の違いがあってもそれに耐えること，サイコセラピーで何が話されているかなどについて知らないことに耐えること，治療初期にはすぐにサイコセラピーの効果が現れないことを知り焦らないこと（患者がサイコセラピーにそうした不満を表明してもサイコセラピーの効果を実感するには時間が必要であることなどを説明しサイコセラピー関係を維持することにつとめる），必要ならばサイコセラピーの流れと直接関係のない事柄について明確化や助言をする，必要に応じ家族面接を行いサイコセラピストが安んじてサイコセラピーに専念できるような環境づくりをする。第五に，境界例に対しA-Tスプリットで治療を行う場合，治療の初期1年から2年は主治医機能による治療作用が効果を発揮し，その後治療の重みは次第にサイコセラピーに移行する。したがって，主治医の診察頻度は毎週1回から月1回あるいは数カ月に1回に減少していくことが多い。

## おわりに

　A-Tスプリットは，境界例に限らず他の病態にも用いられるものである。最近では，うつ病，摂食障害，さまざまな程度の解離性障害などにおいて使用されているのが目立つ。しかし，私は個人的にはA-Tスプリットという治療形態は自明のものとなっていたので，精神分析学会で取り上げるようなテーマではないと考えていたが，今回川谷先生の努力であらためて取り上げてみるといろいろなことがわかった。なかでも，これが自明だと考えているのは，ある世代以上の人々であって，若い方や中堅の人ですら，A-Tスプリットの成り立ちや治療上の問題について知らない人が多いということに気づかされて愕然とした。

　精神分析に関する知識は，ある世代にとっては常識であっても次の世代にとってはそうではないのであって，そのため常に次の世代に向けて精神分析的知の継承をしなければならないということを思い知らされたことが，今回の教育研修セミナーの一番の収穫であった。そのため，本論文ではA-Tスプリットの成り立ちや力動的入院治療との関係にとくに詳しく言及したつもりである。これが精神分析を目指す若い方々のお役に立つことを期待する。

### 文　献

1）岩崎徹也（1976）精神分析的病院精神医学第Ⅰ部　基礎的な発展．精神分析研究, 20 (5); 171-187.
2）岩崎徹也（1978）精神分析的病院精神医学第Ⅱ部　その後の展開．精神分析研究, 22 (2); 41-57.
3）狩野力八郎（1990）入院治療とは何か――投影同一視の認識と治療の構造化．岩崎徹也ほか編：治療構造論．岩崎学術出版社，東京．
4）狩野力八郎（1992）個人からチームへ――専門化する入院治療とチーム治療．思春期青年期精神医学, 2(2); 128-136. 重症人格障害の臨床研究――パーソナリティの病理と治療技法（2002）．金剛出版に所収．
5）狩野力八郎（1994）多職種のチーム活動における集団力動．集団精神療法, 10(2); 113-118.

# 乳幼児と家族治療

## はじめに

　乳幼児精神医学における治療の分野でも，家族のもつ治療的意義は認識されている。しかしそうはいっても，それは基本的には個人の精神力動に働きかけて治療するという考え方に基づいている。従来から行われている並行母親面接や母親治療にしても，あるいは，近年の乳幼児精神医学の成果の一つでもある母子を一対の単位としてみるという視点から行われる母子治療も，この考え方の延長線上にあるといえよう。したがって，そこでは家族メンバー全員を集めるというよりは，家族内の数人の重要メンバーを治療対象とする。このような方法も広い意味では家族治療の一形態といえるかもしれないが，一般に乳幼児精神医学ではシステム論にもとづいた合同家族療法はあまり行われていない。乳幼児精神医学がおもに生後3歳以下のまだ母親から分離－個体化していない段階の子どもを対象とするという特性からいってこれは当然かもしれない。

　しかし，次第に家族全体の評価やそれにもとづいた治療的援助にも目が向き始めている。この背景には，核家族化，女性の職場進出，男性の育児への参加，精神衛生知識の普及といった現代社会の動向や精神衛生従事者がこれまでともすると放置されてきた分野にも目を向け治療的援助を提供しつつあるという状況がある。しかし，それ以上に重要なのは精神医学に新しい視点がつけ加えられたことである。あるいは，それまで気づかずにいた視点が明確化されたといった方が正確かもしれない。Anthony, J.はErikson, E.の考えを引用しながらこの新しい考え方について次のように述べている。「彼（Erikson）が触れている『共に成長していく』growing togetherという全体的な力動へのかかわりとして述べたものはとても新鮮な響きをもっている。つまりそれは，それだけで治療する能力をもっているような個体発達的であると同時に，世代間の相互作用を含むような，共に成長する力動である。」この言葉は，治療において乳幼児を直接対象にする場合であれ母子にアプローチする場合であれ，同時にそれら

と連動して力動的に変化する家族全体の構造や機能に注目することの重要性を雄弁に物語っている。現代では非常に多くの治療手段が用いられる。その際,個々の治療や治療対象の変化に目を奪われて,『共に成長する全体的な力動』をもった家族システムの変化を忘れてしまっては,木をみて森を見ないということになるだろう。実際,経験のある治療者は,意図的であれ非意図的であれ,このような考えにたって治療的努力をしているものである。

したがって本章では,いわゆる合同家族療法そのものについてではなく(これに関しては,多くの成書が出版されているのでそれらを参照していただきたい),乳幼児や母子関係をめぐる諸困難にアプローチする際,全体としての家族という視点からの診断や治療方針およびその実施が有益であるということについて,症例をあげながら述べていきたい。

## I 症　例

ここで紹介するのは産褥期うつ病の症例である。乳幼児精神医学が扱う諸問題の中でも,これは母親の側の障害とそれが乳児に与える影響について考える上で,もっとも一般的な症例といえる。

A家の妻・X子は意欲の低下と「自分は子どもに嫌われている」という訴えで受診してきた。この家族は,若夫婦と受診時10カ月の息子,夫(Y男)側の祖父母で構成されていた。Y男はサラリーマンだが,祖父が脳血管障害のため祖母が中心になって喫茶店を経営していた。X子の実母は躁うつ病で,X子が幼少児期入退院をくり返していたため,X子には「母親に育てられた」という経験がほとんどなかった。

A家の赤ん坊は結婚3年目に期待されてできた子どもである。最初の3カ月間X子は家庭にいて家事をしながら育児に専念することができ,赤ん坊も順調に成長した。ところが3カ月目に祖母がケガをしたことを契機に事態は大きく変化した。X子が店にでて祖母が家にいて育児をすることになったのである。X子と祖母の家庭内における役割が入れ替ったわけである。そればかりかX子は店が終わったあと家事も一生懸命やっていた。そしてこの多忙さのために4カ月で断乳せざるを得なかったのである。その後5カ月目頃からX子は徐々に意欲が低下し,「赤ん坊が自分になつかない,自分は赤ん坊に嫌われている」という考えにとらわれてしまった。このあと精神科受診までに5カ月を必要と

したのは，X子が抑うつ状態にもかかわらず店の仕事や家事を献身的にしていたという行動上の特徴のために他の家族メンバーが事の重大さを見過していたと考えられる。

## 1．面接時の所見

　この症例は外来における約6週間の診断評価ののち入院治療が適当であると判断された。診断期間中はつねに夫・祖母・赤ん坊が同席した。X子は暗い表情で，言葉数もひどく少なかったのであるが，なによりも強く訴えていたのは「自分は子どもに嫌われている」という確信についてであった。そして「自分は母親に何もしてもらえなかったから，自分が母親になったらできるだけのことを子どもにしてあげよう」と考えていたこと，「それなのに4カ月で断乳してしまい，ひどいことをしてしまった」と述べていたのである。それに対しY男は彼女に同情し，祖母が赤ん坊をかまいすぎるからいけないと祖母に批判的だった。いっぽう祖母はX子が働き過ぎでこうなったといい，自分を責めていた。しかし，二人ともX子がなぜこんなに献身的に働くのかということやA家全体に何が起きているかということまでは理解できていなかった。

　赤ん坊は数歩自立歩行ができ，外界に活発な関心を向けイナイイナイバー遊びに熱中することができた。さらに，母親をみつめ，近づき，足元でたわむれることもできた。しかし近づいてくる赤ん坊にX子が弱々しい反応しかできないでいると，彼は一瞬寂しそうな表情を浮べ母親から離れた。すると祖母が心配して手をさしだすと赤ん坊は祖母に近寄るのである。これをみてX子は「おわかりでしょ，私はこの子に嫌われています」といい一層抑うつ的になってしまったのである。

　この診断期間中，抗うつ剤を使用したが効果はほとんどなかった。しかし，別の分野すなわち家族力動において大きな変化が起きた。自分の力で妻を救うことができず自信を失った夫は，妻が祖父母との関係からくるストレスでうつ病になったという考えにしがみつき，妻をのんびりさせようとして実家に帰したのである。この試みはむしろ事態を悪化させただけであった。X子は抑うつ症状を増悪させ，自傷行為にまで至った。そのうえ，X子の兄が，「あんたがたのせいで妹がうつ病になった」と怒鳴りこんできたのである。これに対しY男と祖父母はますます自信を失い，3人で秘かに相談しX子に対し「あなたが頑張ってくれないと困る，なんとかよくなってちょうだい！」と懇願したのである。

この時点で，X子のうつ病はX子個人と母子関係の問題をはるかにこえてA家やX子の実家をもまきこむ問題に発展したと考えられる。そして，A家はもはや自分たちの問題を自力では解決できないほどに家庭の機能を失ってしまったのは明らかであった。

## 2．診断評価

A家に起きた問題を3つの異なる視点から考えてみよう。

まず第一に個人の病理という視点からみるとX子は産褥期うつ病と診断できる。さらに詳しく個人の精神力動をみると，彼女の自己愛は傷ついており，対象から拒絶されることを恐れるあまり自分を苛めるようなやり方で対象にしがみついている。これは家庭内で自虐的なほどに奉仕的な彼女の振舞いによくあらわれている。また，過去において母親から見捨てられた体験に関連する諸々の感情を適切に処理することができず，とくに攻撃的感情を自己に向けることで処理しているといえよう。さらに推理を進めると，彼女は対人関係において過剰に奉仕的に振舞うことで他者に罪悪感をいだかせ，他者を支配していると考えられるであろう。A家のメンバーが各々彼女のうつ病について，自分を責めたり無力感に陥っているのをみてもこの仮説は的はずれではないことがわかる。逆説的にいうと彼女はうつ病になることで他の家族メンバーを支配していることになるのである。

こうした精神力動の背景に，遺伝負因や早期乳幼児期における母性愛の剥奪によりうつ病の素因が形成されたということも考えられる。そして，マゾキスティック―抑うつ的な彼女の性格が形成されているのである。以上のような理解にもとづいた治療，すなわち薬物療法や個人精神療法は一定の効果は期待できるもののおそらく1年以上の期間が必要であろう。そして，その間に赤ん坊は10カ月から22カ月になってしまう。赤ん坊の健全な成長を考えるなら，そんなにのんびりと待つことができないのは自明であろう。

第二に母子関係という視点からこの問題を考えてみたい。X子は早期乳幼児期に実母から見捨てられた。ところが今度は自分が自分の赤ん坊を心理的レベルにおいて見捨てていたのである。つまり，赤ん坊は彼女の心の奥底に押し込められていた幼児期における自分の代理人になっていたのである。彼女は自分の見捨てられた体験にともなう記憶や感情を"自分は理想的な母親になろう"という考えで防衛していた。しかし，3カ月目に赤ん坊から離れ，4カ月目に

断乳するという事態によって，過去の悪夢のごとき出来事が赤ん坊との関係において蘇ってしまったのである．

この赤ん坊にとって幸運なことに，彼は少なくとも最初の3カ月の間は母親による十分な養育を経験し，その後も父や祖父母からほぼ適切といえる愛情を受けていたことである．彼に関する観察から，彼は順調に成長し，母親から分化し始めており，ほぼ健全なコースをたどっていた．ところがこの赤ん坊の幸運も今やX子にとって不幸だと体験されていた．つまり赤ん坊の母親からの分化を彼女は赤ん坊が自分を見捨てたと考えていたのである．投影機制によって彼はかつてX子を見捨てた母親の代理にもなっているのである．

以上のように，この母子関係には悪循環が起きているわけだが，治療者側が連続した治療関係の中でX子を十分援助するならば，そのような体験をもとにして彼女は過去の出来事へのこだわりや自分の母子関係を赤ん坊との間で反復していることから自由になるだろう．そして再び赤ん坊に適切な愛情を供給できるようになると考えられる．

第三に家族全体の構造や力動からみるとどうだろうか．実は，この治療において治療方針をたてるうえで決め手となったのはこの視点からの理解であった．

A家はX子を嫁に迎え，彼女が働き者だったこともあり病気の祖父を抱えながらそれなりにうまく協力し合っていた．ところが赤ん坊の出生という家族ライフサイクル上の変化，それに加えて祖母のケガという状況に柔軟に対応することができていなかった．X子の発症後はおのおのが発症について罪悪感をもち，原因は誰にあるのかという"犯人探し"をしていた．同時に，これらの問題を自力で解決できないためにA家全体が無力感におそわれている．さらにX子の兄に怒鳴り込まれたことを契機にA家は，A家とそれを取り巻く環境との境界を適切に維持する機能を失い，A家全体の相互的な協力関係は崩れてしまった．このような危機に対応し家族を再建するために，A家では，もともとのメンバーである祖父母と夫が結束し，X子にうつ病というレッテルを貼ることによって祖父母・夫とX子との間に強固な境界をつくろうと試みていた．いい方をかえるとX子はあくまでA家における嫁であって母親でも妻でもなく，家族の一員ではないというわけである．このようにして多世代家族が健全に機能するために期待されるような世代境界は歪んでしまっていた．もしこのような歪んだ家族構造が続くなら，X子のうつ病は遷延化するということが予測され

るし，赤ん坊のうつ病への素因形成という危険を助長することが考えられる。

## 3．治療方針

　この治療の目的は，まず母親のうつ病を治すことである。しかし，ある意味でもっと重要な目的は母親の障害が赤ん坊に与える悪しき影響を最小限にとどめ，赤ん坊の健全な成長を促進することだといえる。そのためには母親に対する種々の個人治療や母子関係に対する治療的アプローチが必要なのはいうまでもない。問題は，これらの治療が成功するには母親や母子を支える他の家族メンバーの協力が必須だということである。それも個々人がバラバラに協力したのでは意味がない。家族全体が構造的にも機能的にも治療促進的である必要がある。これが，家族全体についての診断が必要な理由である。前述したようにＡ家の構造は対外的な境界も内部的な境界も歪み始めていた。そしてこの歪みは放置しておくとさらに悪化しそうであった（たとえばＸ子の実家とＡ家との関係が修正不可能なほどに悪くなるなど）。一般的に，このような現実状況の歪みは非常な速さで進行する。それゆえに，この治療の実際において早急に援助されねばならないのはＡ家全体だと判断される。

　ではどのような設定で治療を行うかということが次の問題になる。前述したようないくつかの治療を同時に行うには外来治療では困難である。さらに，家族の内外で起きている悪循環をくいとめるのも難しいと考えられる。このような受身的な理由の他に，入院治療が適当だと考えられる積極的な理由もある。つまり，入院という十分な治療的援助を受けられる環境のもとで，Ｘ子は自分を苛めるようなやり方ではなく，もっと積極的に自分の病気を治すことに専念できるであろうということである。そして，合理的な理由で赤ん坊もふくむ家族から現実に離れるという体験を契機として治療スタッフとの信頼しうる関係に励まされて過去の忌しい記憶を想起し，そこから自由になれるだろうと考えられる。同時にＸ子の入院によってＡ家とＸ子の実家との葛藤は小休止し，Ａ家も無力感や罪悪感に圧倒されず健康な力を回復できるだろうと予測できる。

　残る問題は，母親の入院によって母親と赤ん坊が長期に別れて暮すことにどう対応するかということである。欧米ではすでに母子同時入院という方法が試みられている。わが国でも二，三の母子同時入院に関する報告があるが，医療をめぐる物理的・経済的・人的状況からまだまだ難しいのが実情である。そのためこの症例では，赤ん坊や家族の面会を構造化し，段階的に面会の回数・時

間を増やし経験のある看護師がその場で育児に関して母親ガイダンスを行うことにした。同時に家族全体に対して嫁主治医が担当者となってアプローチした。

### 4．治療その後

　入院中の経過は紙数の都合で要約するにとどめる。入院は約3カ月で終了した。X子は治療スタッフの援助に支えられて夫と赤ん坊と3人で生活したいという願望を表現できるようになった。このことが家族治療の中でとりあげられるという経過を経て，家族構造の再構成が行われ，彼女は結婚4年目にして初めて家族の一員であるという実感をもつことができた。そして，自分の母親との未解決な葛藤が自分と赤ん坊との関係に障害をもたらしていたことも理解するようになった。退院の時点で彼女は，赤ん坊が自分にしがみつき特別な愛着を示すのに対して母親の示すあの誇らし気な笑顔で反応したのである。それは，まだ言葉をもたない赤ん坊が何を語りかけているのか彼女は読み取ることができるということを示していると考えられた。

## II　家族のとらえ方

　症例A家で述べたように乳幼児の問題にアプローチする際，家族全体を診断評価したり，治療的に援助することは大変重要である。では家族をどのように理解し，アプローチしたらよいかということを次に述べたい。

　ところで，複数の成員で構成され，いろいろな人間関係が生起する場である家族は，父と子，母と子，夫と妻といった部分的な対人関係をとりだしてみても説明しきれるものではない。しかし，家族を一定の構造と機能をもった集団としてみることで家族の力動や心理はずっと理解しやすくなるのである。その際，なんらかの概念図式が必要となってくる。つまり，それを用いることによって家族や家族メンバーのかかえている問題を探究し，それらの問題解決に役立ちうるような手段としての概念図式である。以下にそれらをあげてみる。

### 1．家族の機能

　家族は種々の機能をもっている。
　まず第一に，家族は基本的には夫と妻によって構成され，その生殖要求や性

的要求を満たす場である。

　第二に，家族は人間の情緒的成長や生存にとって必須の場でもある。人間は絶えず人との情緒的接触を必要としている。自分の感情や欲を一人ではかかえきれず，誰かに聞いてほしい，理解してほしい，そしてなぐさめてほしい，自分の感情を一時預かってもらいたいと思っている。

　時間的にみると，家族は人間が最初に出会う場であり，そこで両親や同胞との情緒的交流をとおして，人間的成熟を達成させる方法を学ぶ。空間的にみても，家族の個々の成員が家庭の内外で経験するいろいろな感情や欲求・葛藤を家庭の中ではきだし，吸収し，抱え合う機能を家族はもっている。この意味で家族は，感情がいきかう場であり，それらを包摂し保持する"いれもの"でもある。

　第三に，社会的観点からみると，家族はその位置する社会に適応し，社会的価値・伝統・文化を各メンバーに伝達する機能をもっている。つまり，家族は個人と社会の中間にあって媒体として作用しているのである。

　このように，家族は個々のメンバーを身体的・心理的・社会的に支えていると同時に，"こころと身体の発達"にとって決定的に重要な役割を果たしているのである。

### 2．家族の構造

　構造論的視点からみると家族は次のようにいえよう。

　第一に，対社会的には，家族は社会の基本単位であり，社会との間に目に見えないが一定の境界があり，社会との間で人・お金などの物や情報などの交流を行うような開閉するシステムである。

　第二に，結婚・子どもの出生・成長・自立・親の老化・死というように家族もまたいくつかのライフサイクルを経て変化していく。その際，家族はそのライフサイクルに固有の課題を解決しつつ，自らを再構造化しなければならない。症例A家はこのような意味で第一子の出生という新しい段階に適応するために困難を経験したということができる。

　第三に，このように内と外からの要請によって，家族は発達し変化しつつもなお一貫性を持っているような（つまりホメオスターシス＝恒常性を保っている）力動的かつ柔構造をもったシステムだと考えられる。

　したがって第四に，家族力動や家族心理はそのルール・役割関係・境界とい

## 3. 家族のルール

　家族には，毎日暮していると目に見えない秩序・きまり・しきたり・習慣ができあがってくる。これらのルールは，直接的にも間接的にも家族の構造やメンバー間の相互作用・メンバーの行動・役割関係などを規定している。たとえばＸ子のように長男と結婚した嫁は夫の家庭に存在するルールに適応するために苦労する，という現象はよくみられる。

　家族のルールはふだんはそれほど意識されていないが，家族構造が変化せざるを得なくなった時（新しいメンバーが加わる，病気や死などでメンバーを失うなど），強く意識されるものである。家族のルールには，親と子のあいだに力関係上の差異があり，一定の階層秩序を形成するといった，どの家族にもみられる普遍的なルールもあるし，その家庭独自のしきたり・習わしといったルールもある。後者は世代から世代へと長年にわたり継承され伝達されてきたものである。

　その家庭独自のルールの特殊なものに家族神話がある。これは，はっきりと表現されることはなく，しかし家族全員がひそかに共有し，家族の振舞いに影響を与えているような，一種の信念あるいは"思いこみ"である。したがって，家族メンバーは誰もが家族神話に疑いをもっていないのが常である。例をあげてみよう。「家族は常に一体である」という神話がある。家族はいつも愛情をむけあい，幸福な家庭であるという理想化のパターンである。この神話に支配された家族は，一見まとまっているようにみえても，個人の分化・自立を許さず，現実を否認した"偽相互性"の家族といえる。Ａ家の神話は２つある。第一は「家族は困難に直面して，常に誠実に助け合わねばならない」というものである。祖母のケガに際してＡ家ではなんら意見の違いが起こらずにＸ子が過重な奉仕をしている。第二は，「家族がうまくいかない時は誰が原因かを探る」というパターンで，彼らは，"犯人探し"をし結局各々が自分のせいにしてしまい家族全体がうまく機能しなくなってしまったのである。他にも「結婚によって人は幸せになり，万事うまくいく」，「問題があっても子どもができれば万事うまくいく（子はかすがい）」等々といった神話がある。しばしば理解しがたい家族の行動の背景に家族神話があるがゆえに，それを把握することは治療上大変重要だといえる。

### 4．家族における役割と境界

　前述した家族と社会との境界が強くなりすぎていると，家族は社会から孤立し，外界を敵対視し，ひっそりとよりそっているような家庭になる。逆に境界が崩れていると情報過剰となり，家族内は混乱し，各メンバーは不安になる。

　家族の中には，世代・性・関心・機能など役割によりいくつものグループ（サブシステム）ができる。男同士・女同士・親世代と子どもたちなどである。これらのグループ間にも境界があり，各グループは独自の権限や目的をもっている。

　グループ間境界の代表的なものが世代境界である。親が親らしくすると子どもは子どもらしくするものである。この親と子どもの間の境界を世代境界という。両親の問題に子どもが介入すれば家庭は混乱するし，子どもの問題に親が介入しすぎれば子どもの自律性は損なわれる。

　また父母が自分たちの葛藤を自ら解決できず，たとえば母が息子に同情を求め，母・息子対父という対立関係によって，世代境界が崩れることがある。この関係を三角関係化といい，うまくいっていない家族ではしばしばみられる。ところで，このような三角関係化はもはや親―子関係というよりエロティックな近親相姦的関係である。そして，健全な成長過程では本来抑圧されているはずのエディプス・コンプレックスが現実化しているともいえる。こうした意味で，世代境界の崩壊は，単に家族構造の歪みを引き起こすだけでなく，個人の情緒的成熟をも阻害するものなのである。逆に世代境界が強固すぎるとき，親が子どもに無関心だという事態が起き，子どもの早すぎる自立の一因となる。

　A家のように多世代同居家族の場合は，祖父母と若夫婦，若夫婦と子どもとの各々の間に適切な世代境界が設定されていること，つまり家庭内核家族化が成立していることが望ましい。A家の場合，ストレスに直面した時前述したような家族神話が働き，祖父母と若夫婦との間の世代境界が崩れ各メンバーが本来の役割を果たすことができなかったといえる。つまり，若夫婦にとって自分たちと赤ん坊で構成される核家族がどうあるべきかという考えやその実現は二の次になり，家族全体のためにどうすべきかという考えの方が優先してしまったのである。

　次に代表的なサブシステムについて述べる。

## 1) 夫婦サブシステム

 夫婦は，同じ問題に対処する時，片方が能動的で他方が受動的というように相補う関係になる。両者が能動的になり，リーダーシップをとろうとすると機能的関係は崩れる。

 また，夫婦は外からのストレスの避難所でもあり，夫は妻の愚痴を聞き，妻は夫の不満を聞く。このように夫婦は互いの長所・短所を認識し，補い合い，互いの良い面を支える必要がある。ところが，夫婦は逆に相手の悪い面を挑発してしまうことがある。しっかりした妻とだらしない夫の組み合わせがそれで，妻がしっかりすればするほど夫はだらしなくなるのである。

 ところでX子とY男夫婦の場合はどうだろうか。この場合，X子は妻としてよりはA家のために尽す働き者の嫁という役割が強調され，夫婦の連合は相対的に弱かった点に問題があったと思われる。形式上X子はY男と結婚しているが，むしろ彼女はA家の「台所から招き入れられた台所嫁」なのである。そして，そこにはA家の事情だけでなく，X子自身もそれをひそかに望んでいたということはすでに述べた。それゆえ，X子は赤ん坊ができても母親・妻という役割よりも嫁という役割を優先せざるをえなかったようである。したがって治療において核家族化の問題が取り上げられたのは大変意義があったわけである。

## 2) 親サブシステム

 夫婦に子どもができると，親サブシステムができる。ここで親は家族のルールを設定しなければならない。これは子どもの成長に応じて変化するものである（たとえば小遣いの額・門限など）。そして先に述べた親と子どもの階層ができるわけであるが，そこで子どもは欲求不満をいかに処理し，どのように親と交渉するかを学ぶのである。もし仲間社会のようなものわかりのよい家族をつくるならば，それは親子間の階層を否定することになり，子どもからこうした学習の場を奪ってしまうことになる。

 親のつぎの仕事は，意見の一致と一貫性を維持し，物事の決定に際し，どの領域はどちらがリーダーかということを明確にすることである。父親と母親のいうことが絶えずくい違っていると子どもは混乱したり，誤った情報をもつことになる。大事なことは，絶えず完璧に両親の意見が一致することではなく，基本的な合意があるということである。

### 3）乳幼児をもった夫婦

乳幼児をもった夫婦は，家族ライフサイクルから考えると夫婦だけの家族から親サブシステムができ上がるまでの移行的段階にあるといえる。それだけに彼らは独得の課題を達成しなければならない。

まず第一に子どもが生れて初めて家族はひとつの実質的な家族になる。そこで夫婦は家族とは何か，自分たちの家族は今後どうあるべきかという問題に直面する。

第二に，夫婦システムは同時に親システムとして子どもの養育のために心理的・物理的空間，時間的な生活リズムを設定しなければならなくなる。とくにこれは，母と赤ん坊という一対の関係を保証するうえで重要な課題といえる。

第三に，夫・妻はそれぞれ父親・母親という役割にいかに適応するかということが課題になる。その際，自分自身の親との体験や母親同一化・父親同一化をめぐる葛藤が心理的には大きな意味をもってくるのである。これはＸ子の例をみても明らかである。

第四に，拡大家族の問題がある。夫婦の両親はそれぞれ祖父母になるわけだが，彼らもまた赤ん坊の養育をめぐってどのような祖父母になるかという課題に直面する。そして，前述したように祖父母と両親との間に役割関係をめぐってどのような世代境界を設定するかという問題も生じてくる。祖母が育児に関して母親にガイダンスをするという役割をとることはよくみられるし，共働き夫婦の場合祖父母が養育代理の役割を果たすこともある。逆に祖父母が干渉しすぎて夫婦との間に葛藤を生じることもある。

## 5．機能している家族と機能していない家族

相対的にうまく機能している家族とは，どのような家族だろうか。これまで述べてきた家族の構造・ルール・境界・役割といった概念からみると，次のようにいえるであろう。

1）夫婦のしっかりした協力関係・明確な世代境界，権威のある親による決定システムなどをもつ，柔軟な家族構造であること。
2）もろもろの情緒，欲求，葛藤，不一致，曖昧さを包摂し，個々のメンバーの分化や自律性，あるいは内的世界が尊重されること。
3）家族メンバーの分離・独立・病気・死などの喪失に対し，それらを心理的にだけでなく現実的にも処理する能力があること。

4）家族とくに夫婦と社会との適切な境界があること。
5）家族神話がより現実的・合理的なものに近く，個々のメンバーがそのことにある程度気づいていること。

これらが機能していない時，家族構造は崩れ，潜在的な感情や葛藤が表面化し，そうした感情に支配された集団となる。その際，同時に家族の中に元に戻ろうとする力が働き，家族神話に頼ったり，家族崩壊の犯人探しをし，家族メンバーの誰かに責任を負わせ罪悪感を処理しようとしたり，逆に家族外の社会に責任を転嫁し，社会との境界を強固にしたりするのである。多くの場合，このような機能不全は家族がなんらかのストレスに出会ったり，ライフサイクル上変化せざるをえなくなった時に起こる。乳幼児をもつ家族はまさにそのような段階にあるといえる。

## おわりに

乳幼児をめぐる困難が軽度であれば一種類の治療的アプローチで問題は解決されるかもしれない。しかし，困難が重ければ重いほどいくつもの治療的アプローチが必要になる。いずれにしても困難の程度を見極める時，またどのような治療的アプローチを実施している時でも，たえず個体—対人関係（母子関係を含む家族メンバー間の諸関係）—家族全体という3つの異なる視点から事態を認識することが肝心である。乳幼児精神医学から大人の精神医学は多くのことを学んでいる。同じように家族の精神医学から乳幼児精神医学は学ぶべき多くのことがあると思われる。

### 文 献

1 ) Call, D.J., et al. (1983) Frontiers of Infant Psychiatry. Basic Books, Inc., Publishers, New York.（小此木啓吾監訳〔1988〕乳幼児精神医学．岩崎学術出版社，東京.）
2 ) Glick, I.D. and Kessler, D.R. (1980) Marital and Family Therapy. Grune & Stratton New York.（鈴木浩二訳〔1983〕夫婦家族療法．誠信書房，東京.）
3 ) 狩野力八郎（1988）家族アプローチの諸様態．精神分析研究, 32 (1).

# 第Ⅱ部
## 治療手段としての精神分析

# 精神療法における情動と言語化
―― 精神分析の二重性 ――

## はじめに

　精神療法における情動と言語化というタイトルはいささか曖昧かもしれない。言語化に対応するのは行動化であり、情動に対するのは表象（観念）ならば適当な組み合わせだろう。また精神療法におけるコミュニケーションを考えるなら情緒的コミュニケーションと言語的コミュニケーションがよいであろう。しかしなお、筆者はこのタイトルはいかにも精神分析らしいと考えるのである。すなわち、この曖昧さのなかに精神分析における二重性がすべて包括されているからである。この二重性については多くの分析家が最初から気づいていたように思う。しかし、それをもっとも刺激的に描いてみせたのはWinnicott, D. W. である。彼がしばしば使用する「逆説」という中にそれが端的に含まれている。いっぽうわが国では小此木の「精神分析の巨視的見地と微視的見地」[8]というとらえ方がある。私は精神分析における「本質主義と構成主義」としてこの二重性をとらえている。そして「精神療法における情動と言語化」というテーマは、精神分析の治癒機転と治療機序に密接にかかわる問題なので、精神分析の二重性という理解を基礎におきながら、このテーマについて論じたい。

## I　精神分析前史

　精神分析以前の精神療法（それは呪術との区別がつかないものであったが）の治癒機転は患者の体内に宿る悪いものを取り去ることであった。この機転を起こす治療機序は、悪いものが患者から治療者に乗り移る、つまりは転移するという錯覚をつくることであった（Modell, A.）[5]。そのために依存的で退行的な、そしてしばしばエロティックな情緒関係の形成を目指した。O・アンナ

の煙突掃除療法も，技術的な進歩はあったにしても，悪いものを取り去るという考えをなおひきずっていたし，Breuer, J. との保護的な関係を必要としていた。彼が意図しなかったにしてもこの保護的な関係はひどくエロティックでもあったことはよく知られている事実である。

## II　情緒関係の放棄

いうまでもなく感情転移や情動の意義の発見こそ，Freud, S. の近代の精神療法にたいする最大の貢献のひとつである。彼は，抵抗としての感情転移の分析とその発生的問題の解決，すなわち悪いものを取り去るのではなく，知性による洞察を治癒機転と考えた。そのための手段として，彼は自由連想法や中立性，禁欲原則といった一連の基本的態度と解釈などの治療技術を強調したわけだが，同時に精神分析療法において治療者の人格や治療者と患者との情緒関係を利用することを厳しく拒否した[2]。なぜならば，情緒関係に依存する治療はその関係が悪化すれば症状は再燃するからである，いいかえれば催眠療法は転移抵抗を扱っていないからである。しかし，そうした技法上の理由以上にある意味で重要なのは，治療において人格や情緒関係を用いないことを宣言することによって，精神分析ははじめて，中世的な宗教や魔術的治療から一線を画すことができたということである。そこでは，治療で起きるあらゆる現象を患者の内界に還元するという手続きがとられた。

興味深いのは，精神分析以降の主要な精神療法たとえば行動療法や森田療法においても，それらが提唱されたときには，治療における情緒関係を利用しない（ゆえに理論化しない）という姿勢がとられていることである。近代精神療法の初期の提唱者たちが，情緒関係や治療者の人格を利用するということにある種の非科学的なあやしさを感じていたからではないかと筆者は考えている。

## III　情緒関係の再認識

Freudにもどるならば，しかし，こうした彼の姿勢こそがわれわれに逆説的なメッセージとなって伝達されてきたといえる。すなわち精神分析は，情緒的コミュニケーションの概念化と臨床への応用手段の開発に向かって展開してきた。対象関係論や間主観的観点の強調である。こうした精神分析の展開は，理

論の修正によってではなく技法の修正によって達成されたといったのはWinnicottである[12]。それは転移を中心とする治療関係の理解やその扱い方が変化したということである。たとえば治癒機転については，知的洞察のみならず，対象関係の修正と内在化が付け加えられた。治療機序としてはholdingやcontainingが提唱された。こうした変化を基盤に，現代的な動向は，治療者と患者との間に力動的な関係が起きることそのものに治癒的意味を認めるようになった，と筆者は理解している。たとえば，Modellの治療における事後作用による「記憶の書き換え」[5]，Kris, A.の連想と連想の力動的関係を強調した「自由な連想」[3]，Stolorow, R.の持続的共感的な探求にもとづく「自己対象の展開」[10]，Ogden, T.の淀んで死んでいる二者関係から三者性の生成による「生きている関係への変化」[7]，Fonagy, P.の関係の脈絡において他者の心を考える機能つまり「reflective self functionの生成」[1]などである。

## Ⅳ　転移の二重性

このような変化の背景には，転移の二重性への気づきがある。まずこの議論はすでに，治療における情緒関係を放棄するというFreudの主張にしたがっている時代に，治療同盟（作業同盟）と転移との区別をできるかどうかという議論として現れた。それ以降の議論をまとめてみるとつぎのようになる。転移は抵抗かそれともそれ自体が治癒を引き起こす手段か，転移における反復は主体にとって受け身的な反復強迫か建設的な意味をもつ能動的な支配の表現か，行動化することは抵抗か，想起すること（言語化）のほうが行動化より治療的価値があるのか，転移は過去の反復かそれとも現在の関係か，あるいは転移は空想か現実か，などである。

Modellは[5]，Winnicottの理論を基礎にしてつぎのように主張している。転移は分析的設定における分析家と被分析家によって構成される特異な現実であり，空想の再創造である。それは，体験それ自体の反復ではないが，現在の脈絡における過去についての考えを含む。さらに彼は，事後作用の観点から，転移は反復する転移感情カテゴリーとして理解でき，それは類似性（知覚同一性）を求める探索的行動である，と主張している。筆者はこの概念に多くの点で同意するが，もし転移が現在の治療的脈絡における知覚同一性をもとめる探索的行動とするならば，その行動は過去に向いているだけでなく未来をも指向して

いると考えられる。すなわち転移には未来における（Modellの言葉を使えば）書き換えられることへの無意識的期待——力動的な意味での無意識だが——が含まれていると考えられる。したがって，治療者にとってこの「無意識的期待」を発見することが技法上もっとも重要な作業であるが，そのためにもWinnicottの言葉をつかえば転移の逆説をすなわち二重性を受け入れることが必要である。

## V 分析的設定の二重性

このような転移が起きるのは分析的設定という特殊な状況においてである。この分析的設定こそFreudの最大の発見といっても過言ではない。小此木の治療構造論はまさにこの分析的設定の意味を明らかにするための理論的武器といえる。そして，分析的設定のもつ二重性こそ，治療者と患者の力動的関係をそして治癒を引き起こす動因と考えられる。この二重性については，多くの研究者がそれぞれの立場から述べているが，もっと具体的にまとめてみると以下のような意味で二重なのである。

1) 無時間性と時間的拘束（時間契約）
2) 自由な連想と不自由な連想
3) 平等な関係と不平等な関係
4) 自由性と禁欲原則
5) 中立性を巡る逆説
6) 対象恒常性と不安定性
7) 連続性と不連続性
8) 一人でいることと二人でいること（Winnicott）[12]
9) 交流することとしないこと（Winnicott）[12]
10) 目標を設定することとしないこと
11) 専門家（訓練を受けた者）としての分析家と日常生活者としての分析家（Modell）[5]

Langs, R.は[4]，妙木の紹介によれば，治療者は基本原則を守りつつ，自分と患者がそこからいかに逸脱するか，を観察することが重要であるという。Langsは，この逸脱や間違いを一種の適応過程とみなし，その意味を読み取り

伝えることによって，患者は基本的社会的枠組みを内的につくることができると主張している。このLangsの説の根底にも分析的設定の二重性に関する洞察がみてとれるのである。

　こうしてみると，重要なことは，治療室の外から客観的にみれば分析的設定のなかの転移関係といえるが，治療関係の内側からみればすなわち間主観的にみれば，転移関係のなかの分析的設定である。すなわち分析状況は二人に共有されたさまざまな二重性をもつ現実だということである。

## Ⅵ　言語化すなわち解釈の二重性について

　同じような二重性は解釈についても認められる。構成主義にもとづく視点と本質主義にもとづく視点とがある。前者はSchaffer, R. らの主張である。つまり，解釈の内容は分析家の構築したものか，被分析者のこころを分析家が知覚したものの反映かといった議論である。ここでもわれわれは二重性を受け入れなければならない。Modellもいうように，解釈が確かに分析家の恣意的なものではない場合があるからである。この議論は次の発達論につながるものである。

## Ⅶ　発生発達論と生成論：乳幼児直接観察と精神分析

　本章の大きなテーマのひとつは，近年の乳幼児直接観察にもとづく母子相互作用に関する研究からの知見を精神分析がどのように受けとめるかということである。言い方をかえれば，このテーマは，筆者がこれまで述べてきた精神分析の二重性を視野におきながら，個人（患者であれ治療者であれ）の内的世界を描きつつ，治療における相互の交流（間主観的関係）をも描きだせるような使い勝手のよい用語（Modell）[6]を探求しようとする試みでもある。この動向は，生物学的精神医学の挑戦を受けていささかたじろいでいる精神分析の新しい方向を示唆するものではないかと筆者は考えている。

　そのさい，発生発達論と生成論との区別をすることが重要であるということは小此木[8]はじめ多くの論者たちがつとに強調している。またこの問題に対する基本的な視点については，すでにWinnicottが「子どもの直接観察の精神分析に対する寄与」(1957)[12]のなかで明確化している。最近では，Modellが

Tronick, E. や Stern, D. らのボストングループの研究[11]に討論を行っている[6]。

その中でModellは治療関係と母子関係の違いに留意しながらも，共通点として，二人の間の情緒交流がお互いの意識状態を拡張させる潜在的な力をもっていることを明確化している。すなわち，「子どもは母親の意識の力の影響を受けることで，組織化された，そしてもっと複雑な意識のレベルに到達できるが，同じことが治療でも起きるかもしれない。患者は治療者のもつ重層的な心の在り方を内面化し，身につけ得るかもしれない。たとえば，治療者という訓練を受けた人に接して行く過程は，過去にこだわったり，現在にこだわったりという意識の狭窄状態を変化させ得る。治療者は，訓練によって転移によって影響される関係と現実的な相互関係との間をいったりきたりできる能力を身につけているからである」。

しかし彼は手続き記憶あるいは手続き知識（procedual memory, procedual knowledge）に関してボストングループの考え方[9,11]に疑問を投げかけている。前言語的段階における情緒的な相互作用に関する記憶について，ボストングループが同定した手続き記憶のひとつである「いわずかたらずの関係知識（implicit relational knowledge）」は，象徴的にコード化されないのかどうか，つまり意味を含む暗喩としてコード化されるのではないか，という意見である。たしかに治療関係における「いわずかたらずの関係知識」という視点は魅力的である。精神分析において，話された内容だけでなくときにはそれ以上に話し方やそのパターン，リズムが重要である。そして，そのパターンの一側面として「いわずかたらずの関係知識」があるというのは，臨床的にもうなずけるものである。しかし，少なくとも大人の精神分析でそれはいずれ言語化されうるし，関係的脈絡の中で暗喩としての意味をもつように思われる。ここであらたな問題が提起されるだろう。意味をもつようにみえるのは，治療的脈絡の中で「いわずかたらずの関係知識」に新しく意味が付与され創造されたのではないか，という疑問である。これはまだ未解決の領域である。

## おわりに

精神療法における情動と言語化というテーマに関連して，治癒機転，治療機序，転移，分析的設定，解釈，発達論と生成論について論じた。そのさい，本質主義と構成主義にもとづく精神分析の二重性を明らかにした。精神分析家で

あれ精神分析的精神療法家であれ，治療者は，教育においても臨床においても研究においても，この二重性に由来する内的緊張に耐え受け入れることが重要であることを述べた．このことは精神分析以外の精神療法にも当てはまるのではないかということも示唆した．

## 文　献

1 ) Fonagy, P. (1998) Attachment theory approach to treatment of the difficult patient. B of the Menninger Clinic, 62 ; 147-169.
2 ) Freud, S. (1928) Zur Dynamik der Ubertragung. (小此木啓吾訳〔1971〕感情転移の力動性について．選集15．日本教文社，東京．)
3 ) Kris, A. (1982) Free Association : Method and Process. Yale University Press. (神田橋條治訳〔1987〕自由連想――過程として，方法として．岩崎学術出版社，東京)
4 ) Langs, R. (1988) A Primer of Psychotherapy. Gurdner Press, New York (妙木浩之監訳〔1997〕精神療法入門．金剛出版，東京．)
5 ) Modell, A. (1990) Other Times, Other Reality. Harvard University Press, Cambridge.
6 ) Modell, A. (1998) Review of infant mental health papers. Infant Mental Health Journal, 19 (3) ; 341-345.
7 ) Ogden, T (1997) Reverie and Interpretation. Jason Aronson, New Jersey.
8 ) 小此木啓吾 (1985) 精神分析の成り立ちと発展．弘文堂，東京．
9 ) Stern, D. N. et al (1998) The process of therapeutic change involving implicit knowledge : Some implications of developmental observations for adult psychotherapy. Infant Mental Health Journal, 19 (3) ; 300-308.
10) Stolorow, R., Brandchaft, B., Atwood, G. E. (1987) Psychoanalytic Treatment : An intersubiective approach. The Psychoanalytic Press. Hillsdale, New Jersey. (丸田俊彦訳〔1995〕間主観的アプローチ：コフートの自己心理学を越えて．岩崎学術出版社，東京．)
11) Tronick, E. Z. (editor) (1998) Interventions That Effect Change in Psychotherapy : A Model Based on Infant Research. Special Issue, Infant Mental health Journal, 19 (3).
12) Winnicott, D. W. (1965) The Maturationai Process and the Fascilitating Environment. Hogarth Press, London. (牛島定信訳〔1997〕情緒発達の精神分析理論．岩崎学術出版社，東京．)

# 精神分析における言葉の使用についての覚書

## はじめに

　精神分析において誰からみてもすばらしい特別な理解とか言葉があり，それを信奉するのが精神分析だとしたらこんな楽なことはない。いっぽう，もし精神分析における理解と言葉という問題についてもっとも適切に表現しようとすれば，皮肉なことだがどうしても出来合いの理論や概念を用いざるを得ないのも事実である。既存の理論や概念に頼らないとしたら，私たちは大変な困難に出会うことになるからである。精神分析は多くの異なった理論・学派——どれが正しくてどれが間違いというのではない——が共存しているという「不安定だがオープンなシステム」である。こうした認識にたって本章のテーマを考えるなら，筆者はどうしても自分の日常的営為に立ち戻らざるを得ない。
　本章で，筆者は精神分析とはそれ自体が心理的システムであることを明らかにし，そこで起きる言葉の使用による相互浸透性という事態を明確化したいと思う。ついで，症例を提示しながら，治療者の言葉について筆者独自の技法論について検討したい。

## I　治療者の理解について

　精神分析とは特定の方法で互いに聞き語り合う力動的で生き生きとした相互交流である，すなわち二人の心のintercourseであると言い切ったのはBion, W. R.である[1,4]。これは優れてシステム論的である。筆者なりにいいかえれば，精神分析とは，分析家と患者が，一定のルール，一定の時間と場所，一定の役割で，意識的・無意識的に相互交流を繰り返し，相互に浸透し，協働しながら自らをオーガナイズする有機体であって，こうしたプロセスそのものにおいて結果（治療目的や効果）が新生する，となる。分析家と患者は分離不能な心理的システムを形成するので，精神分析的体験は二人のうちのどちらかに単

独では還元できないものである[7]。しかも，そこではあらかじめ定まった技術とそれへの反応という決定論的思考ではなく，唐突で予測不能な変化，相転移，反復進行，協働現象，新しい秩序の新生といった現象が重視される[6]。この観点からすると，自我の内的・外的対象に対する体験のあり方である3つのポジション――抑うつ，妄想分裂，自閉・接触（Ogden, T. H.）[8]――とそれらの緊張関係という概念は精神分析的交流における諸現象を把握するために優れて有用であると，筆者は考えている。

## II　精神分析における言葉の役割

いうまでもなく言葉は精神分析的交流におけるもっとも重要な媒体である。言葉の意味はその内容だけでなくその用いられ方にある，という考えは精神分析において広く共有されていると考えてよいと思う。それは，たとえば精神分析では，言葉はそこに含まれている何かを伝達するだけでなく，対話過程において，体験に生命をもたらす媒体として機能しているという概念化にもとづいた「無意識は，話された言葉の背後にあるのではなく，その中にあるのである」といったOgden（p. 215）[9]の表現によく現れている。これが，精神分析において「今・ここで」の無意識の理解が強調される所以のひとつである。もちろん，この背景には，Freud, S.の「一人の人間の無意識が意識を避けながら他の人間の無意識に反応することができるのは，まことに注意に値する」（邦訳 p. 106）[2]という言明から，Rycroft, C.[10]の，言語が二次過程においてコミュニケーションのために用いられていると同時に本能から発せられたカセキシスを帯びているという言語のもつ二面性のゆえに精神分析が成立している，という概念化にいたる膨大な研究があるのはいうまでもない。つまり精神分析において，言語は知的な関係だけでなく情緒的関係にも役立つということである。精神分析は，理性と感情との対立図式で物事を見ないのである。

## III　言葉の使用による相互浸透性

言葉を話すという作業――しかもきわめて私的な事柄を話し合うという特殊な作業である――を通じて，それぞれの意識・前意識・無意識が互いの中に浸透する。しかも，患者の言葉は治療者の中に浸透しつつもなお「患者の言葉」

という境界があるという意味で、その逆もそうであるが、互いのアイデンティティは失われない。分析的関係という心理的システムにおけるこの独特なプロセスについて、Greenacre, P.は次のような非常に精緻な文章で見事に表現している（邦訳p. 82）[3]。

> 「注意深く受容的な態度で患者の言葉に耳を傾けながら、鋭敏な分析医は次第に、増えていく患者の生活の集積に慣れ親しむようになってくる。いわば彼は、患者と共に生きてきたのである。彼自身のおぼろげな、あるいは無意識に潜伏している記憶の印象さえ再び呼び起こすことによって、必然的に、ある反応共鳴が彼の心の中に確立されてくる。それらの印象はもはや明確に想起されたりしないし、決して明確に意識されたりしないかもしれないが、それらは彼の共感的理解の中において本質的なものであり、それゆえに彼は自然に明確化的解釈に進んで、その解釈がしばしば再構成の諸要素に形を与えるのである」

このプロセスについてシステム論は新しい理解を与えてくれる。すなわち、ここで起きている事態は、「生きているシステム」に特徴的な相互浸透性というプロセスであることが明確化されるのである。分析療法において、言葉の交流を通して互いの心が浸透し合い、分析的心理システムそれ自体がみずからを進化させ、新しい要素（たとえば共感的理解や解釈）を創り出しているのである。彼女の文章は、私たちが言葉を使用するとき、その対象は患者だけでなく分析家でもあるということを示唆している。分析家は、患者の連想を聞きながら、たえず自分自身に対して言葉による解釈を行っているのである。そして、それがまた新しい体験や言葉を形作っていくのである。分析家は分析家としての同一性を維持しながら、こうした反復進行的な動きの当事者となるのである。ところが、この相互浸透性の過程が頓挫し、むしろ相互悪化とでもいえる状態に陥ることがある。従来、精神分析はこの事態を抵抗とよんだ。治療システムが部分的あるいは全体的に動かなくなり、麻痺してしまうのである。これも相互浸透のひとつの形であるが、それはむしろ寄生的依存の相互増強といったほうがよいであろう。このように、相互浸透性は、精神分析プロセスの重要な要素を明らかにする有益な概念であることを筆者は強調しておきたい。

## IV 症　例

　これまで検討してきたのは主に精神分析における言葉の機能についてである。言葉に関する従来の精神分析的研究の多くもまた言葉の機能や解釈の生成をテーマにしている。しかし，精神分析過程のその瞬間瞬間において，分析家が能動的・意図的に語られるはずの言葉をどのように創るか，つまり形ある文章をどのように具体的に作り上げるかというテーマについてはほとんど論じられることはなかったと思う。その理由として，第一に，これはあまりに個別的問題なので普遍化するのが困難であること，第二に解釈の定型的雛型という考え自体が，精神分析的解釈の創造性と想像性に不釣合いで，万能的になってしまう危険があること，が挙げられる。しかしそれでもなお，分析家は解釈という言葉が浮かんでくるのを待つだけでなく，意図的・能動的に具体的な形ある文章である解釈という言葉を作成しようと努力しているのである。筆者は，このような意図的努力もまた精神分析的技法論の研究対象になりうると考えている。そこで，筆者は，症例を提示しつつ，語られる言葉の作成，言葉の使用に関する精神力動，解釈の運命といったテーマについて考察し，筆者独自の技法について論じたいと思う。

　なお，症例の記述については相互関係や治療者の主観性を強調するため「筆者」あるいは「治療者」という言葉ではなく「私」という言葉を使用することをおことわりしておきたい。

［症例］
　症例は20歳代後半の女性である。彼女は「言葉は役に立たないと考えている人」であった。ひどく寡黙で，精神療法を拒んでいたが，一般外来には几帳面に通ってきた。私が彼女と出会ったのは，彼女が深刻な自殺企図で救急外来に運ばれてきたときであった。私は，精神療法と，家族をも交えたマネージメント，入院治療が必要だと考えていた。それを，本人と両親に伝えていた。両親は私の提案に協力的だったが，彼女は婉曲に「いいです」といって拒否し，不眠の薬物療法だけに同意した。それは，決して強い口調ではなかった。しかし，私は部分的にだがそれに逆らえないものを感じた。同時に，彼女は言ったことは守る人なのだろうとも感じていた。というのは，救急外来における最初

の出会いの際,彼女がかろうじて述べた一言が私には印象深かったからである。「以前自殺企図をしたとき,ある精神科に通ったが,そこで数回でいいでしょうといわれた」と彼女は語っていたのである。そのとき,私は,その精神科医が彼女の問題を深刻に考えなかったことに対する彼女の不満をわずかに感じ取ることができた。同時に,私は,言葉にはならない,彼女の治療への期待を感じていた。おそらく両親も私と同じような考えだったのかもしれない。両親は彼女の言い分に同意し,しかし必要と感じたときはいつでも両親が私の外来を受診するか私に連絡をするということになった。

　1年たった頃,彼女は「精神療法はまだ必要か」と私に尋ねた。私は「必要だ」と答えた。彼女は「ならばやります」といった。なぜ彼女が決心したのか,その直接的動機について私は皆目見当がつかなかった。しかし,私はあえてそれについて尋ねないことにした。なぜなら,おそらくこの段階で,その動機を二人で探求する作業よりも「まずはやってみる」ことが重要なのであり,精神療法過程の中でそれは探求されるべき課題になるだろうと,私は考えたからである。ただ,彼女が部分的にせよ,「彼女との治療に関する私の考え」に同意したのだろうということはわかった。私は,精神療法のやり方について説明したとき,対面法でも寝椅子でもよいと伝えたのだが,最初彼女は寝椅子を選んだ。しかし,当時私が精神療法に使える時間は限られていたので週1回とした。

　初回のセッションの際,私は彼女がどの程度連想するのか気がかりだったが,彼女は私が想像した以上によく話をした。彼女は,「どのようになったら治ったというのですか,その境目はどこですか」「もし,そうでないのに,私が死んだりしないとか,人と付き合える,とか言ったらどうするのですか」と質問した。そして「実際はまだ死のうとする気持ちがあるし,大勢の人の中にいるのが怖いのです」と言った。これを聞いて,私は,彼女は非常に律儀な人だと思った。そして彼女の質問が,私の精神分析についての基本的な考えに対する問いかけだとも考えた。そこで,私は次のように答えた。「確かに私にはもしあなたが不正直だったときそれを完全に見抜く力はない,しかし私はあなたはこうだと断定するようなことや私の言いなりにすることには関心がない,実際私とあなたの間で一致とか不一致といったことは絶えず起きるでしょうし,そのときの気持ちに私は耐えることはできるでしょう」,さらに「あなたがこの治療に本気で取り組もうとしていて,互いに信頼するとか信用するという問題

について真剣に考えていると思う」と，私は付け加えた。彼女は「自分は常に人に裏切られるのではないか，人は私をいいとは思っていないのではないか，と思っている，それがまた態度に出て，悪循環になるのです」と連想し，続けて中学生の頃いじめにあった話をした。その話は残り時間中続いた。私は「あなたはこういう話をしていてもどこかでは私に裏切られるという不安があるのでしょうか」と聞いてみた。彼女は，それを否定し「厭なことを思い出して喋ることがただつらいのです」といった。私は，いじめの話を興味をもって聞いていたという私の行為について，私が彼女に対し非常にサディスティックな行為をしてしまったのではないかという後味の悪さを感じたままこのセッションは終わった。

　次のセッションは何も思い浮かばないという彼女の言葉ではじまった。そしてずーっと沈黙していた。30分くらいして彼女は，「人と会うのが怖いというのはどのようにして治るのか？　自分の思っていることを全部話したとして，話すことによってすべて解決するのか？」とつぶやいた。それは決して私をあからさまに責めるような話し方ではなかったのだが，私は責められていると感じた。そして，私は，すでに私たちがサディスティック―マゾキスティックな転移的競争関係に入っていて，それは彼女との治療に関する私の万能的空想（彼女を精神療法で救済し，彼女に明るい人生を提供できるといった空想）を強化していると思った。同時に私の体験している万能的空想は，部分的には彼女自身の，無力さ無能力さとそれを防衛するためのサディスティック―マゾキスティック空想へのしがみつき，さらには「治療はかくあるべきだ」という万能的考えの反映だと考えた。私は，彼女のけっして冷たくはないむしろ暖かさや真剣さを感じていたが，それとは別に私は，彼女の激しい憎しみと不信に直面しているのだと思った。結局，これは私の精神分析家としての信念を問うているのだという考えに至った。私は，「この治療と私は役に立つと私は考えています，もし過去のあなたの体験と今あなたが感じたり考えたりしていることを区別することができないとしたら，そして過去の体験がまったく変化しないとしたら，それは大変な苦痛でしょう」と明確に言った。彼女は黙っていた。私は「前回つらい思いをしながらいじめられ体験について話したにもかかわらず，あなたの苦痛は変わらないので，この治療に疑問を感じたのだろうか」と尋ねた。彼女は，「話して変わるって思ってなかったので，そういう疑問はもちませんでした」と答えた。

次のセッションで，彼女はよくしゃべった。「友人の父親が急死した，その友人の話を聞いてあげて少しは役に立ったかなと思いながらも，うまく慰めることができない，なかなか言葉で言い表せない，でも私に頼ってくることが私の役にも立っている」と言い，「なぜ自分が死のうと思うのか，なぜ完全にやめることができないのか」と自分に語りかけるように連想した。しかし，続けて彼女は「死のうとすることがどうしていけないのかどうしてもわからない」と言うのであった。このように彼女は，人間関係が互いの役に立っているということについて少しだけ話しながら，私が答えるのに難渋するようなひどく基本的な質問をした。

この傾向は数カ月の間続いた。たとえば，カウンセリングは役に立つのか，よくなったという境界をどこで見分けるのか，この治療を続けなければいけないのか，何もかも早く終わらせたいのだ，もっとしゃべれるようになるにはどうしたらよいか，などである。私は，彼女の質問の意味について考えてみた。私が沈黙で応じても，対象関係をめぐる葛藤を解釈することで応じても，それは私のサディズムつまり逆転移の行動化になるのではないかと思った。しかし，彼女の質問はすべてが，今行われている精神分析について基本的に私がどのように感じ考えているか，ということに関連していると思った。さらに，彼女の質問の仕方には，内容はともあれ，面と向かって彼女に応じて欲しいという他者に対する彼女の期待が込められているのだという考えにたどり着いた。そこで，私はその都度質問に沿って答えるようにした。

約4カ月目のセッションで，彼女は部屋に入るなり対面法を選んだ。私はそれについてなにも言及しなかったのだが，彼女はまったく普通にてきぱきと話しはじめた。話の内容は，人の相談を受ける仕事をとおしてもっとしゃべれるようになりたいので，ちょっと危ないところだが，とりあえず結婚相談所に就職したということであった。そのつぎのセッションも彼女は対面を選んだ。予測どおりインチキな結婚相談所なのでやめた，やめるとき脅かされたが，きちんと交渉した，という話をした。彼女の用意周到さ，力強い対応能力，そしてメリハリのある話し方に私は非常に驚いた。このような力強い側面を，彼女は私に一度も見せたことはなかったし，それを示唆するようなエピソードを両親からも聞いたことがなかったからである。私は「死にたい，元気がないあなたと，今のこうした交渉をするしっかりした強いあなたとあまりに対照的で驚いた」ということを伝えた。彼女は「自分でもこの違いには気付いている」，そ

して「自分があまりにも強いので，自分を責めてしまうのだ」というのであった。私がそのような経験はあるのか尋ねると，「それはないが日頃の積み重ねでそのように考えてきたのだ」と答えた。しばらく沈黙してから，彼女は「死にたい人をカウンセリングでは助けられないのでしょう」と真剣な表情でつぶやいた。私が，どうしてそう思うか聞くと，彼女はしばらく答えなかった。しかし，彼女の中で，明らかに情緒的動揺が起きているように見えた。そして涙が落ちてきた。彼女はさめざめと泣きながら２回の自殺企図の動機にまつわる出来事について語りはじめた。彼女は，過去２回の自殺企図において，それぞれ別の友人が自殺を成功させた後に，自殺企図を行っていたのであった。彼女は，自殺企図を繰り返し，薬物療法やカウンセリングを受けていたその精神科患者である友人から相談を受けたとき，助けようとしたが助けることができなかった。つまり，彼女の人を助けようとした試みは２度とも失敗したのである。その後の話で，彼女は２人の友人と自分は同じ病気だと確信し，その結果自分でも自分を救えないと考え絶望的になっていたということがわかった。

　彼女が，救済願望・病者への自己愛的同一化・自己破壊衝動から構成されるかなり組織化された病理的幻想をもっていることは明らかである。しかし，精神分析の相互交流という観点からみるなら，私の信念を問い質問を繰り返すという彼女の行為は，万能的でサディスティック・マゾキスティックな要素だけでなく，私との精神分析的関係に関する彼女の体験を支えるために不可欠な要素を含んでいたといえる。私が彼女の質問の意味について考え，具体的に私の言葉で応じるという過程は，私が次第に彼女の人生に慣れ親しみ，彼女のために感じ話をするという「必然的に，ある反応共鳴」が私の心の中に確立された過程でもある。そして同じ過程が彼女の中でも起きていた。このことによって，彼女は無能力感・悲哀・落胆・怒りそして共感を自分の言葉で体験することが可能になったのだと考えられる。それは，私の言葉・彼女の言葉で示されるように，２人の心が独自の境界を持ちながら，相互に浸透するという過程だともいえる。あるいは，Rycroft[10]が「分析家の言葉に潜むひそかな声明」といったことを，私はできる限り私の言葉にしようと努力していたともいえる。

## V　考　察

　すでに触れたが，筆者は上のような理論的検討と症例検討にもとづいて３つ

のテーマについて考察を加えたいと思う。第一は，精神分析において分析家が作成する文章に関する試案について，第二は，精神分析における言葉の使用に関する精神力動について，第三は解釈の運命についてである。

## 1．語られる文章の作成：心の中の対話と患者との対話のために

筆者が，精神分析における治療者の理解と言葉について上に述べてきたことをもっと具体的に表現するとしたら，私たちは，精神分析状況において，いまだ名前のついていない患者のわかって欲しいという期待（心的現実）に，言葉によって適切な名前を付けることによって患者の心理的成長を促すような作業をしているといえる[8]。言葉の使用という象徴能力の展開が心理的成長の現れだと考えるからである。つまり，分析家は自分が考えたことや理解したことを明確にするためには言葉にしなければならないのである。この瞬間こそ，分析家が，語られる言葉を作成するためになんらかの明確な意図をもち，自分の能動性を発揮している重要な局面である。にもかかわらず，これまでの研究ではこの局面において分析家がどのように具体的な言葉を作成するのかという点についてほとんど論じられていないのである。

筆者は，明確な意図をもって言葉を用いるとき，「今・ここで」起きているすべての物事を，精神分析的相互交流の文脈に沿って「私とあなた」という文章に組みなおす能動的作業が重要であることを主張したい。提示した症例においても，筆者は明確な意図をもった治療者の作業を明示したが，さらにいくつかの具体例を挙げる。それらは，既存の理論に準拠しているが，しかし教条的でステレオタイプなものではなく，個々の症例，個々の場合に筆者がこのように文章をつくっているということを示すために挙げたものである。しかもそれらは，まず筆者が「私の解釈を私自身に話しかける」際に用いる言葉という形だということを強調しておきたい。このような文章は，ここにあげるものだけでなく，いくつも作成することができる。たとえば，主語と目的語を変えたり，動詞を変えることによって別の形にすることができる。ちょうど将棋や碁の棋士が，対戦中に無数の棋譜をありありと思い浮かべることができるように，経験のある分析家は治療中こうした語られることを待っているような文章を無数に思い浮かべているに違いない。同時に，これらの文章は以下の具体例の括弧内に示したように，精神分析概念を含んでいるという意味で，決して恣意的な文章ではないのである。トレーニング中の治療者にとって，このような「私的

な文章」を作成するという意図的な作業は，自分に課す有効なトレーニング法のひとつではないかと筆者は考えている。

[具体例]
* 「私にはもしあなたが不正直だったときそれを完全に見抜く力はない，しかし私はあなたをこうだと断定するようなことや私の言いなりにすることには関心がない，実際あなたと私の間で一致とか不一致は絶えず起きるだろうし，私はその時の気持ちに耐えることはできるでしょう，そして『あなたがこの治療に本気で取り組もうとしていて，互いに信頼するとか信用するという問題を真剣に考えている』と私は思っています」（上の症例で用いているように，たとえばうつ病の自己愛的破壊的態度について）
* 「あなたは『自分は何も悪いことはしていない，しかしいつもうしろめたい』と思っているように私は感じるのですが」（たとえば無意識的罪悪感について）
* 「あなたは『自分は，ここできちんと話すように努力している，でも本当はメチャメチャになりたいけどできない』と感じているように私には思えますが」（たとえば強迫患者について）
* 「あなたは『自分のために一生懸命努力している，しかし努力すればするほど消耗し疲れ果ててしまう』ように私にはみえますが」（たとえば境界例レベルの自己愛患者について）
* 「あなたは『自分は決して幸せになってはいけない，幸せになると何か悪いことが起きる（先生が不快を感じるのではないか，冷たくなるのではないか）』と感じているように思えますが」（たとえば陰性治療反応について）
* 「あなたは『たえずしゃべることで私との一体感をもつことができる』ようですね，しかし『私がしゃべると切り離され，何もなくなってしまうようなひどい不安に圧倒される』ように私には感じられるのですが」（たとえば境界例レベルの寄生的依存について）

## 2．言葉の使用に関する精神力動

治療者は，分析中，言葉の使用をめぐってさまざまな葛藤を体験する。その結果，治療者は自信を喪失したり，患者に対して批判的・道徳的になったりす

ることも稀ではない。こうした現象は広義には逆転移の脈絡から論じられてきたが，言葉の使用という脈絡から明確化することも技法的に有益ではないかと考え，以下に精神分析に特徴的な葛藤を抽出し検討したいと思う。

　第一は，主語と目的語の使用をめぐる葛藤である。日本語の会話ではしばしば主語と目的語が省略される。主語と目的語を明示した患者になされる解釈は，そういう言い方自体が，「私」と「あなた」は分離した存在であることに直面化させ，患者に孤独感や孤立感を喚起する作用をもつ。ゆえに，解釈の際，主語や目的語を使用するか省略するかは，技法的な意味をもつことになる。しかし，その判断には定式化された技法はなく，解釈する瞬間における分析家の判断に委ねられているのだが，心の中で対話するときは主語と目的語とを明確化する必要があると考えられる。

　第二は，歴史性の中断に関する事柄である。患者に向けて解釈をするということについて分析家が感じる困難さのひとつは，そこでいったん連想の流れや相互関係の動きを停止させてしまうことにある。本来自分を知るということは自分がそれによって変化するという「時間的な動き」つまり歴史性を意味している。生きていることが動いていることだとすると解釈をするということは，その動きを止め，事態を名詞化してしまうのである。しかし，二者関係システムの視点に立てば，分析家から放たれた言葉は「分析家の言葉」として患者の中に浸透していくという動きは続いているのである。そこに，分析的にいうなら抵抗，葛藤，進展が生じる契機がある。それゆえに，分析的二者関係にある二人が体験するズレ，ギャップ，差異性という現象が分析の対象となるのである[5]。

　第三は，分析家の同一性をめぐる不安や恐怖である。自分の理解や思考を言葉にして患者に伝達する際に，分析家は満々たる自信をもっているわけではない。むしろ，ひとつの思考が自分から分離することにまつわる不安・孤独感・孤立感や解釈が受け入れられるかどうかという不安を体験している。これらは分析家としての同一性にかかわるような不安といえる。分析家は，ドグマに頼ることなく，この体験の意味を考えるのが仕事である。

　第四に，言葉を使用するという行為に含まれる期待と予言があげられる[6]。解釈にはそれが患者に受け入れられ心理的成長に役立って欲しいという分析家の期待が込められている。ゆえに解釈するということは，患者と分析家が互いに患者の未来についての表象を想像し，共有し，評価するという意味をもつ。

つまり解釈は予言性を回避できないのだが，これを内省しない解釈は万能的な予言になる危険がある。たとえば，患者の理解の一歩先を行くような解釈はこうした危険を内包しているために，しばしば患者によって理想化されるか破壊されてしまうのである。

　第五に，解釈の明確性と不確実性に関する問題である。曖昧な言葉や「あたかも……のようである」といったタイプの比喩を用いた解釈がきわめて効果的なことがある。しかし，そういった類の解釈はあまりに多義的で万能的な力をもっている。筆者は，それらの使用の可能性を否定するつもりはないが，分析家がそれらに頼りすぎるのは上に述べたように言葉の万能性を内省しない態度ではないかと思う。基本的には，解釈は具象的で明確でわかりやすい言葉つまり事態を物化するような言葉によってなされるのがよいと筆者は考えている。しかし，同時にそれは発達の余地を残す（Bion, W. R.）[4]という意味でたえず不確実性をともなっているべきである。

　第六は，予測不能性をめぐる葛藤である。すでに述べてきたように，分析家は，自分の理解を言葉で伝えるとき，じっくりと練り上げ，その結果をも予測しておく必要がある。そうでなければ，分析家の理解や使用する言葉は，第三者からみてひどく信頼性を欠いたものになり検証の素材にすらならないであろう。ところが，しばしば解釈は自分でもまったく予測しない瞬間に言葉にされることがあるし，予測しなかった反応を生み出すこともある。それらが治療の転機となることもある。それゆえ，分析家には，言葉の使用における予測不能性とそれによってもたらされる不安に耐えうるような柔軟でオープンな態度が要請されるのである。

## 3．解釈の運命

　長い精神分析過程で分析家は多くの言葉を患者に伝える。同じ解釈は二度とない。それらの運命について考えてみることも興味深い。通常，患者は精神分析と分析家について知らないものである。患者がそれらについて知るのは，分析場面においてであり，多くは分析家の言葉による介入によってである。ここで，筆者は分析家の態度や非言語的コミュニケーションの意義を無視しているのではないことは述べておきたい。筆者は，分析家が考え，理解し，言葉にするという行為の中に，分析的態度あるいは体験の分析的準拠枠が含みこまれていると考えているのである。分析家の話す言葉を通して，患者の中に分析家の

分析的人間像と分析体験が「二人の心的体験」として,すなわち体験の分析的準拠枠として集積されていく。それらは,同時に二人の心理的システムの枠—境界を形作るものであり,皮膚の最表面のように無機的だが不可欠なものになると思われる。確かに,分析家が話した言葉の内容のいくつかが,よい意味でも悪い意味でも,異物として残ることはあるであろう。しかし,分析家が話した言葉の大部分はもはや再び想起されたり言葉化されえないし,そうした必要もなくなる。先に引用したGreenacreの言葉[3]は患者の分析体験についてもいえるのである。実際,分析体験を肯定的に評価しながらも,第三者に分析体験を説明するのは困難だということを多くの患者が筆者に教えてくれた。分析家は,自分の話した言葉(解釈)が患者の記憶に残って欲しいと願ってはならないのである。それほど,解釈は精神分析体験を構成する最も重要な要素なのである。

## おわりに

「治療者の理解と言葉」とは,精神分析のすべての領域にかかわるような広大なテーマである。問題の拡散を避けるため,筆者は,精神分析の実際において話された言葉あるいは話されるのを待っている言葉という課題に焦点を絞った。すなわち筆者は,言葉を使用することについて考察した。とくに,筆者は,精神分析的関係がひとつの心理的システムであり,言葉の使用を通して相互浸透性という事態が起きていることを明確化した。

ついで,筆者は,症例を提示しながら,第一に,精神分析的相互関係の脈絡に沿って,今ここで起きている出来事を「私とあなた」という文章に組みなおす作業の意義について述べ,第二に言葉の使用をめぐり分析家が体験するいくつかの葛藤を明確化し,第三に解釈の運命について私見を述べた。

文　献

1) Bion, W. R. (1977) Seven Servants. Jason Aronson, New York. (福本修訳〔1999/2002〕精神分析の方法Ⅰ・Ⅱ. 法政大学出版局, 東京.)
2) Freud, S. (1915) Das UnbewuBte. (井村恒郎訳〔1970〕無意識について. フロイト著作集6. 人文書院, 京都.)
3) Greenacre, P. (1984) On reconstruction. In. Japanese Anthology Collection, Journal of The American Psychoanalytic Association 1973-1982, edited by Blum, H. (橋本元秀,

皆川邦直訳〔1984〕再構成について．精神分析の新しい動向 米国精神分析論集 1973-1982．日本精神分析協会編訳 pp.70-90, 岩崎学術出版社, 東京．)
4 ) Grinberg, L. et al. (1977) Introduction to the Work of Bion. Jason Aronson, New York. (高橋哲郎訳〔1982〕ビオン入門．岩崎学術出版社, 東京．)
5 ) 狩野力八郎 (2000) 生きている連想と生きている関係．家族療法研究, 17 ; 211-217.
6 ) 狩野力八郎 (2001) 生命現象と物語——心理療法とシステム論．精神療法, 27 ; 38-44.
7 ) Langs, R. (1992) Science, Systems, and Psychoanalysis. Karnac Books, London.
8 ) Ogden, T.H. (1994) Subjects of Analysis. Jason Aronson, New Jersey. (和田秀樹訳〔1996〕あいだの空間——分析の第三主体．新評論, 東京．)
9 ) Ogden, T.H. (1997) Reverie and Interpretation-Sensing Something Human. Jason Aronson, New Jersey.
10) Rycroft, C. (1968) Imagination and Reality. The Hogarth Press, London. (神田橋條治, 石川元訳〔1979〕想像と現実．岩崎学術出版社, 東京．)

# プロセスノートの書き方
―― どんな目的で，いつ，なにを，どのように，書くか？ ――

## はじめに

　日頃，一人ひとりの精神分析家が，精神分析療法のプロセスノートをどのように書いているかということは，知っているようでいて，お互いに知らないことが多いのではないだろうか。もちろん，スーパービジョンを開始するとき，スーパーバイザーは報告の仕方についてスーパーバイジーにいくつかの助言を与える。しかし，その後引き続くスーパービジョンにおいて報告の仕方そのものについて問題として取り上げることは，よほどの例外的事態を除いて，まずほとんどないといっていいのではないかと思う。報告の仕方がこうであるから，書き方についてはほとんどスーパービジョンのテーマになることはないといっていいかもしれない。このようなことから，書き方や報告の仕方について私たちの間に何か「暗黙の合意」があることがうかがわれる。精神分析が，そこにある物事を言葉の使用によって明確化する作業だとしたなら，この「暗黙の合意」について検討することはすこぶる精神分析的だといえる。

　医療と比べてみよう。医療には「カルテ」がある。正しくは，「診療録」あるいは「診療記録」というが，この診療録を書くということは臨床家にとって最も重要な医療行為と考えられている。日常診療で，私たちは，診療上必要な医療情報を得るために同僚や先輩・後輩の診療録をみる。正しい情報にもとづいた医療行為のために医療情報の交換をするのである。ここで字が読みにくい，データが抜けている，日時が不正確であるといったことが問題になってくる。もうひとつ，診療録を書くという行為には，その都度その都度，書き手である臨床家が臨床判断をするということも含意されている。このような理由で，現在，診療録やその書き方をめぐる探求は，医学において医療情報学というひとつの専門分野として確立されているのだ。この動向のターニングポイントになったのが，Weed, Lの唱えた問題指向型診療記録（Problem Oriented Medical

Record：POMR）である。

　彼は，従来の診療録の書き方はあまりに不正確であるという反省から，医療情報の見落としがないように，そして，正確な情報でもって医学知識と医療行為を結びつけるために，POMRを開発した[2]。その後，SOAPという記録方法も開発されている。この2つはいくつかの欠点はあるものの，現状ではもっとも利点の多い記録方法なので，わが国でもすでに医学生が習得すべき基礎となっている。この分野の研究はさらに進展し，現在では電子診療録の実施にいたっている。とはいっても，電子診療録はなお完成されたものではなく，従来の書き方に比べつねに優れているかというとそうでもなく，最新のコンピュータ科学と臨床を背景により効果的な診療録モデルに向けて探求が続いている。

　では精神分析においてはどうだろうか？　医療において診療録モデルをめぐる探求が続いている一方で，精神分析のプロセスノートの書き方に関する探求は不十分であったといわざるを得ない。

　本章は，系統的な論文にはなっていないが，プロセスノートの書き方について日頃考えていることのなかから，「どんな目的で，いつ，何を，どのように書くか」といった事柄について私見を述べたいと思う。それが，この分野における今後の探求に貢献できればこの上ない喜びである。

## Ⅰ　実　　例

　このテーマはすぐれて実践的な行為に関するものなので，教科書的なことを述べるよりも，まず私がどんなプロセスノートを書いているのかを実例を挙げながら述べることのほうが大切だと思われる。そこで，ごく日常的かつ平均的な記録を抜粋しよう。これよりたくさん書くことも，あるいはもっと少なく1行で終わってしまうこともあるが，1行だけの記録では参考になりにくいので平均的なものを紹介する。この記録をつけたのは，セッションのあった当日で時間的に比較的余裕があったときである。

　　　○回○年○月○日
　　　この回における介入はかなり彼女に影響を与えたと私は感じている。
　　　最初彼女は，○○が眼の痛みで眼科を受診したこと，視力も落ちていることがわかり，親として，病気を見過ごしむしろ助長したのではと責任を

感じること，その後目を悪くしないように寝転がって本を読むのをやめるなど○○はそれなりに努力していること，それをみて寝転がって本を読んでいたからだと自分のショックを○○のせいにしていたこと，をいい，自分は何かと人のせいにするということを述べた。

　私は，彼女がとても努力家であるにもかかわらずうまくいかないことについてなにかと自責的になる傾向のことを思い浮かべながら聞いていた。そして，私は「ここでもよくならない，○年前来て，よくなったと思ったのに，また（△△の）拒食で，しかし私のせいにしないようにものすごく努力しているように感じるが」というと，彼女は，難しいですといってしばしうーんといって沈黙，そして○年前は私の都合でやめたのだから先生のせいとは思っていない，自分はあきらめるか人のせいにするかどっちかといった話をした，大筋では万事塞翁が馬であきらめるほう，でも小さなことにこだわりあーすればよかったこうすればよかったなどと考えるといった。そして，そこから××についての連想をした，××が調子を崩す原因となった女の人を××に紹介した先輩が，葬儀に来て，僕が紹介しなければよかったといった。私は内心，「ほんとうにそうよ」と思った，それを恨み続けていくか，そういう要素があった，その出来事がなければ，もっと……（この後彼女が何をいったか私は思い出せないが，××のことを少ししんみりとしながら連想していた）。そして彼女は，自分は思考の基準に自信がない，友人は，揺るがないものを持っている，じぶんならどうするか，何がベストかというよりは，自分がやらなくてはならないという面倒くささ，嫌さでバイアスがかかる，といった。

　私は，彼女が解消困難なアンビバレンス，そしてそれをめぐる怒り・罪悪感をマゾキステイックになることで防衛しているように思えた。しかし，結局のところこうした試みは思考の堂々巡りという悪循環につながっていた。そこで私は彼女のこうした態度にすこし挑戦してみようと考えた。そこで「問題は，思考の基準にあるのではないでしょう，どのように感じるのかという感じ方のほうに問題があるのではないか」と介入した。

　しばらく沈黙，そしてしゃべり始めたが少し涙声，例の学校時代の先生に年賀状を書いた，そしたら，その先生は意外だったといった，もしかしたら彼女は嫌がっていたのかもしれない，また，別の○○担当の先生は，ずっと後で年賀状くれた，その先生とは，年賀状が素敵だったこともある

がずっと続けていると語った。

　私には，彼女が感じ方の脈絡で，話を続けているように思えた。彼女は，友人の話し方によって感じることが違うといった。ある友人は同じことをいってもゆったりしていた，別の友人は，なにかいうと「え？」と聞き返す，自分だけにか？と思っていたがそうでないことに気づいた，皆にそういっていることに気づいた。

　知り合いの奥さん，○○○○，すぐに「ショックだー」とかいうが，あとくされがない，感じ方の問題，そういわれてすっきりした（彼女は本当にすっきりしたようで，うれしそうである，この反応に私も内心驚いた），同じ出来事でも，あれこれ，オーラがあるように感じてしまうが，たいしたことではないことが多いんですよね，と彼女は語った。

　そこで私は「例の学校の先生もかなりな確率で，実はみなから嫌われていたのかもしれないね」といった（**事後の理解：この先生のことは何回も登場していたが，その過程で本当に嫌味な先生なのだろうという考えが私の中に形作られていたのである。この回，私の解釈に対する彼女の反応に私は驚くと同時に満足もしていた。さらに私がその学校の先生に対して彼女が感じた怒りや考えに同調していたという事実のため。私は思わず私の彼女に対する同一化を行動化したのではないか**）。

　彼女は，うーん，といってから，例の海外にいっていた同級生にあった，担任の先生の話は出なかったがその後，「幼馴染にあってうれしかったと」いう手紙をもらった，あ，そうか私には幼馴染がいたんだと思えたこと，友人に話したら，そこまでの，付き合っている友達はいない，せいぜい大学以降の友達だけよといっていた，ことを連想した。

　このノートはパソコンで書いたものである。プライバシーに配慮して脚色してあるが，だいたいこのように書いている。私の経験では，手書きよりも，パソコンのほうが書く量は増え，文章も推敲されるようである。パソコンに向かうと，セッションについて直接関係のあること，あるいは一見したところ無関係なことなどいろいろな考えが浮かんでくる。それらをすべて書き留めることは実際には不可能だが，ここに示した程度ならば書けるのでないだろうか。太字で示したようなセッション後考えたことはそのように明記しておく。

## II 書くことの目的

　この実例を材料にしながら,書くことの目的について考えてみたいと思う。
　まず,第一に,私は<u>精神分析のセッションは,セッション中,見て,聞いて,感じて,考えて,しかる後につまりセッション終了後「想起し,再体験し,書きつつ考えること」</u>によって,ひとつのセッションは終わると考えている。書くことは,ひとつのセッション経過を構成する重要な要素なのだ。一人で書くという作業はひどく孤独な作業で,また,重要な作業でありながら,他の誰かに代ってもらうことができないという意味では,分析家としての責任性を要求される局面でもある。実例の太字の部分が示すように,書きながら,自分の自己愛的側面に気づくときには,対象喪失にともなう痛みを経験する。分析家は,これらの情緒的葛藤を経験しつつ,同時にぼんやりと物思いにふけり,そして書くという作業をしていることになる。それは,Bion, W. R.のいう reverie,つまりセッション後の reverie にほかならないと,私は考えている。
　したがって,第二に,<u>書くことは,考えることであり,つらさや恥ずかしさを体験することであり,気づくことである</u>。この体験は,セッションにおける体験を分析的に用いる能力を促進し,分析的思考を磨き,分析的感性を養うものだと思う。たとえば,治療者は,書きながら,この介入が良かったとか悪かったと判断する。あるいはもっと違う態度をとればよかった,などとさほど意図せず考えている。さらに,自分がなぜそのように判断したのか,あるいは今判断しているのかについても考える。つまり,自分の超自我,自我理想,防衛について自分で分析しているわけである。
　第三に,書いたものは記録という「もの」として残り,それは後の貴重な研究資料となる。人や関係は消えても「もの」は残る。Foucault, M.[1]によれば,臨床医学は医学のひとつの方法として18世紀に誕生したということである。死を,医学的思考の中に統合することによって,病を所属不明のネガティヴなものではなく,個人の中の具体的なものとみなすことができ,その結果,医学が生まれたというわけだ。ここには,死や病,そして個体を「もの」としてみるという手続きを踏むことによって,それらを私たちは「言葉とまなざし」という手段で分析することが可能になるという意味が込められている。この手続きが精神分析にもあるわけである。精神分析は,二人の精神分析的対話を,セ

ッション後，言葉を用いて書くことによって「もの化」するという作業を必要としているのだ。

## III　いつ書くか

セッション中メモをとるかどうかについては後で言及したいと思う。さて，Freud, S.は，その日の夜間に書いたという。確かに，セッション体験が，まだひどく防衛され加工を受けないその日のうちに書くのがよいと思う。とはいえ，私たちはここで実践上の大きな困難に出会う。教育・臨床・研究あるいはマネージメントなどで多忙な中，書くために一体どのくらいの時間が取れるかという問題である。こうした実践上の判断には，実は精神分析家としての同一性や価値観あるいは精神分析家の完璧主義が微妙に反映していると考えられる。おそらく，スーパービジョンケースの場合は，書くことにかなり多くの時間を費やすであろう。しかし，そうでないケースの場合はあまり時間をかけないかもしれない。あるいは，多忙さからその日に書けなかったとき，罪悪感に苛まれる研修生もいるかもしれない。

私は，書くための時間をなるべくスケジュール化しておき，あまり細部にわたって書くことよりもセッションの流れ，つまり文脈の概略をまずは書くように心がけている。1日のセッション数にもよるが，大体30分くらいを準備しておくようにしている。

## IV　何について書くか

次に何を書くかについて考えてみたい。記録のための時間がどれほどたくさんあっても，セッション中の出来事のすべてを書くことはできない。書けば書くほど書ききれないことが出てくるという経験は誰しももっているだろうし，反対に，頭が真っ白になってセッション中何があったか，なかなか思い出せないこともある。これは，分析家が被分析者に対し同一化にもとづいた共感ができなかったときにしばしば起きることである。

興味深いのはスキゾイドや境界例，強い心的外傷をもっている症例の場合に，セッションのあと被分析者が何を語ったか思い出せないことが珍しくないということである。もう少し正確にいうと，被分析者の話したことの断片は浮かぶ

が，まとまりのある対話あるいはストーリーとして思い浮かべるのが難しいということである。神経症の場合そのようなことは稀であるから，これは患者の病理の反映，すなわち象徴機能の障害と考えていいだろう。

　何を書くかというテーマは，観察者としての精神分析家が精神分析という実践にどのようにアプローチするかというテーマだと言い換えることができる。この点で，「精神分析とは，特定の方法で互いに聞き語り合う，二人の人間間の力動的で生き生きとした相互交流である」というBion[3]の概念化は大変参考になる。この概念化を踏まえて，何を書くかについての私の考えをまとめると次のようになる。

　第一に，二人が語ったこと，二人が表出した振る舞い，第二に分析家が，そこで，その都度感じたこと，考えたこと（五感では知覚できないことであり，自分との対話も含まれます），第三に言語的介入の動機や意図を忘れずに書くこと（そこに分析家固有の意識的-無意識的理解が含まれている），第四に，セッション後に考えたことも書く（それは，セッション後記録をつけるときだけでなく，しばらくたってノートを見て気づいたことも含まれる。この際，前の記載は消さないでおき，新しい着想は事後だという注をつけておく必要がある。こうしておけば，前の考えの真実は失われない）[4]。

　ここで，私は，会話だけを逐語的に書いたのでは，後で（ときには何年もたって）見直したとき，セッションにおいて何が起きたのか，2人は何を経験していたのか，どんな理解をしていたのか，あるいは何がわからなかったのか，を批判的に検証することができないということを強調したい。

　しかし，この考え方は，スーパービジョンケースの場合，大きな困難に出会うということも理解しておく必要があると思われる。セッション中，自分の心に浮かんだ考えや感情をスーパーバイジーがスーパーバイザーに報告することには「恥ずかしさ」や「恐怖感」をともなう。同じようにノートを書くときにも，スーパーバイザーを意識して「恥ずかしさ」や「恐怖感」を体験し，書くことを躊躇することがあると思われる。これをスーパーバイジーの抵抗だと断じるのは簡単だ。しかし，何から何まで書き留め報告するというのは非現実的だしむしろ不健康だといえる。この問題について教育分析あるいは個人分析を受けるという解決法もあるが，もっと重要なのは，たとえスーパービジョンを受けていても，自分の力で自分をスーパービジョンする態度をもつということではないかと考える。

## V　どのように書くか

　どのようにプロセスノートを書くかという問題についてもいくつかのことを論じることができる。まず，能動態で書くか受動態で書くかということがあるが，私は能動態で書くのが良いと考えている（先にあげた私のノートもそうなっている）。学術論文では，データの客観性を示すために研究結果を記載するとき受動態で書くのが良いとされている。ところが精神分析でセッションのあとノートをつけるという行為は，動機をもった2つの主体の間の主観的交流について，事後的に片方の主体がそれらを観察しつつ書くという3つの主体の生き生きとした力動的相互作用だといえる。つまり，書きつつある主体（分析家）とセッション中の2つの主体（分析家と被分析者）との間にはズレ・間といった時間的・空間的距離があるわけで，私はこの事実を重視しているのである。もし受動態で書いた場合，書きつつある分析家とセッション中の分析家や被分析者との距離はなくなり，そうなると時間性は失われ，書かれたノートが分析中に起きた出来事についてなのか，分析後に書いているときに起きた出来事なのか区別することは困難になる。

　スーパービジョンを受けている場合，スーパービジョン依存症という事態が起きることがある。スーパーバイジーは，セッション中もノートをつけるときも，スーパーバイザーの存在をたえず意識するほどに，彼／彼女に同一化する。しかし，同一化が過剰な理想化や服従に変質したとき，スーパーバイジーは自分で考えることを止めてしまうのである。これは一時的なこともあるだろうし，長期間続くこともある。スーパーバイジーの病理による場合もあるし，2人の関係性による場合もある。ただここでいえることは，これまで述べてきたような意味での「書くという作業」はこうした依存症の防止にも役立つであろうということである。

　セッション中メモを取るかどうかということも長く議論されてきたことである。多くの意見は，まったくとらないか，最小限にとどめるというものであるが，私も，メモは最小限にするようにしている。すでに指摘したように，被分析者の話を逐語的に書く作業をしていると，セッション中分析家が自分について内省したり考えたり，あるいは解釈を練り上げる機能が著しく低下する。あるいは，逐語的に書いたことで事足れりとしてセッション後の考察が省略され

る危険もある。最大の問題は，逆転移に対する感性が鈍くなることだと思われる。

　同じような理由で私はテープレコーダーについても，研究など特別な目的がある場合を除いては，その使用は控えたほうが良いと思っている。テープをとることについてはいろいろな議論があるが，ここではプロセスノートを書くこととの関連に絞って検討しよう。

　ここでひとつの例を挙げる。私が，とても優秀だと評判の研修生のスーパービジョンを担当したときのことである。開始してしばらくの期間，私は，この研修生のレポートを聞きながら，まったく被分析者のイメージを浮かべることができず難渋していた。そうこうしているうちに，私はひどい眠気に襲われるようになった。彼が話しているときの口調はまるで催眠術師のそれのように私には感じられたのである。私はそれまでのスーパービジョン・セッションを振り返ってみた。そして，私は彼のレポートの中に「彼の考え」がないことに気づいた。そこで，あるとき私は思い切って彼に，「申し訳ないがどうしても眠くなる。あなたがこのレポートをどのようにまとめているのか教えて欲しい」といった。するとこの研修生は，毎回テープをとり，それを後で重要だと思う部分を抜粋して記録しているということを明かしてくれた。しかも，彼は，ある理由から「重要だと思う」という考え以上には，自力での考察をせず，「テープさえあれば大丈夫」と考えていたのである。後に，テープをとることを止めてから，私の眠気は消失し，彼も自由に自分の考えを展開するようになった。

　もうひとつは，人間テープレコーダーと私が名づけている現象がある。これは，ある複数のスーパーバイジーが教えてくれたことだが，セッションの後，あたかもテープレコーダーのボタンを押すよう自分にスイッチを入れると，患者と自分の話したことがそのまま想起されるというのである。そして，想起されたことを逐語的に書きとめるわけだ。この方法はトレーニング次第で身に付けることができるようである。確かにこのようなやり方は面接技術のひとつとしてありうるだろうが，精神分析には向いていない。そこには書き手とセッション中の二人との弁証法的対話がないため，無意識に接近することができないからだ。

## おわりに

　本章で，私は，プロセスノートを書くということは精神分析の実践における本質的な営為であるということを強調してきた。さらに，書くという作業は，研修生にとっても精神分析家にとっても，精神分析的感性を養うための重要な手段であることも明らかにした。書くことの目的，いつ書くか，何を書くか，どのように書くか，という問題について，実際的なレベルで私がどのように考え，行動しているかを明らかにしましたが，それだけでなく，それらの問題をめぐる精神力動についても言及した。精神分析において，書くことをめぐる議論や探求は今後もさらに積み重ねられる必要があると考えている。

### 文　献

1) Foucault, M. (1963) Naissance de la clinique. Press Universitaires de France, Paris.（神谷美恵子訳〔1969〕臨床医学の誕生．みすず書房，東京．）
2) Greenhalgh, T. and Hurwitz, B.(1998) Narrative Based Medicine ; Dialogue and discourse in Clinical Practice. BMJ Books, London.（斎藤清二・山本和利・岸本寛史訳〔2001〕ナラティヴ・ベイスト・メデイスン――臨床における物語と対話．金剛出版，東京．）
3) Grinberg, L., Sor, D. and Bianchedi, E. T. (1977) Introduction to the Work of Bion. Jason Aronson, New York.（高橋哲郎訳〔1982〕ビオン入門．岩崎学術出版社，東京．）
4) Ogden, T. H. (1994) Subjects of Analysis. Jason Aronson, New Jersey.（和田秀樹訳〔1996〕「あいだ」の空間――精神分析の第三主体．新評論，東京．）

# パーソナリティ障害という病名の使用と知ること
―― 精神科外来マネージメント技法のひとつとして ――

## はじめに

　パーソナリティ障害という病名を患者に伝えるかと聞かれたら，筆者は躊躇なく「はい」と答える。理由は，日常の臨床でそうしているからである。しかし，このような姿勢はいろいろな試みや反省の結果であって，最近急にそうしはじめたわけではない。精神科医になって最初に直面する臨床上の困難さのひとつは，患者や家族から「病名は何ですか？」と聞かれたとき，どのように応えるかということではないだろうか。これは，「がん」は例外として，おそらく他の科では経験しないようなことである。診断をし，病名と治療方法を患者に伝えるのは医師の義務であり，患者もまた医師にそのような役割を期待している。どんな病気であれ，患者は，刀折れ矢尽きて，寄る辺ない無力感に圧倒されて受診するが[3]，病名や治療方法を医師から知ることによって，将来へ希望をもつことができる。これが，患者の主観からみたならば，病名を知ることのもっとも重要な機能であり，単なるレッテル張りとは違うところである。

　しかし，病気という自分の一部について知るということは，希望だけでなく苦痛をともなう。病気によっては，その苦痛は大変深刻なものとなる。がんなどの生命にかかわる重大な病気の場合である。それでも，米国では1960年代に，告知されているのはがん患者の10％だったのが1980年代には90％になっている[2]。このような深刻なことを知らせることは，医療面接において，bad news tellingといわれ，重要な技法としてさまざまな工夫がなされている。本章では，病名告知に関する精神科特有の難しさに言及し，つぎに症例を詳しく述べることにしたい。なお，本章のテーマに関する筆者の臨床態度や考察は，その多くをインフォームド・コンセントに関する諸概念[8-13]，QOLという考え方，精神分析における治療契約・治療同盟・抵抗，転移逆転移といった治療関係論にもとづいていることをあらかじめ断っておきたい。

## I　病名告知に関する「難しい」という感覚

　精神科医療においてなぜ病名を伝えることが難しいとわれわれは感じるのか，これまでの研究から整理してみる。第一に，精神医学は身体医学をモデルにしているとはいえ，身体科医療のように特定の疾患に対する特異的な治療法がないということである。辻は，病名の告知を店の看板と店の内容に喩えているが，精神科では病名の告知がそのまま治療の内容の伝達になっていないのである[11]。

　第二に，わが国の精神医療は統合失調症中心に展開しており，しかも治療的悲観主義が優勢だったため，「治る」病気や障害に対する臨床的議論が不充分であり，結果として精神科医が自分の治療に自信がもてなかったという歴史がある。

　第三に，患者の判断や同意能力あるいは適切な治療関係をつくる能力に何らかの制限があるという難しさが挙げられる。

　第四に，私たちの社会に精神疾患や精神障害に対する抜きがたい偏見・差別・神話があるということである。

　これらのことが複合して，精神医療における「お任せ医療」やパターナリズムが優先されるという事態を避けがたいものとしてきたし，さらには「病名や治療方針を伝える」という重要な臨床行為が，卒前卒後の精神医学教育の一環にならなかったと考えられる。

　しかし，他方で，十分な説明をし，患者自身の主体的な自己決定を尊重するという考えや試みは営々と積み重ねられてきた。筆者の周辺でも，パーソナリティ障害や「ボーダーライン」という名称を患者に伝えることに積極的な医師が増えている。そうした先行研究や臨床経験に支えられて，筆者の基本的な姿勢はつくられてきたが，それはつぎのようなものである。

　第一に，患者は，苦痛に対して自分なりの主観的判断や考えをもっている。Balint, M.はこれを「自家製の病気」と名づけたが[1]，医師はこの意味での自家製の病気を理解し尊重する努力をする。他方，病名や障害名，力動的な評価，治療方法，対処方法に関する医師の専門家的な判断や考えは「医家製の病気」という[1]。第二に，どんな病気や障害の患者であれ，患者は医者が自分について何をどのように考えているか，すなわち医家製の病気を知りたいという動機

をもっている。この患者の動機は，彼らの健全な主体性にその基礎を置いていると考えられるので，医師は，そうした動機を見いだす努力をする必要がある。したがって，医師にとっては，たえず病名をはじめとした治療に関する情報を患者に伝える準備をしているという積極性が大切である。

第三に，情報の伝え方と内容をつねに吟味しておくこと。

第四に，患者の反応の意味を理解する努力をすること。

第五に，こうした手順は，治療のすべての局面で繰り返し行われ，その過程で適切な医師－患者関係がつくられていくということ，である。

以上のように病名告知は，多くの要素が絡み合った非常に複雑な過程なので，理論だけを述べると形式的になってしまう。そこで以下に，症例を述べ，検討したい。症例の記述は主観的な相互関係を重視するために「私－あなた」というスタイルを用いることとした（なお，守秘義務や匿名性を守るために，患者を特定できるような情報は削除するか変更した）。

## II　症　例

患者は20歳代の女性である。彼女は「いらいらする」「不安が強い」「一人でいられない」「リストカットをする」「不眠」「頭痛」ということで他のクリニックから依頼されてきた。彼女は一人で受診した。初診は型どおりの診察ではじまった。彼女の主観的な苦痛を聞くと「不眠」「唐突な大量飲酒」「食欲がない」「うつ」と言い，さらに「別の人格がいる，死にたくなるような部分だが，人生を通して続いているので悩みではない」と付け加えた。これまでの治療経過を聞くと，ある病院では「病気ではない」と言われ，別のところでは「軽いうつ」と言われて薬が出たが効果はなかったと述べた。彼女は，「そんな軽いものではないと思う。ここに依頼したクリニックでボーダーラインと言われほっとした」と言い，関連する本も読んだと言った。

私は，20年くらい前から患者に病名や障害名を伝えることにしていたが，この患者と会ったときもそういう姿勢であった。しかし，自分からこういう患者ははじめてだったので軽い驚きを覚えた（注：最近は，自分からボーダーラインだとか境界性パーソナリティ障害だという患者が増えてきており，これはこれで別の問題があろう）。彼女の態度は表面的で軽い印象だったが，同時に，内面を語る能力のある人かなと，私は思った。家族歴を聞くと非常に困難な生

活史をもっていることがわかった。

　その日，私は彼女に，当面の治療計画をつぎのように伝えた。「第一に，ボーダーラインかどうかも含め診断のための作業をします，脳波，CT，心理テストなども行います。第二にそれらが揃った段階で，まず私が実行可能な治療計画をつくります。第三に，それを，あなたとご両親に説明しますので，私と一緒に検討して下さい。第四に，それまでの一時的な治療として，ひとつは不眠や気分変調への対応として薬物療法をします，2つ目は私からの助言として禁酒をすること，3つ目は，治療計画の説明などのため両親と話し合いたいので，都合を聞いてきていただきたい」。

　彼女は，これらに同意した。しかし，私は，今日ははじめてなので即断しなくてよいので，来週までじっくり考えて意見を聞かせてほしいといった（いかにも軽い表面的な同意の仕方だったので，私は，彼女にじっくり考える時間を提供しようと試みたのである）。彼女は，私の慎重な態度に満足したようにみえた。

　つぎの週，彼女はすべて賛成なので進めてほしいといった。しかし，両親との同席面接については，言葉上は同意したが，父母との込み入った関係や暗に父は役に立たないということをほのめかした。私は，内心「彼女の中には部分的に同席面接を拒否したい彼女がいるのだろう」と考えたが，それはあえて明確化せずに，計画を進めた。つまり，検査をオーダーしたわけである。また彼女は，薬物療法が効果的で気分が低めだが安定していること，禁酒していることを述べた。私は「あなたは自分の治療に大変努力していると思う」と伝えたが，内心彼女はずいぶん律儀な人だと考えていた。

　3週目，カルテを見ると彼女は前日に自殺願望が強くなったと言って他の医師を受診していた。しかし，私の前に現れた彼女はいつもと変わらない穏やかな態度だった。そこで私は昨日のことを聞くことにした（その理由は，彼女は私を理想化し律儀に振る舞っているが反面不満もあるだろうという理論的推測，昨日受診したことは同じ病院内のことなので私と共有できる現実であり，彼女は私に自分の別な面を伝えようとしたのかもしれないという推測による）。ここではじめて，彼女との間に緊張が走った。彼女は，「先生になってから具合悪くなった」といい，さらに聞くと「先生には緊張を感じる，先生の対応はデータベース的だ。前のクリニックの先生は感性的対応をした。でもどっちがいいかわかりませんが」と付け加えた。私は，「あなたの感じ方は確かにそう

だろうと思う」と同意した。すると彼女は，さらに「そんな先生のように悠長なこといっていないで早くこの状態を何とかしてよ」と例の軽い調子でいった。私は，その考えも妥当であることを認め，しかし同時にしっかりした理解にもとづいて治療計画をつくるためには時間が必要であることも告げた。この日は，薬物の微調整をした。彼女によれば，2週間後，両親は快く来るということであった。

　4週目，本人は「今週は調子がよい」といいつつ，「どうしてかはわからないけど」と付け加えた。この期間，彼女は心理テストなど諸検査を受けていた。5週目は両親との同席面接をした。データが揃い，治療計画をつくることができたのでそれらを説明した。これまでの所見を要約するとつぎのようであった。

　脳波とCTは異常なし，薬物療法は睡眠や気分の安定にそれなりに効果がある。両親は患者の安全に配慮する努力をしており，治療に協力的である。心理テストの所見は，知的機能に異常はないが，機能のあり方に非特異的なむらがある。はかない自己像と防衛的に形成された万能的自己，些細な外的刺激で退行しやすいが回復能力もあること，よい意味での強迫傾向があること，不信感，迫害感が優勢であること，境界例水準のパーソナリティ構造，であった。

　私は，事前になにをどのように伝えるかを考え，準備しておいた。これは私の習慣である。私はつぎのように伝えた。『（脳波，CTや薬物療法の効果はそのまま伝えたので略す）第一に知能に基本的な異常はないが，ときどき考えが主観的になりすぎ，一貫性やまとまりが不充分になることがあり，本来の能力を発揮できていない。第二に，自分の問題を何とかしようと律儀に努力するまじめさがある。しかし，一方で，そのような努力をしても実らないのではないか，自分にその力はないのではないか，あるいは周囲が十分に応えてくれないのではないかと考えてしまう傾向があること。第三にこうした自分についての安定したイメージが不確かなため，無理やりに「自分は何でもできる」と思い込むことで自分を維持しようと強引な努力をしている，その結果疲労困憊してしまうのだろう』（このようなとき，私は患者がこれまで自分なりに問題を克服してきたように，これからも新しい問題に対処しようとしているその主体的努力を言葉で表現するようにしている）。そして，精神医学的診断分類については，DSM-IVの治療応用上の限界や5軸診断の意味などを説明しつつ，1軸では気分変調，2軸では境界性パーソナリティ障害に該当すること，力動的に

は境界パーソナリティ構造であり，加えてその考え方について説明した。
　ここで質問を受けたが，DSMに関する事実的なことへの質問だけであった。そして，本人も両親もこの説明に納得した。
　つぎに私は，治療目標として，第一に今後は，安定した対人関係や適切な理想をもちそれに向けて現実的な努力をすることを挙げた。そして，治療方法として，第一に当面は保護的な環境が必要であるが，現在家族はこれを実行しているので続けてほしいこと，父親がとても協力的であること，を説明した（両親とも満足したようであった）。第二に，長期精神療法を行うこと（他の精神療法医が担当するなどの詳細を説明した），第三に両親や本人への助言や薬物療法などのマネージメントを私が行う，等を説明した。本人も両親も同意した。
　6週目から10週目までは，精神療法担当者による診断面接が行われていた。私は，一般外来の診療を続けた。診断面接は実り多かった。彼女は最初の面接のあと，精神療法医は，とてもはっきりものをいうのでよいと誉めていた。しかし，精神療法医が受け入れてくれるかどうか不安だともいった。そのつぎに受診したときには，精神療法を断られないかと不安だといった。ところが3回目診断面接の後の診察において，彼女は血相を変えて精神療法医を批難した。とてもひどいことをいわれた，母親も怒っているといった。自分は精神療法を保留にしたいと主張した。
　私は，内心「彼女の自我は非常に脆い，かつ母親は一見合理的に振る舞っているが，容易に彼女に巻き込まれる」と感じたが，このような対象イメージの急変は境界例ではよくあることだとも考えていた。私は，本人や家族の矛盾した態度を直面化せず，まずは精神療法医との連携の維持を考えた。そこで，本人の同意を得て精神療法医に見立てを聞くことにした。彼女は同意したので，次回は，両親と共に受診するように伝えた。その後，精神療法医に連絡すると，彼の判断は，「患者は非常に脆く，内省を求める精神療法にはまだ耐えられないだろう。また予測される彼女の行動化に両親も耐えられないだろうから，準備状態ができるまで保留にしたほうがよい。それまでは支持的な治療を継続してはどうか」ということであり，その判断はすでに患者に伝えてあるということであった。私も同意した。
　10週目，彼女は母親と受診した。私は，精神療法医との相談の結果を伝えた。彼女は「今は内面を穿り返すことはしたくない，まず最近はじめた仕事を

安定化したい」といった（これは，まったく精神療法医の見解のコピーではないか！と私は感じた。同時に，おそらく彼女は精神療法をはじめられなかったことに落胆しているのだろうとも思った）。母親もそれに賛成だといった。そして，二人とも当面は今やっている私との治療でいきたいといった。つまり，精神療法は保留となったのである。彼女の反応は，半ばほっとし，半ばがっかりといったものであった。私はこの反応を見て幾分安心した。複雑な情緒が表現されていたからである。治療は，私によるマネージメントのみとし，いくつかの提案をした。

　まず第一に治療は，規則的な日常生活を維持すると，禁酒の維持，自分の感覚を感じること，それを人に適応的な方法で表現すること，を挙げた。そして，そのための方法として，第二に，今後も一般外来で診察すること（毎週1回通院，両親は適宜同席），1週間のタイムテーブルを書いてもってくること，週間スケジュールにはあなたが具体的に現れるからだと説明した。本人は同意しながらも，「境界例と言われて普通じゃない，自分がなくなったみたいに思う」と私に明らかに怒りを含んだ態度で不満を述べた。私は，早速彼女は私の指示を受けて自分の感覚を述べようとしているのだな，と思った。さらに，もはや彼女と私にとって境界例か否かといったことはどうでもよい問題であり，言葉の内容として境界例といっているが，彼女は，自分が何に悩んでいるかを，私との治療関係の脈絡で私に伝えようとしているのだと思った。黙って聞いていると，母親は「しかりたいときにしかってもよいか？」と質問した。私は，そう思うと答えたが，患者は反論しなかった。むしろ，満足そうであった。治療はこの後，1年間一般外来で行い，その後，保留になっていた精神療法を開始した。

## III　検　討

　パーソナリティ障害患者への病名告知という臨床課題に関する筆者の態度や技法をこの症例に示した。病名を伝える際には，医師の側に先行研究や自分の臨床経験に裏付けられた「見通し」と「治療方法への自信」が要求されるし，情緒的には，「覚悟」や「誠実さ」が必要である。もちろんこうした態度は，患者本人だけでなく家族に対しても求められるのである。このような態度を裏付けているいくつかの考えを挙げ検討する[4]。

第一に，多くの臨床研究によりパーソナリティ障害治療で，治療の構造化（病名や治療計画の明示を含む）は，自我機能を助け，治療関係の母体をつくるために役に立つ技法であることがわかっている。

　第二に，とりわけ，筆者は，医師の考え方の基本的枠組みを伝えることは重要だと考えている。それによって，患者は，主治医が自分の治療について何をどのように考えているかがわかるのである。この作業を繰り返し行うことによって主治医の考えが患者に浸透し，患者の考えも主治医に浸透するという相互浸透的関係をつくることができる。

　第三に，パーソナリティ障害は，臨床経験や実証研究から，すべてではないにしても最初の数年が混乱した時期で，その後徐々に安定化するという知見がある。とくに，強迫傾向や言語化能力，知的機能の高さ，家族のよい協力は，予後がよいことを示すということがわかっている。つまり，医師の治療的努力は報いられるのである。

　第四に，パーソナリティ障害は重い精神障害であることに変わりはなく，多種類の心理テストを含む十分な検査によって，その個人にユニークな病理や建設的能力を見いだす必要がある。それによってその患者に見合った個別の治療計画を作成できる。いわば，テイラーメイドの治療計画（tailor-made treatment plan）である。患者は自分の医療に関する多くの情報を求めているし，十分な検査や診察の結果を医師と共有するという相互交流があるならば，治療同盟をつくるだけの準備がある。

　第五に，パーソナリティという言葉を使うとき，通常，パーソナリティや性格は顔のようなものであって，それらに障害とつけるのは，少なくとも日本では「面子を傷つける」ことになる。この理由から皆川は「パーソナリティ障害」という診断を伝えないことを主張している[6]。さらに，皆川はDSMの境界性パーソナリティ障害概念の曖昧さのゆえに，患者や家族に対しパーソナリティ障害という用語の使用を差し控えているという[7]。この主張は納得できるものである。確かに，現状では「境界例」という言葉のほうが使いやすい。しかし，それでもなお，現在わが国の精神科医の多くは，筆者も含め，部分的にはDSMの考え方や分類を参照しており，パーソナリティ障害という考えをもっている，というのがリアリティである。しかもそれは，治療開始時には患者の主観にとっては殊の外重大な関心事である。それゆえ，筆者は，パーソナリティ障害という用語を患者に伝えているのである。もちろん，伝えた後は覚悟を

もって対応しなければならない。しかし，実際には，本症例のように病名は治療的対話の素材になるし，そのうち，それ自体は色褪せたものになっていくのである。パーソナリティ障害という用語は，治療の糸口として機能するだけである。

　第六に，チーム医療やもっと広い多職種ネットワークの中で，精神科医は病名を伝えるという責任があるし，とくにパーソナリティ障害のように伝えづらい病名については余計にそうである。患者が精神科医から病名を聞きたいと望んでいるのはもちろん，他の職種の人も精神科医が明確に病名を説明することを望んでいる。

　第七に，病気を知ることは対象喪失を意味する[9]。知ることによって患者は怒り，恐怖，無力，悲しみを体験する。治療者は，治療の中で，患者の中にこうした喪失の苦痛に耐える能力があることを見いだすことが重要である。パーソナリティ障害患者の多くにはこうした能力や治療に参加したいという動機が潜在していると考えられる。しかしときには，本症例に見られたような「かのような同意」[5]によってこれらの苦痛を防衛してしまうこともある。見方を変えると，治療者だけでなく，患者もまた，治療に主体的にかかわる責任をもつ必要があるし，治療者は常にこの患者の責任性に働きかけることが，パーソナリティ障害治療における重要な作業だと考えられる。そのためにも，病名の告知は必須の作業であろう。

## おわりに

　最初に病名を伝えることにまつわる「難しい」という感覚について検討した。つぎに，症例を提示して，病名の伝え方に関する筆者の態度を説明したのち，その背景にあるいくつかの事柄を検討した。病名告知や治療計画の説明，そして治療そのものに関する筆者の基本的姿勢は，悲観論をとらないことすなわち楽観的懐疑主義とでもいえるだろう。パーソナリティ障害治療は，診療時間もかかるし，長い期間と多くの人手を必要とする。主治医は，一人ですべてを抱え込む必要がなく，できることとできないことを考慮しつつ，チーム医療や多くの社会資源と連携したネットワークを活用することが有用である。しかし，なお病名を伝えるのは主治医の役割である。

## 文　献

1) Balint. M. & Balint, E.（1961）Psychotherapeutic Techniques in Medicine. Tavistock, London.（山本喜三郎訳〔2000〕医療における精神療法の技法．誠信書房，東京．）
2) Cole, S. C. & Bird, J.（2000）The Medical Interview：The Three-Function Approach. Mosby, Inc. New York.（飯島克巳・佐々木将人訳〔1994〕メディカルインタビュー――三つの機能モデルによるアプローチ．メディカル・サイエンス・インターナショナル，東京．）
3) 狩野力八郎（1989）医療を受ける心理と医原神経症（小此木啓吾編）新・医療心理学読本からだの科学増刊10．日本評論社，pp.104-109．東京．
4) 狩野力八郎（2002）重症人格障害の臨床研究．金剛出版，東京．
5) Malcolm, R. R.：As If（1990）The phenomenon of not learning. International Journal of Psycho-Analysis, 71；385-392.
6) 皆川邦直（1996）精神療法における治療契約とインフォームド・コンセント．精神分析研究, 40；127-131.
7) 皆川邦直（2003）境界パーソナリティ障害研究の動向．精神療法, 29；385-391.
8) 尾久裕紀（1996）精神療法におけるインフォームド・コンセント．精神分析研究, 40；77-86.
9) 坂口信貴（1988）精神分裂病の社会復帰と病名告知．精神科Mook22．金原出版, pp.88-95, 東京．
10) 高木俊介（1996）分裂病の病名告知と精神療法――インフォームド・コンセントの理念にもとづいた病名告知．精神分析研究, 40；96-105.
11) 辻悟（1996）精神医療におけるインフォームド・コンセント．精神分析研究, 40；87-95.
12) 渡辺亨・阿部薫（1995）がん専門医が求める精神科医の役割．精神科治療学, 10；843-845.
13) 山崎久美子（1995）患者－医療者関係，現代のエスプリ10, ; 173-182, 至文堂, 東京．

# 内的ストレッサーとストレス
―― 精神分析からの再検討 ――

## はじめに

　定義によれば，ストレスとは体外から加えられた各種の有害因子に応じて，体内に生じた傷害と防衛の反応の総和であり，この有害因子のことをストレッサーまたはストレス刺激と呼ぶ。とはいえ，Selye, H.[1] 自身が「ストレスなしでは人生は存在不可能である」と述べているように，ストレスは正反対の二面――生命にとって有害で危険であると同時により積極的でなにかを生み出すような有用性――をもっているということはよく知られている。この意味からすると，ストレス刺激もまた必ずしも「有害」とはいえないわけである。そして，ある面においてこの理論が病気の本態や個体と環境との関係に関する理解において，大きな貢献を果たしたということも周知のことである。

　ところで，このようなストレス理論を文字どおりに受け取るならば，ストレス理論における人間像はいかにも受け身的にみえる。つまり，ストレス理論は，人間のすべての行動を外的な刺激に対する反応としてとらえる「刺激－反応」モデルで示されているような，受動的な存在として人間をとらえているようにみえる，ということはvon Bertalanfy, L.[2] も述べている。しかし，これではわれわれ人間の内発的な能動性やそれにともなう「ストレス」について説明できない。たとえば，人間は苦痛やストレスが増大することを知りながら，なぜ前進しようとするのか，心身症に罹りながらもなぜがむしゃらに仕事をしようとするのだろうか，といったことについてさらに検討する必要があるように思われる。

　こうした問題意識から，「『内的』ストレッサー」という新しい言葉が取り上げられるようになったのではないかと，私は理解している。そして，個体の内部から発生するストレッサーとは何なのか，それはどのようにしてストレスとして作用するのか，といった問題について精神分析の立場から論ずるのが私の

役目である。しかし，それにすべてこたえるためには，精神分析のすべてを論じなければならない。そこで私は，問題をしぼって，精神分析における記憶という問題とストレスとの関係という視点から，こうした問題について若干の考察をしたいと思う。

## I 内的ストレッサーとはなにか

まず最初に，内的ストレッサーという言葉について明確化しなければならない。この言葉の提唱者である小此木[3]は，次のように述べている。「不快，不安，抑うつなどの情動の高まりは必ずしも外的な出来事だけで起こるわけではなく，ささいな外的条件の変化がひとつのきっかけになるにせよ，むしろ内的な心身の変化が，これらの陰性の情動の高まりや緊張の慢性化を作り出す場合がある」，さらに「これらの内的な変化が種々の内的なストレス因として作用する」。そして，このような意味で外部の環境の変化による外的ストレスと内的ストレスを区別したいと主張している。ここで小此木が主張しているのは，精神分析における精神内界に関する理論のことであるのはもちろんだが，同時に生理的な環境についても同じことがいえるのではないかということである。

## II 精神分析からみた内的ストレッサー

つぎに，このような意味での内的なストレッサーについて，精神分析はどのようにとらえているか，ということについて述べたい。まず，マクロな視点からみるならば次のようにいえるのではないかと思う。第一に発達的観点からみるならば，人間の発達を生物学的な成熟に対する心理的な適応過程とみなすという考え方がある。この場合，生物学的基盤にもとづく本能欲動の力そのものが内的ストレッサーとして作用すると考えられる。こうした生物-心理学的な視点に心理社会的な視点を加えた，ライフサイクル論では各発達段階における発達課題や目標が示されている。第二に対象関係論からみるならば，人生は生まれ落ちてから死に至るまでの一連の内的な対象喪失——たとえば母親対象からの分離や，エディプス願望の断念などだが——への適応過程としてとらえられ。こうした内的な対象喪失もまた内的ストレッサーである。第三に構造論的にみるならば，本能の心的表現であるエス，あるいは超自我，自我理想の圧

力に対して自我は自己の統合性を維持するためにさまざまな防衛機制を用いるわけだが，ここにおけるもろもろの圧力もまた内的ストレッサーとして作用する。第四に，つまるところFreud, S.は人間の心的世界を生の本能と死の本能の葛藤あるいはその変遷としてとらえているわけだから，これらは二大内的ストレッサーといえる。

## Ⅲ　精神分析における記憶の問題とストレス

　ここで，精神分析における記憶の問題について考えてみたいと思う。そもそも精神分析のはじまりから記憶は重要な役割を果たしていた。Freudは，ヒステリーの治療において，過去の外傷体験を想起すること，と同時にそうした外傷体験の記憶に付与している拘束された感情の放出（カタルシス）が治癒を引き起こすことを発見した。これらの経験から，彼は，その症状が意識から排除された過去の強い情動体験に発生的起源をもっていることを認識した。つまりヒステリーは性的な誘惑を受けたという性的外傷体験の記憶が病因的に作用していると考えたわけである。さらに，彼はこうした記憶が書き換えられることなく抑圧されている，という意味においてヒステリーは記憶の傷害であると考えた。

　この際，Freud[4]は記憶について興味深い理論を述べている。彼は，健康な発達の場合，外傷的な出来事に関する記憶は新しい経験によって，あるいはつぎの発達段階に至ったとき，書き換えられ修正され，そこに新しい意味が付与されるという考えを提唱した。たとえば，幼児期に性的に誘惑されたという体験があってもその時点では子どもにとって性的な意味をもたない，そしてもっと成長して思春期に入ってはじめてその記憶は性的な意味をもつと考えた。このように彼は，記憶は確固とした不変なものではなく，繰り返し書き換えられ修正される力動的な過程だとみなし，過去は現在を変え，現在は過去を変え，未来への予測をも変える，と考えたわけである。こうしたプロセスを彼は事後作用あるいは遡行作用（defferedaction)と呼んだ。

　こうしてみると，ヒステリーは，性的外傷体験という外的ストレッサーとそれに関する書き換えられないままに保持された記憶という内的ストレッサーとによって引き起こされると考えられる。

　しかし，その後Freudはこの理論を放棄した。記憶の想起やカタルシスによ

って，症状が一時的に消失してもすぐに再燃するという事実，さらに性的外傷体験が実際には客観的に生じた事実ではなく，患者が主観の中で体験した出来事ないしは幻想であるということがわかってきたとき，彼は本能－欲動論を導入し，客観的現実より心的現実を重視するようになったためである。すなわち，外部からのストレスによってではなく，生物学的な性的本能衝動にもとづいて，患者が抱く願望や幻想に注目し，神経症症状は本能発達段階における固着点への退行の結果である，と考えるようになったのである。そして，症状や外傷的な行動の反復性や固執性は反復強迫という死の本能にもとづく精神力動の結果であると考えた。

ところが近年，Freud が一度は放棄した事後性の概念が見直されている。たとえば，Modell, A. H.[5] がそうである。彼は，事後性という概念を高く評価し，反復強迫は記憶の質の問題であり，苦痛な体験が同化されないまま，すなわち書き換えられないままになっていると，その体験は繰り返される傾向をもつ，と主張している。

彼はさらに，脳に貯蔵された長期感情記憶は，ある外傷的な出来事のレプリカではなく，感情的カテゴリーとして区分けされており，かつそうした記憶について以前の体験のカテゴリーを再発見する潜在力であるとみなしている。つまり，個体は環境を活発に吟味して，古いカテゴリーの記憶と現在の知覚との適合を見つけ出そうとする。この視点にたつと，精神分析における反復強迫や転移－逆転移は，古い感情カテゴリーの記憶の反復であり，その記憶を確かめ，強化しようとする力動であると考えられる。こうしてみると，書き換えられない記憶あるいは古い感情カテゴリーは，人間にとって内的ストレッサーとして作用する，とみなすことができるのではないだろうか。

この理論は，過去に外傷を受けた人が，その後の対人関係においても屈辱的な扱いを受けるのではないか，無視されるのではないかといった側面ばかりに目をむけるのはなぜか，あるいはなぜ実際に相手の中に怒りを誘発し，そうした外傷的な関係にのめりこんでしまうのか，といったこと，つまりいじめられっ子はついいじめられるような人間関係に陥ってしまうという悲劇をうまく説明しているように思われる。

ここで，精神療法の症例を挙げて，以上の理論を検討してみたい。

既に 5～6 年治療をしている境界例の女性である。彼女は日常生活の多くの分野で著しい改善を示していた。そしてときたま，治療の終結について連想す

るが，それほど本気のようにはみえなかった。そこであるとき，治療者のほうから治療の終結について一度考えてみようと提案した。ところが，彼女はそれを実際に「治療を終結する」と私がいったかのように受けとめ，具体的な治療終結の計画を考えはじめ，今後セッションの頻度を減らしたいと提案してきた。この提案に私は，戸惑いを感じたが，何か彼女からの強い圧力に押し切られて彼女に同意してしまった。さて，つぎのセッションに彼女は憔悴した様子で現れ，つぎのようなことを話した。「前回帰宅した後，とても不安になった，そして多くのことが心に浮かびとてもつらかった，突然２歳頃の記憶がよみがえった，それは夕方自分が寝ていた間，母親が銭湯にいってしまった，目が覚めて母親がいないのに気づき恐ろしくなり大泣きしていた，という光景である」。そして，小さい頃この出来事は１回で終わらず繰り返されたため，彼女は母親からまったく無視されたと感じていたのである。彼女はこの記憶を想起したとき，再び母親が恋しくなったり，怒りがこみあげてきて，一日中泣いていたという。彼女はこの話をしながら，私に向かって分析はつらいと繰り返し述べていた。

　私は，彼女の一連の反応にいささか動揺した。そこで私は，私がなにか失敗したのではないかと振り返ってみた。そして，次のようなことに気づいた。私は「治療の終結」についてかなり慎重に言葉を選びながら話したのだが，実はその背後で，私との関係を永遠に続けようとしているかのような彼女の態度に嫌気と不安をもっており，そうした感情に耐え切れなかった，ということに気づいた。彼女は，彼女の治療にしがみつきたい気持ちを私が心の中から排除したがっていたことを敏感に察知したのである。そして，私が彼女に何か攻撃的になっているように感じたのである。これが，彼女の「母親に見捨てられた」記憶をよびさまし，分析批判を賦活したのである。これらのことを解釈し，かつセッションの頻度をもとに戻すという作業の結果，彼女は徐々に私は彼女の母親のように彼女を無視もしないし，彼女の怒りにも耐えられるということが理解されていった。

　Modellの理論に従えば，彼女の古いカテゴリーの感情記憶は，私の態度を吟味し，両者の適合を発見したということになるだろう。しかし，私との治療関係の中での転移解釈の結果，治療者への態度が安定し，この母親にまつわる記憶は修正され，つまり事後作用を受け徐々に再カテゴリー化されたと考えられる。

つぎに，このように記憶の病理という視点から内的ストレッサーをとらえることには，もうひとつ別の意義があると，私は考えている。既にふれたが，最初精神分析は実際に起こった外傷体験すなわち外的ストレッサーを病因と考え，つぎに内的ストレッサーすなわち本能発達の固着とかパーソナリティ構造の歪みを病因と考えるようになった。ところが，最近，子どもに対する性的虐待を含むいろいろな虐待がとりあげられるに及んで，再び環境因説が注目されるようになってきた。そして，この内的ストレッサーが病因なのか環境因（外的ストレッサー）なのか，という問題は今日的課題になっている。とはいえ，現在最も受け入れられているのは，内か外かではなく，個体を環境と切り離して考えるのでもなく，個体と環境との相互関係から現象を把握しようというアプローチではないか，と思う。この意味で，私はこれまで述べてきた記憶という視点は，内部因か環境因かという問題を止揚する相互関係モデルといえるのではないかと考えている。

このような相互関係モデルについて，乳幼児精神医学の現代における指導者の一人であるEmde, R. N.[6]は，行動障害や行動特性を決定するのは，遺伝的要因でもなければ養育一般の問題でもなく，幼児と養育者との相互関係の中で「幼児に特異的に体験された環境」であると主張している。これは，かの有名なWinnicott, D, W.の主張，つまり幼児と母親ないしは環境は一対のものとして考えるべきで，障害は個体の障害ではなく環境の失敗あるいは歪曲としてとらえるべきだという主張と相通ずるものである。

こうした意味において，われわれが内的ストレッサーあるいはストレスということを考えるとき，個体と環境との相互関係という視点を落としてはならないということがいえるのではないだろうか。

## Ⅳ　なぜ外傷的な関係を反復するのだろうか

精神分析は，記憶理論だけでなく，ほかのアプローチによっても，人間はなぜ外傷的な体験を反復する傾向をもつのか，という問題の解明に努力してきた。実際，ある心的外傷を受けた人物は対人関係において同じような外傷を反復する傾向がある，という問題は精神分析の理論においても治療においても，もっとも本質的な問題である。そして，内的ストレッサーという視点からみても，この反復傾向は興味深い問題である（小此木は，こうした負の情動の反復性と

ストレスの結び付きをどう理解するかがストレス理論をさらに包括的な病態論へと発展させるひとつの鍵であると指摘している)。

さて,こうした反復は無意識的かつ自動的になにか強制的な力につき動かされて起きている。そして,重要なことは,そうした力は必ずしもnegativeであったり,病因的なものではなく,むしろ積極的,建設的なものだといえるということである。反復傾向におけるこうした両面性の認識の意義は,既に精神分析において共有されているが,それでもなお強調してあまりあるのは,それは治療において必須だからである。なぜならば,この両面性を認識しない解釈は,必ず失敗するからである。

反復傾向を動機づける力について,Gabbard, G. O.[7]はつぎの4つにまとめている。

1) 人は受け身的に経験した外傷を能動的になることで克服しようとする

たとえば,子どものときに虐待された人は,自分を癒してくれる人を刺激して,逆にその人をいじめることで自分がその外傷を征服できているという錯覚を得ることができる。

あるいは,関係がだめになり対象喪失を経験する前に積極的に関係を切ることで,苦痛を支配できたという幻想をもつことができる。

2) 愛着の維持

子どものときの両親との関係がたとえつらく,葛藤的であっても,子どもにとってその関係は快感の源泉なのである。この点について,見事に明確化したのはFairbairn, W. R. D.[8]ではないか,と私は考えている。すなわち,彼は,たとえ悪い環境であっても,子どもにとってはなにもないよりはあったほうがよい,環境としてなにもなければ子どもがたとえ親にどんなに虐待されても,親を愛するということの例をよく知っている。したがって,関係を維持する手段として過去の関係が繰り返されることになる。

3) 助けを切望する手段である

対人関係において,外傷的な関係を繰り返すことは,それ自体一種のコミュニケーションとみなすことができる。人は自分の中に充満する一人ではどうにもできない情動,およびそれにともなう自己表象と対象表象を排除したいという欲求にかられる。だから,誰かほかの人がこうしたものを引き受けてくれたとき,人は安心するであろう。つまり,人は「私は自分の心の中の体験をいい表すことができない。しかしあなたが同じ感情を体験してくれれば,きっとあ

なたは私の心の中の葛藤に共感し私を助けてくれるでしょう」と言っているようなものである。つまり，自分の中の圧倒的な負の情動を自分から切り離し対人関係の中で外在化することは，そうした感情について助けを求める手段であり，共感のもっとも原初的な形なのである。これはBionがつとに強調するところでもある。

4）対象関係の変形させたいという願望，こうした外傷的な対象関係が，対人関係において外在化されるのは，そのような外傷的な関係が変形されてほしいという希望をもってのことである。Sandler, J.[9]は，個体はこうあってほしいという関係，すなわち両親に自分が望んでいるようなやり方で反応してほしいという空想を心の中に内在化しているという。つまり一見したところ同じような外傷的関係であっても人はつねにそれらは以前とは異なっている，かくあってほしいという関係の中で自己表象・対象表象は変化するであろうという，無意識的な希望をもっている。

## おわりに

人間が苦痛やストレスを蒙るということがわかっていながら，自らそれらを引き起こすような状況に入り込んでいく，という傾向は医学における諸現象の中でも最も興味深いものである。これは，精神分析の最も本質的な研究対象でもある。そして，この現象を，内的ストレッサーという視点から考えることは，いろいろな医学理論を統合しうるものとして価値があるように思う。私は，この問題について精神分析的観点から再構成したわけであるが，その際，とくに「書き換えられない記憶」の精神力動について述べ，さらに外傷的な体験を反復させる動機について要約した。そして，全体を通して，内的ストレッサー，外的ストレッサーに加えて，両者の相互関係という視点を強調してきた。

文　献

1 ) Selye, H. (1956) The Stress of Life. McGraw-Hill Book, New York. (杉靖三郎・田多井吉之介・藤井尚治・竹宮隆訳〔1988〕現代社会とストレス．法政大学出版局，東京.)
2 ) von Bertalanfy, L. (1968) General Systems Theory. George Braziller, New York. (長野啓・太田邦昌訳〔1937〕一般システム理論．みすず書房，東京.)
3 ) 小此木啓吾 (1992) 精神分析から見た情動とストレス．ストレス科学, 7(1)；54-59.
4 ) Freud, S. (1966) Project for a scientific psychology. In: The Standard Edition of the

Complete Psychological Works of Sigmund Freud, trans. by J. Strachey, London, Hogarth Press. (小此木啓吾訳〔1974〕科学的心理学草稿. フロイト著作集 7, 人文書院, 京都.)
5) Modell, A. H. (1990) Other Times, OtherRealities. Harvard University Press, Cambridge.
6) Emde, R. N. (1988) Developmental terminable and interminableinnate and motivational factors from infancy. International Journal of Psycho-Analysis, 69 ; 23-42.
7) Gabbard, G. O. (1992) The therapeutic relationship in psychiatric hospital treatment. Bulletin of the Menninger Clinic, 56 (1) ; 14-19.
8) Fairbairn, W. R. D. (1952) Psychoanalytic Studies of the Personality. Tavistock Publications, London.
9) Sandler, J. (1981) Character traits and object relationships. The Psychoanalytic Quarterly, 50 ; 694-708.

# 相互適応システムの脆弱性
## ——心理発達からみたストレス脆弱性について——

## はじめに

　精神医学では，多くの場合，身体疾患にみられる原因と結果そして治療との間の特異的な関係といったものはない。こうした現状において，ストレス脆弱性という用語は，いかにも使いやすい言葉である。言い換えればひどく曖昧な言葉だということである。ストレス学説の定義からすれば，何らかのストレッサーに対して非特異的反応を起こしやすいような母体といった意味であろう。しかし，筆者は，むしろストレスと脆弱性を結合したところにこの言葉の本質があるように思う。本章で，筆者はストレス脆弱性という問題について，心理発達的な視点から，そしてそのために，個体と環境との相互関係システムという考えを基礎におきながら，その明確化を試みるつもりである。それは同時にこの概念の隈界を明らかにすることでもある。

## I　ストレス状況

　ストレスによって喚起される活動性や圧力が増大した内的状態を Menninger, K.[7] は「緊張 (tension)」と呼んだ。それはメタファーであって，その背景には，身体的，心理的ないろいろ異なったレベルの問題がある。ところで，われわれは，何らかの緊張を体験したとき，「なんとなくいつもとは違う」「気持ちが落ち着かない」「気持ちが乱れる」「不快である」という感覚をもつ。こうした緊張は，ほとんど自動的にわれわれに何らかの行動をとらせる。われわれは，その内的状態について，忘れようとするかもしれない，人に話すことによって恐怖や怒りを取り除こうとするかもしれない，緊張を引き起こしているいろいろな情動に折り合いをつけようとするかもしれない，一人で空想するかもしれない，夢をみるかもしれない，あるいは状況を変えようとす

るかもしれないし何らかの攻撃的な行動をとるかもしれない。このような緊張を処理する手段は常に意識的とは限らない。とにかくわれわれは，外的内的緊張を緩和するためにいろいろ多くの手段をとる。そして，自分の均衡が回復するまでその作業は続くのである。

こうしたストレス状況とその対処手段において，ストレスの強さや唐突さといった外的条件が果たす役割は小さくないが，大部分は個体に内在する力，すなわちそうした緊張を処理するその個人に特有なパターンによるところが大きい。精神分析では，このパターンの主座を自我に求め，その機能や発達を研究してきた。しかし，近年は自己，自己体験，自己感，自己－対象関係といった，もっと主観的体験に近接した概念を用いて，こうしたパターンを研究するようになった。

健康な場合，このパターンは複雑で柔軟性があり，受け身的に体験したストレスに対して相対的に能動的に対処し，最後はそうした体験を自分のものとして，その後の成長に役立て得る。つまり，自己変容的に適応できる。しかし，攻撃性の表出が不適切であったり，防衛が硬かったり，愛情対象が乏しかったり，柔軟でない人格などの場合，ストレスや変化への適応能力は不十分なものとなるため，受け身的に体験したストレスについて適応的な学習過程に悪循環をきたすことになる。

精神分析は，不完全な情緒発達が，こうした人格の何らかの脆弱性を引き起こすと考えてきた。その際，われわれは一方で遺伝や体質的要因を考慮し，他方で何らかの程度に外傷的な環境的因子を考慮しつつ，個体がどのように発達してきたかを考えるのである。

## II　発生発達論と生成論：直接観察と臨床観察

最近の乳幼児直接観察にもとづく研究にはめざましいものがあるが，そもそも精神分析の臨床にもとづく研究と直接観察とは，相互の対話を重ねながら今日に至っているという事情がある。

この際，今後の議論の展開とも深くかかわる問題，つまり発達論と生成論とを同義に用いることの混乱について言及しておきたい。前者は，乳幼児の直接観察にもとづいて組み立てられた発達論であり，基本的にはprospectiveな視点に立っている。後者は，精神分析において，自由連想の材料から空想や転移

を抽出し，それらを分析するという観点から，過去を再構成したものである。したがって精神分析的精神性発達論は生成論的な手法による所産である。このようにretrospectiveに再構成された発達論は，それ以外の複雑に絡み合っている発達の側面を述べていることにはならないし，直接観察によって常に証明されるとは限らないという隈界がある。しかし，Winnicott, D. W.[12] もいうように，これまで精神分析で繰り返し得られた生活史的事実は，直接観察で証明されないからといって，取り消されてよいものではない。それらは，直接観察の発達論と時間系列での違いはあるにしても，当の患者の主観的な歴史の一側面においてはなお正当である。そして，過去の出来事が，現在の生活においていかに大きな影響を及ぼしているかということは，両者に共通した基本的視点である。

このように両者は共通の基盤をもちながら，異なった視点から発達を研究しているわけだが，実際には，精神分析家はたえず直接観察からの実証的な知見を念頭においているし，多くの乳幼児発達研究者は，精神分析的洞察を参照している。たとえば，Kernberg, O.の境界例論は，Mahler, M.の分離‐個体化論をその基盤においているし，一方Stern, D.は，Kohut, H.の自己論から彼の自己感の発達論を着想している。

## III 関係の中のストレス脆弱性

つぎに，脆弱性というものが（明らかな遺伝的体質的な問題は除いて）個体の内的世界を表しているのか環境のことをいっているのかという問題がある。精神分析は最初，子どもの環境（具体的現実的な外傷的環境）に何が起きたかを問題にし，つぎに子どもの心の中に何が起きたかという視点，つまり精神内界の構造とその発達的病理を考えるようになった。しかし，現代では，人間の発達において，とりわけ人生早期における環境への依存と環境の自分への吸収の意義が強調されている[12]。すなわち人格の組織化において，個体と環境との相互作用システムが一義的に重要だという視点である。これは，現代の乳幼児精神医学における発達研究の基本的考えになっている。たとえば，Sander, L. W.[10]はHartmann, H., Erikson, E., Spitz, L., Winnicottらの発達論には，個体と環境との実際的な行動上の適合は適応モデルにもとづいているという考えが共有されているということを明確化した。そして，彼女は個体—環境システ

ムの展開についてつぎのように述べている。「適応課題を能動的に一つずつ順に克服することによって個人の対人関係の認識の世界が構築されてゆく。新しい行動上の適応に取り組むたびに各課題は漸成的に合成され統合されてゆく。これは後に転移素質として知られる広く汎化された行動能力として現れてくる。生態系に共通する基本的な自己制御機制の分化したものとして，自己の発生はこの適応的解決の発生と並行する。各レベルの解決が起こるたびに意識や自己意識の組織化が影響される」。

そもそも，ストレスという概念には，環境と個体の関係という意味が込められている。ストレス－脆弱性とは，個体と環境の適応的相互関係の失敗の結果であり，それは個体の自己組織化あるいは自己体験における何らかの「弱さ」として表現されるにしても，われわれ臨床家は環境の適応不全という事態を見逃してはならない。現在，こうした適応不全の結果の研究は，乳幼児精神医学において最も注目されているところである。まだこうした研究ははじまったばかりであり，確かなことはいえない。しかし，臨床の経験からうなずけるような意見もある。たとえば，子どもが他者の内面つまり感情や意図や関心を共有するようになる間主観的かかわり合いの時期（主観的自己感が形成される時期）に，両親の間主観的反応の不全——情動における選択的調律や誤調律——が起きると，それは子どもに潜在性の病理——性格形成不全，神経症様症状，自己の病理——をつくり出すというStern[11]の考えである。

## Ⅳ 発見されない「弱さ」としてのストレス脆弱性

人はどれほどストレスに耐え得るのかといったストレス脆弱性の程度の問題は興味深いものである。この問題について時間の流れという視点から考えてみたい。環境の個体へのいささかの失敗もない完璧な適応やまったくストレスフルではない環境などない。すなわち，自己の組織化にいささかの「弱さ」もないような発達はないのである。発達には，常に喪失や悲しみや怒りが含まれている。たとえば，エディプス葛藤の完全な克服などないし，人との関係における信頼の完全な達成もない。

つまり人間の発達において，完全に先を見通した適応などというものはないし，失敗から何かを学び完全な予測と完全な対処手段を学ぶということもないのである。こうした不確実性と不連続性が，人間の発達の適応的組織化のため

には不可欠であることを見いだしたのはWinnicott[12]である。発達研究の課題は，人がいかにして確実性のある，変化に耐え得る人格構造をつくるかではなく，むしろ，人がどうやって不確実さ，変化，予測のつかぬ事態に耐えられるようになるのか，さらにそういう事態に際し，どうやって自分を再編成していくのか，つまり変化に出会いながら自分を変容させつつ連続性を保つのか，ということである。そして，自己はそうした組織化過程の核であり，そこから新しい編成や統合が起こるようなものである[9]。

このような逆説的な発達過程における養育環境のことをWinnicott[13]は「ほどよい母親的養育」と呼んだのである。その場合，個体に反応的に現れる「弱さ」は，最初には環境によって発見され，つぎに自分によって発見され，自己変容的に変化していくものである。こうしてみると，ストレス脆弱性とは，発見されないままになった，そして自己組織の中に組み込まれた「弱さ」のことだと考えられる。この「弱さ」は，自己組織の中の変化しない傾向あるいは変化への抵抗的側面のことであり，逆説的だが，それが発達的連続性に裂け目をつくっているのである。

さて，ストレス脆弱性がどの程度の深刻さかという問題は，第一には環境の不全およびそれによる「自己の弱さ」がいつ起こったかということと関連してくる。新しい自己組織が新しい水準で形成されるときが環境に対して最も感受性が高いだろうから，それだけ傷つきやすいといえる。多くの乳幼児研究は生後2年以内の環境不全は深刻な結果を招くことを示唆している。第二には，自己の「弱さ」が発見されない程度がどのくらいか，発見されなかった時間がどの程度かという問題と密接に関連しているといえる。ほとんどの患者においてその「脆弱性」は環境によって発見されてこなかったという臨床的事実をわれわれは経験しているはずである。このことが，この問題の重要性を証拠づけている。

## V  関連するいくつかの概念

このように「ストレス脆弱性」は，主観的には自己体験のパターンとして，臨床的には転移関係，つまり過去の自己と対象との関係の現在の対人関係の脈絡における反復としてとらえられる。これは，精神分析の大きな流れを形成してきた考えであるが，ここでは固着論，記憶と事後作用，愛着論について紹介

したい。なぜならば、この3つの概念は、異なった視点からではあるが、自己組織ないしは個体－環境関係システムの相互適応パターンを強調しているからである。

## 1. 固着論

　固着という考えは、発達早期の機能が成人してからも心の中に固定されており、困難に出会ったとき、退行して過去の対象との満足を執拗に追い求めるといった、発達的に古いパターンつまり欲求の満足、対象関係、防衛の方法、空想などが持続することを説明するために導入された考えである。それは、素質に加えて発達のその時点における過剰な満足、異常な快感や欲求不満をもたらす環境、リビドーそのものがもつ粘着性によって起きると考えられた。

　たとえば、エディプス期において、子どものエディプス願望が満足されないと、それは侮辱と受け止められるので、自己愛脆弱性は増大する。このとき、両親との情愛的な関係にもとづく自信やほどよい自尊心をもっていれば、子どもは近親相姦願望を防衛したり放棄することができ、そうした願望は満足され得るという考えを、遅らせたり、受け入れたりできるし、さらに子どもは同性の理想的親との同一化によって、いっそう自尊心を維持できる。しかし、両親との情愛的関係に問題があり不適切な同一化しかできないとき、リビドーの発達は停止しそれにまつわる防衛によってできる空想は長く無意識の中で力をふるい続ける。

　この考えは、一方では直接観察による発達論者からの批判、すなわち本能論批判や口唇依存や信頼などといった課題はある特定の発達段階に限定されたものではないという批判によって、他方では対象関係論者からの、人間の発達の動機として一義的なのは欲動ではなく対象関係であるという批判によって用いられなくなっている。このような批判は妥当だと筆者も考えるが、臨床においてあるストレスが、いかにその人の生活史的な体験の系列の中で意味をもつかということを理解するためにはまったく捨て去ってよいものでもなく、言い換えると生成論的にはなお臨床的有用性をもっている。そして、それは、発達論的概念化からみると妥当ではないが、個体と環境との関係がいかに内在化され、その後の人生に執拗にかつ深く影響を与えているかということを強調しているのである。

## 2．記憶論－事後作用

　Modell, A.[9]は，古い記憶は新しい体験によって書き換えられるという事後作用に注目して，固着論の訂正を行っている。つまり反復強迫や転移－逆転移といった過去の体験の反復は記憶の質の問題であるという。それは，以前の状態に戻ろうとする本能の性質ではなく，苦痛な体験は同化されないままに，すなわち書き換えられないままになっていて，その体験は繰り返される傾向をもつ。外傷的な出来事にかかわる感情は，体験そのままのストーリーとしての記憶ではなく，感情的カテゴリーすなわち長期感情記憶として貯蔵されている。個体は環境を活発に吟味して，古いカテゴリーの記憶と現在の知覚との適合を探し出そうとし，その他の可能性を拒否する傾向をもつ。もし，そうした記憶が再カテゴリー化し書き換えられるならば，その記憶のもつ意味は拡大し，自己がその非人格的部分を支配できるようになる。

　このように彼は，個体と環境との関係システムの発達論とその脆弱性を，単に心理－社会的視点からだけでなく，長期感情記憶という生物学的次元と心理学的次元とを結ぶ機能によって説明しているのである。この理論構成は，発達の直接観察によるものではなく，精神分析の臨床的事実にもとづくものであるが，同時に直接観察の知見と多くの点で符合している。

## 3．愛着理論

　周知のようにBowlby, J.[1-3]は，比較行動学的立場から愛着を説明しようとした。愛着は，乳児が母親に接近と接触を求める生物学的に基礎づけられた傾向であり，望んだ接近を実現し，維持しようとしてその時々に行う行動のさまざまな形態を愛着行動という。たとえば，まだ心理的意味をもたない乳児の泣く，笑うといった反射は，母親の側に情緒的－認知的反応を引き起こし愛着関係が成立する。これは，個体と環境からなる関係システムを，認知的にも情緒的にも制御するものと考えられる。Ainthworth, M. D. S.[1]は，この考えを発展させて，乳幼児の愛着パターンを安定型と不安定型に分け，不安定型をさらに回避型，抵抗－両価型に分けたが，Main, M.[6]は不安定型の中からさらに混乱－混迷型を抽出した（表1）。

　その詳細は，わが国でも多く紹介されているのでここでは割愛するが，注目に値するのは，1歳までにつくられた愛着パターンはその後も相対的に持続し，

表1　Infant Strange Situation [1) 5)]

安定型（secure）
　最初の分離で親がいなくなり寂しい兆候を示す。第二の分離期間で泣く。親に積極的にあいさつをする。たとえば，すぐに親の元に這い寄る，抱いてもらおうとする，親との短い接触を維持した後，落ち着いて遊びに戻る。

回遊型（avoidant）
　分離で泣かない，調査中おもちゃや周囲のものに興味をもつ，親が戻ったとき，積極的に親を回避したり無視する。離れる，そっぽを向く。抱かれてる離れようとする，情緒を表さず，怒りが欠如している。

抵抗－両価型（resistant-ambivalent）
　期間中，親に捕らわれている，ひどく怒っているように見えることがある，親を求めたり抵抗したり変転する，時に受け身になる。親が戻ったとき，親の元に落ち着いて戻れない，あるいは遊びに戻れない。ずっと親に夢中になったり，泣き続ける。

混乱－混迷型（disorganized-disoriented）
　親の前で，まとまりのない行動を示す。たとえば，親の前で，トランスのような状態になって手を宙にだし，凍りついてしまい，立ち上がる，次にパタンと倒れる。あるいはしがみついたかと思うと離れようとする。これ以外は他の型に同じようなふるまいをする。

(一部，皆川邦直訳から引用[8)])

母親だけでなく，仲間にも適応され，子ども時代を通して発達するという考えが，少なからぬ実証的研究によって支持されているということである[5) 8)]。そうしたprospectiveな研究にもとづいて，Fonagy, P.[5)]は，安定型の子どもは，「自分の能力についてよい期待を展開させる，情動を調整するよい能力との関係の中でコミュニケーションするよい能力を発展させ，養育者との間での応答性について自信をもつ。環境から提唱される機会を最大限に利用する力によって感情に柔軟に接近できる。自律的でまとまりのある自己を発展させる。情動の統制における自信が，あらゆる内的体験は自分のものだという感覚を一層高める。自己は，他者から制御の助けを引き出す力だけでなく，自己と他者との関係におけるそれぞれの精神状態を理解する力をもつようになる」と述べている。

さらに，母親が，自分の子ども時代における両親との関係をどう説明するかという（話の内容ではなく）話し方の研究（Adult Attachment Interview）と，現在における自分の子どもとの愛着パターンとの間に強い相関があることも実証されてきた（Main, M.）[6)]（表2）。

**表2　Adult Attachment Interview（AAI）[6]**

安定型（secure-autonomous，子どもの安定型に対応）
　親密さにおいて自身や信頼感や心地よさをもつ。愛着関係に価値をおくね愛着関係を自然だと見なす，体験と記憶とその体験の意味を評価することとを統合できる，自然体験が好ましいか否かについて，まとまりのある客観的態度で述べることができる。

退去型（dismissing，子どもの回避型に対応）
　対人関係の不快な側面を否認する，援助の申し出を拒否する，自分の自立を頑なに主張する。過去や現在の愛着を否認，脱価値化したり，特殊な体験によって，愛着一般を標準的ではないと見なしたり，逆の体験を標準（正常）と見なす。

思い込み型（preoccupied，子どもの抵抗─両価型に対応）
　しがみつく，嫉妬深い，関係に不安をもつ，混乱する。過去や現在の愛着関係に圧倒されたり，それらについて混乱する。現在の愛着関係について過剰に受け身的か，不適切な怒りを示す。希ならず，愛着に関係した外傷的出来事にこだわりおびえを示す。

未解決－混乱型（unresolved-disorganized，子どもの混乱－混迷型に対応）
　関係について混乱する，社会的に禁止が強い，主張的でない，回避と没頭の両面を示す。喪失や虐待体験を述べるとき，意味づけや批判的に観察することができない。死んだ人がまるで生きているかのように話す，あるいは沈黙する，長い賛辞を話す。

　これは，個体と環境との関係システムのパターン（型）が大人まで続くということを意味している。そして，愛着パターンとその後の病理との関係にかかわる研究がすでにはじまっている。たとえば，Fonagy[5]は，混乱─混迷型と重いパーソナリティ障害との関係を示唆している。こうした研究は，まだはじまったばかりだが，少なくとも愛着パターンは個体―環境システムの相互交流的な適応が全体的にみたとき脆弱か否かを判断する非特異的指標（Stern, D.）[11]といえるであろう。

## おわりに

　本章で，筆者はストレス脆弱性を個体―環境システムの相互適応過程における脆弱性，すなわち自己の脆弱性ととらえ，それは環境から発見されなかった，それゆえ自分も気づくことがなかった「弱さ」であり，結果として自己の中にあるものとして表現されると考えた。その臨床的意味は，臨床家にとって環境の脆弱性を適切に見いだすことが必須の作業だということである。最後に，こうした考えに関連するいくつかの概念――固着，記憶，愛着――について述べた。

## 文　献

1) Ainthworth, M. D. S ., Blehar, M. C., Waters, E. et al (1978) Paterns of attachment：A psychological study of the strange situation. Hillsdale, New Jersey.
2) Bowlby, J. (1969) Attachment and Loss Vol1. Hogarth Press, London. (黒田実郎・大羽蓁・岡田洋子訳〔1975〕母子関係の理論，愛着行動．岩崎学術出版社，東京.)
3) Bowlby, J. (1973) Attachment and Loss Vol 2. Hogarth Press, London. (黒田実郎・岡田洋子・吉田恒子訳〔1977〕母子関係の理論，分離不安．岩崎学術出版社，東京.)
4) Bowlby, J. (1980) Attachment and Loss Vol 3. Hogarth Press, Londn. (黒田実郎・吉田恒子・横浜恵三子訳〔1981〕母子関係の理論，愛情喪失．岩崎学術出版社，東京.)
5) Fonagy, P. (1998) Attachment theory approach to treatment of the difficult. patient. B of the Menninger Clinic, 62 ; 147-169.
6) Main, M., Goldwyn, R. (1996) Adult attachment rating and classification systems. in preparation.
7) Menninger, K. (1963) The Vital Balance. Viking Press, New York.
8) 皆川邦直 (1998) 児童・青年精神医学研究の将来——幼児の母親への不安定型愛着がもたらす病理とその治療．東京都精神医学総合研究所25周年記念シンポジウムにて発表．
9) Model, A. H. (1990) Other Times, Other Reality. Harvard University Press, Cambridge.
10) Sander, L. W. (1983) Porality Paradox, and the Organizing Process in Development. In Call, J. D., Galenson, E., Tyson, R. L. (Eds)：Frontiers of Infant Psychiatry. Basic Books, New York. (渡辺久子訳〔1988〕極性，パラドックス，そして発達における組織化過程．〔小此木敬吾監訳〕乳幼児精神医学．岩崎学術出版社，東京.)
11) Stern, D. N. (1985) The Interpersonal World of the Infant. Basic Books, New York. (小此木啓吾・丸田俊彦監訳，神庭靖子・神庭重信訳〔1991〕乳児の対人世界．岩崎学術出版社，東京.)
12) Winnicott, D. W. (1965) The Maturational Process and the Fascilitating Environment. Hogarth Press, London. (牛島定信訳〔1977〕情緒発達の精神分析理論．岩崎学術出版社，東京.)
13) Winnicott, D. W. (1971) Playing and Reality. Tavistock Publications, London. (橋本雅雄訳〔1979〕遊ぶことと現実．岩崎学術出版社，東京.)

# 自殺の危険のある患者に対する精神療法
――重症パーソナリティ障害に関して――

## はじめに

　近年，わが国でもようやく精神保健の専門家が，自殺の問題に積極的にかかわる傾向が認められるようになってきた。この動向は次の2つの医療社会的出来事によって促進されている。ひとつは，救命救急センターが各地に整備されたことであろう。たとえば，東海大学医学部の救命救急センターには2日に1人の割合で自殺企図患者が運ばれてくる。東海大学病院精神科では，全例について併診することになっており，それらの経験からintensiveな入院治療や精神療法が必要な患者が少なくないことがわかっている。なかでも典型的なのは，慢性的に自殺を行う境界例患者である。もうひとつは，過去4年間わが国の自殺患者が年間3万人をこえているという事態である。このような動向を踏まえて，筆者は本章で，おもに自殺の危険がある人格障害をもつ患者の精神療法についてさまざまな角度から考察したいと思う。

## I　患者の自殺と精神療法家の反応

　わが国において，精神療法家が自殺について公の場で論述することはなお非常に限られているが，まず最初にこの問題について考えてみたい。それは，精神療法の基本的な問題にかかわると考えるからである。もっとも，うつ病の自殺予防についてはほぼ定式化されているので例外である。しかし，うつ病の場合でさえ，不幸にして患者が自殺した場合，精神保健の専門家はなにをどのように行うべきかという問題については一般精神医学でも十分論じられ実践されているとは言いがたいのである。さて，ほとんどの力動的精神療法家は重いパーソナリティ障害例と彼らの示す自殺企図について頭を悩ませているだろうし，おそらく精神療法中かあるいは一般治療中に自分の患者が自殺したという

経験をもっている精神療法家は少なくないと推測される。こうした状況にもかかわらず，精神療法家が，自傷行為について語ることはあっても自殺について語ることが少ないのはなぜなのだろうか。この問題について，筆者は精神療法家としての臨床経験と米国留学中の臨床経験，および東海大学医学精神科学教室の精神分析研究グループで行った自殺問題研究での討論に基づいて，つぎの5点が明確化できると考える。

### 1．精神療法の方法上の問題

自殺既遂症例の場合，自殺にいたった精神力動について，精神療法の方法上，明確な公式化をすることが難しいことがあげられる。なぜなら，精神療法過程における解釈と違い，自殺の動機について仮説をたてても，患者によって検証されることがないからである。

### 2．教育研修の問題

精神療法家を含む精神保健の専門家は，研修過程において，自殺の危険に対し希望的安心を患者に与えることくらいしか学んでいないため，そうした危険を否認する傾向がある。これは，わが国だけでなく欧米においてもそうである。したがって，自殺の危険に際して，治療者は治療者としての確信をもって直面化することが難しいわけである。

### 3．文化的問題

文化的視点から見てわが国では「死を否認する傾向が強い」という事実が精神保健専門家の間にも認められる（岩崎）[10]というのは間違いのないことであろう。たとえば岩崎[10]は，患者の自殺に際して，米国の精神病院では，その事実を患者とスタッフが明確に共有するという作業を行うのに対し，わが国では自殺の事実を患者に隠す傾向が強いと述べている。筆者の経験でも同じことがいえる。筆者が留学中経験した症例では，院内で遺族・患者・スタッフによる葬儀を行ったことがあるし，身体疾患の場合死後に病理解剖を行うがそれと同じように，患者の自殺後，病院スタッフが全員集まって精神病理解剖（psychopathosectomy）を行ったこともある。このことは行政レベルについてもおなじであって，わが国では組織的に心理学的検視（psychological autopsie）を行うことは稀である。

## 4. 治療論的問題

　上に, 病院や精神療法家に見られる自殺に対する隠蔽傾向を文化的視点から取り上げたがそれだけでは問題が文化の違いということになってしまい, 事の本質を見失う危険がある。岩崎[10]も論じているように, 入院治療の研究によれば, 患者に事実を隠蔽したり曖昧な情報を伝えることは, 患者の現実検討能力をよけいあやふやにし病的退行を助長する結果になるのである。むしろ, 患者に事実を正確に伝えることが, 現実検討能力を支え, さらに患者の反応の仕方をみることによって個々の患者の理解が促進するのである。筆者はこのような治療論にもとづいて, 東海大学病院精神科病棟で, 自殺発生時には病棟のコミュニティ・ミーティングでスタッフ・患者にそれらの経過について報告するという方法を実践した。その際, 患者は, 怒り・悲しみ・落胆などさまざまな情緒を表出したが, スタッフが予想した以上に患者は, 彼らの仲間の自殺の事実を率直に受け止め, むしろ隠さずに報告を受けたことに感謝さえしたし, その後いわゆる「自殺の連鎖」は起こらなかったのである。

## 5. 組織とチームの問題

　自分の担当患者が自殺したときに, 治療者は十分な「喪の仕事」を行う必要があるのだが, 治療者が単独でそれを行うことはほとんど不可能といってよい。治療者もまた, 他の人によって受け止められ, 慰められ, 理解されることによって, 自殺と自己についての理解が深まるのである。さもないと, 別の患者の自殺の危険が迫ったとき治療者は, その危険を否認したり, 時には無意識のうちに自殺の危険を助長することさえあるのである。つまり, 自殺について組織的に話し合い検討する構造化された「場」がないことが, 精神保健の専門家が自殺という問題について避けて通る傾向を助長していると考えられる。

## II　自殺と精神病理の関連：統計調査から

　つぎに, 統計的調査による自殺と精神病理との関連について概観してみたい。自殺既遂 (completed suicide) と自殺未遂 (attempted suicide) に関する組織的調査は1950年代前半に米国とイギリスでほぼ同時に始まったといわれている。

自殺既遂者について，1959年アメリカのRobins, E.らの調査では，134人の自殺者のうち94％が精神疾患（45％が躁うつ病，23％がアルコール依存），4％が身体疾患，であった。Dorpat, T.L.ら[7]の1960年代の調査では，108人の自殺者の全員が何らかの精神障害をもっており，30％がうつ病，アルコール依存症が27％，12％が統合失調症，9％がパーソナリティ障害であった。その後の多くの調査でも自殺既遂者の90％以上がなんらかの精神障害を持っていることが明らかになっている[17]。いっぽう自殺未遂者についての調査は，自殺未遂ということの定義が難しいために，信頼し得る結果は得られていない。Clayton, P. J.[6]は1985年に救命救急センターにおける自殺未遂者をしらべ，自殺既遂者と比較して自殺未遂者の特徴は，前者が男性が多いのに対し後者は圧倒的に女性が多くしかも25歳以下の若い女性が多いと報告している。わが国では1991年黒澤ら[14]が全国の救命救急センター12施設1,001例の自殺未遂者について調べたが，神経症圏（性格障害を含む）が38.3％で最も多く，統合失調症圏24.2％，うつ病圏23.2％であったと報告している。

これらの調査の重要な発見は，多少重複しているが異なった2つの群から自殺既遂者と自殺未遂者は発生するということである。さらに，この発見の重要な点は，自殺未遂者の多くは既遂へと移行しないけれども，一般人口に比べると35〜100倍のリスクがあるということである（Clayton, P. J.）[6]。すなわち，救命救急センターにくる自殺未遂者は，その行動が一見して他者操縦的に見えてもなお自殺の危険が高く，臨床家はそうした行動の深刻度を軽視すべきではないのである。

自殺未遂に関連して自殺念慮の問題は避けることができない。しかし，自殺念慮について明確な定義を設定することは大変困難なので信頼し得る調査研究は少ない。これについて，Adam, K. S.（1985）[1]は，先行研究を調べ一般人口において1年以内に自殺念慮を持ったことがある人は3.7％から15.8％であること，また自らの調査研究にもとづいて，自殺企図を実行する1年前から自殺念慮は存在し，精神状態や対人関係が改善してもなお長く自殺念慮は保持される，ということを報告している。

では境界性パーソナリティ障害（BPD）ではどうであろうか。Stone, M. H.ら（1985）[20]は，251名のBPDの長期予後調査を行った。その結果，BPDの自殺率は7.6％で，多くの自殺は退院後5年以内かつ30歳以前に起こり，そのような患者は抑うつ的で，独身，自己を支えるような親戚・友人がいないとい

う特徴があった。Fyer, M. R.ら（1988）[8]のレトロスペクティヴな調査（180名，平均年齢30歳）では，BPDの45％に深刻な自殺企図があり，気分障害や物質常用を合併しているBPDのほうが合併していないBPDより有意に深刻な自殺が多いということが明らかになった。

　これらの先行研究の結果から，自殺の危険が高い患者との精神療法はかなりの頻度で行われていることが推測される。さらに，境界性パーソナリティ障害をはじめとする重症パーソナリティ障害の治療において，つぎのようなことを考慮する必要があることが示唆されている。まず，第一に自殺の危険は決して低くないということ，第二に自殺企図そのものについての適切な診断評価が必要であること，第三に合併する精神障害（気分障害や薬物嗜癖の存在，および統合失調症が隠されているかどうかなど）やその他の危険因子に関する評価が重要であること，第四に表面上精神状態が軽快したり，治療関係が進展しても自殺念慮は消えていない可能性があるゆえに，常にその危険を忘れずにいる，ということである。

## III　自殺と精神療法：文献的検討

　つぎに，自殺の危険の高い患者に対する精神療法の問題に関して文献的に検討してみたい。わが国で，精神療法の立場から自殺について論じた文献がほとんど見当たらない。したがって欧米の文献に関して，精神療法と自殺で検索すると，Medlineで，1972年から1998年まで223の文献がある。それらを，本論のテーマであるパーソナリティ障害で自殺の危険が高い患者との精神療法との関連でみると次のような傾向がある。

　自殺に関する力動的精神療法からの研究は1970年代から1980年代にかけて有益な文献がみられる。それが1990年代に入ると，様子が変わってくる。とくにBPDの自殺については，薬物療法とLinehan, M.の提唱する弁証法的行動療法（dialectical behavior therapy）の有効性を主張する文献が圧倒的に増えてくる（Bohus, M. and Berger, M.[3]，Hampton, M. C.[9]）。その典型的な例として，ここでは1997年のParis, J.の研究[18]を取り上げてみる。彼は，境界例の長期予後調査を研究していることでよく知られている人である。この論文は，BPD治療について検証した結果，薬物療法がかろうじて有効だが入院治療は自殺の予防には役立っていない，力動的精神療法の効果は認められない，しか

し弁証法的行動療法は症状改善をもたらす,と報告している。さらに彼は,BPD患者の治療困難性のなかで際立っているのは慢性的自殺危険性であり,今後の治療のあり方として,薬物療法と認知療法を組み合わせた治療を展開する必要性を提唱している。

筆者はこうした主張になかば同意しつつなかば懐疑的である。つまり,患者を自殺に追い込むような複雑な要因についての理解は症候学的理解だけでは不十分であり,攻撃性の変遷・現実検討能力などの自我機能の脆弱性・不安定で脆い内的対象関係に関する評価といった精神力動的理解が不可欠だと考えられるのである。しかも,弁証法的行動療法のどの要素が有効かというのはこれらの調査ではわからないが,症状改善に効果があったという結果の意味するところが,治療者が患者に対し自殺の危険とその予防について,具体的かつ明快な態度で伝えることが必要だということを示唆しているのだとすれば,納得の行く結果である。なぜならば,一般的に混乱しているBPD患者に対し,具体的で明快な態度や話し方が,臨床家が準拠している治療理論はなんであれ,彼らの現実検討能力を一時的にせよ改善させるのに効果があるからである。

こうしてみると大切なのは,従来いわれているような自殺に関する精神力動的理解が妥当かどうかの検証であるが,これについての統計的研究はまだ非常に少ない。この点についてChance, S. E.ら（1996）[5]は興味深い研究を行っている。

彼らは,まず自殺に関して主張されてきた精神力動的仮説を次の4つに要約している,1）自分に向いた怒り（喪った対象に対する自己愛的同一化),2）対象喪失に対する病的反応（対象との自己愛的再融合の幻想により対象喪失を否定する),3）病的内的対象関係の内在化,あるいは統合が不十分な「敵対的取り入れ物」（hostile introjects）と不十分な「慰めてくれる取入れ物」（soothing introjects）の存在,4）自我機能の障害（境界例レベルの防衛機制の使用と喪失に対する反応において顕在化する現実検討の障害)。

ついで,彼らは統合失調症,双極性気分障害,器質精神病,重篤な身体病を除く46名の入院患者について,4つの精神力動仮説と自殺念慮の程度との相関を調べ,それらの妥当性を検証した。それによると自殺念慮の強さの程度は,「対象喪失への病的反応」をのぞく3つの精神力動仮説と有意に相関しており,さらに,自殺念慮とうつ症状も有意に相関しているという。この結果は,自殺念慮の深刻さの程度を診断する際に,うつ症状の評価に加えて従来の精神力動

仮説を考慮することが有益であることを示唆している。私見を加えれば，対象喪失は，多くの精神病理現象の引き金になるという意味で，自殺に特異的ではないにしても，自殺の危険を高めるということはなお無視できないと考えられる。

## Ⅳ 精神療法的マネージメントについて

最初に，筆者は自殺患者について精神療法の立場から論述することの難しさについて述べた。同じように，慢性自殺患者の精神療法的マネージメントも大変難しい。Kernberg, O. F.[13]によれば，自殺の恐れのある患者に「悲しみと心配で反応する精神療法家」は，自分の対抗的な攻撃性を否認し，患者の力動にはまり込んでいるという。彼は，精神療法家は患者の自殺衝動に共感するだけでなく，患者の自殺に関連する力動すなわち平安への切望，自己に向けられた攻撃性に関して患者自身が興奮していること，対象への復讐の快感，罪から逃れようとする願望，自殺衝動にともなううきうきした感覚などにも共感することができなければならないと主張している。Bond, M.は[4]，治療者の問題に言及して，「自己愛的な脆弱性の致命的な時点を同定することにも慣れていない治療者が多い。あまりに早くそしてしばしば過剰に攻撃的に救済的努力をすることもある。それは患者の身体の支配や責任性をめぐる太古的な葛藤の再活性化を招いてしまう。甘えて要求がましいようにみえることが実は，死に直面してパニックになっていることと情緒的に同等であることに気づかないこともある」と言っている。

筆者は，これらの困難さは逆転移のゆえだけではなく，むしろかなりな部分は慢性自殺を伴う重症パーソナリティ障害の治療に関するトレーニングを精神療法家が受けていないことに由来するように思われる。そこで筆者は，以上に考察してきたことを踏まえて，自殺の危険が高い重症人格障害の治療について，第一に力動的診断，第二に治療者の態度，第三に治療の構造化，第四に逆転移，第五に死後の問題，という5つの問題について考察したい。また，これらの考察は治療だけでなく，教育研修にも役に立つと，著者は考えている。

### 1．力動的診断について

Kernberg, O. F.[13]は力動精神医学的視点から自殺の危険性を判断する際に，

以下のことを考慮すべきだと述べている。第一に，うつ病の重さ，第二に境界パーソナリティ構造における感情障害，第三に生き方としての自殺傾向である。第三に属するものとして，①幼児的性格と境界パーソナリティ構造（BPO）にみられる慢性自殺，②悪性の自己愛の存在：薬物・アルコール嗜癖，不正直，人間関係への無関心・冷淡さなどを示すが，外傷的屈辱を受けたときに自殺の危険が高まること，③境界例状態に似た統合失調症つまりPPOにおけるひきこもりや治療関係への無関心さなどである。前述したようにChance, S. E.[5]らは自殺に関する4つの力動的仮説をあげているが，筆者は自殺の診断において最も重要なのは人格の発達的理解と診断だと考えている。この視点から，筆者は以下のような8つの基本的理解が抽出されると考えている。

1）自己を支える機能の把握：自尊心を維持し，孤立から自分を守るためにどのように対処しているか。喪失に対しどうするか，代理を考えているか，どのような分野で何が自分を支えているか（仕事か関係かあるいはほかの何か）。

2）空想の把握：自殺の危険の高い患者は，空想に心地よさを感じており，それはしばしば秘密にされている。この傾向は，実際に起きた結果を否認するためにも用いられる。喪った対象との自己愛的な再融合の空想があり，それが分離を否認している。つまり主観的には，この上ない幸せな空想を維持するために自殺することがありうる。たとえば，あまりにも恵まれた現在の治療状況との融合などが自殺を促進する可能性がある。

3）何がよい関係を破壊するのか，なぜそうせざるを得ないのか，を理解すること：Kernberg, O. F.[13]は，自殺は，病的内的対象関係に由来する悪い自己を排除する超自我の試みと考えている。Maltsberger, J. T.ら[15]は，自殺患者には統合されていない「憎しみに満ちた取り入れ物」と乏しい「慰めてくれる取り入れ物」が認められるという。この力動が分かれば，現実検討能力と自己のコントロール能力の向上につながり，いくぶんなりと患者が絶望的でなくなることの助けになる。

4）超自我病理の理解，原始的自我理想の理解：対象への憎悪が自分に向けかえられていることの理解が重要である。そして，これを患者に絶えず指摘しなければならない。さもないと患者は治療者が彼の自己処罰を認めているとみなすからである。

5) 自分のよいところ（心も身体も）を愛する能力の理解：超自我や自我理想のあり方と関連するが，患者は自分のよい側面を愛する力が極めて不十分である。発達的には，適切な超自我が形成されていない，あるいは適切にほめられ愛されて来なかった歴史が推測される。治療者は，患者のこのような見方がいかに不当であるか，いかによい面を見落とし否認しているかを示すことが大切である。その際，治療者は患者の実際によい面を誉めたり認めたりすることを隠すべきではない。なぜならば，こうしたよい態度は，患者の憎しみの投影と対照的であり，自分への優しさを患者に示すことにもなるからである。
6) どんな喪失に弱点があるかの把握：これは，患者の敏感な側面の把握であり，またその際どのように退行するかを知る作業である。この作業は，同時に患者が自分の傷つきをオープンに認識するための助けになるし，自分を守り，他者からの持続的助けを求める努力を促す。
7) 分裂現象の把握：自己表象の一部が自己から切り離され対象表象に同一化されるとき，とくに身体表象が自分のものではなく対象のものになってしまうと，自分は自分ではないという離人症の状態に陥る。したがって，主観的には対象への攻撃と体験されるものが，自分への攻撃となる結果（このような場合，治療関係では分離は否認されており不安に満ちた融合願望が優勢になることがある），しばしば認められるように離人症の中で自傷行為がおきたり，非現実感の苦痛をいやすために身体対象を傷つけるだけでなく破壊しようとさえする。そして自殺が起きるわけである。
8) 投影の関係修復的な側面の把握：自殺患者は，攻撃性に対処するために投影―歪曲を用いることはよく知られている。これは，自我機能の障害であるが，ある意味で投影することにより治療者と責任を共有し，言葉にすることができない苦痛を理解して欲しいという期待の現れでもある。このような意味で投影のもつ関係修復的な側面を理解することが治療促進的である。

## 2．治療者の態度

慢性自殺患者に対して，通常神経症患者の力動的精神療法において示す受身的で沈黙がちな態度は適していない。慢性自殺患者は，受身的で沈黙がちな態

度を歪曲して受け止めてしまう。受身的態度は，患者が上に述べたような病的精神力動に陥入る危険を助長するのである。では，治療者にとってどのような態度が望ましいのであろうか。筆者はここで，積極性・現実性・正直さ・確信性という4つの基本的態度を強調したいと思う。これら4つの態度はすべて，治療同盟の促進に貢献するものである。

1）積極性：治療者は，積極的に患者に疑問を呈するべきである。つまり，自殺念慮やその背景，以前の試みはどんなふうであったか，いまもなお自殺念慮をもっているかなどについて詳しく聞くわけであるが，治療者が躊躇することなく理解しようとしていることを知って患者はむしろ安心することが多い。治療者のあまりにおずおずとした控えめな態度は，治療者が患者の攻撃性に脅えているということを伝達してしまう。

2）正直さ：慢性自殺の患者はしばしば正直ではない。たとえば，自殺念慮があっても秘密にするし，自殺衝動をコントロールできないときに言語化しないことがある。これらについて，正直であること，それらを言語的にコミュニケートすることを患者に要求する。さもなければ，彼らの治療はできないのである。そのためには，治療者もまた，こうした話をすることにオープンであることを患者に示すべきである。

3）現実性：できないことを約束しないということである。治療者は患者の人生に責任はもてないし，完璧な予防は確約できないということである。つまり治療には現実的に考えれば，個々の治療者固有のあるいは現実状況によってどうしても一定の限界があるということを明らかにする必要がある。「悪性の癌」をすべて完璧に治すことができる医者はいないのである。

4）確信性：治療者は，自殺の危険について系統的な診断に基づいた職業的確信をもって，患者にその危険について明確化する必要がある。たとえば，レントゲンやCTスキャンの画像をみせながら患者に病気について説明する医師のあの確信的な態度である。これは最も強調したい態度である。こうした治療者の態度に，患者はむしろ安心と信頼感をもち，治療同盟が促進される。

## 3．治療構造の設定

以上のような態度で診断作業を行い，患者が精神療法（あるいは入院治療）

に関心をもち自殺念慮や行動の背景の動機を理解し，行動化しないことを約束するという前提で，精神療法は喜んで行う，という契約が大切である。慢性自殺を伴う重症人格障害に関する多くの研究者は，非現実的な状況下で治療は行ってはならないと再三戒めている[4, 11, 13, 15]。患者の不正直さや治療のたとえ一部でも拒否するといったことを容認してはならないということである。治療構造の設定には，家族も含まれる。家族面接は必ず併用すべきである。さらになんらかの予防策を講じておく必要がある。たとえば，SOSのための電話の使用，救急外来の利用，臨時セッションなどについて患者と約束をしておく必要がある。これについては，精神療法家の理論や置かれている現実状況によって多様であり統一した方法があるわけではない。患者の孤立感を緩和させ，安定した「慰める取り入れ物」の内在化を治療目標とする Adler, G.や Buie, D.H.[2]は，治療者を思い出す何らかのもの（写真，テープなど）を患者に与えるという方法を取っている。

　精神療法家は，患者のSOSをめぐってしばしば葛藤的になる。それを「要求がましい」「他者操縦的である」と理解するか，あるいは自己の崩壊を防ぐために必要な手段と理解するかというジレンマに悩むわけである。ここでこそ治療者の確信性が問われると筆者は考えている。治療者が，不安とおびえに圧倒されている場合，前者の理解は拒否と患者に受け止められるだろうし，後者の理解は万能的な楽観主義的態度と写り，患者の攻撃性や自殺衝動にまつわる快感を助長することになるであろう。すなわち，治療上の失敗は，治療者の知的理解にあるのではなく情緒的態度にあるのだということである。

### 4．逆転移

　これまで考察してきたところから，逆転移の洞察はもっとも重要な治療作業だということは明らかである。多くの研究者は逆転移について攻撃性と自己愛つまり自我理想の傷つきの側面を重視している。Jorstad, J.（1987）[11]は「患者は，治療者の自己愛に非常に敏感である，病的自己愛を投影し，治療者は万能的になり救済者となりやすい，患者は治療者が彼らの心を読めると思っており，患者が話したことにもとづいて理解することを忘れてしまう。したがってたえず両者が理解したことについての相互確認が必要である」さらに「治療者が自己愛的になればなるほど患者の攻撃性に耐えられなくなる，魔術的期待に添えなくなると患者は治療者を軽蔑し始める，その結果，治療者をインポテン

ツにする，治療者は患者がよくならず悪くなったと感じる，そして自殺の繰り返しが起きる」と述べている。すなわち，表面では治療者は患者の非難に耐えられず，深層では自分の患者に対する憎悪に耐えられなくなり，罪悪感と絶望を感じ，それらを防衛しようと試みるわけである。さらに，Jorstadは，慢性自殺患者の治療において治療者が体験する防衛機制として次のようなものをあげている。①抑圧：集中困難，逃避的空想にふける，退屈，眠気，落ち着かなさ，②憎悪の自分への向け変え：自分の能力に対する疑問や絶望と無能感をもち，治療をやめたくなったり，具合が悪くなったりする，③反動形成：患者への過剰な配慮，救済空想，過剰に積極的になることで自分を安心させる，過剰に早く介入，自殺への恐怖のあまり早すぎる制限や入院を実施する，④投影：患者が自殺するという空想，あまりに個人的にとらえる，制限や入院の早すぎる使用，治療をあきらめ患者を拒否する，つまり治療が早く終わってほしいという隠された願望をもつ，これはしばしば家族ももつもので，治療者と家族とが共謀関係に陥る，⑤否認，現実の歪曲：患者を軽蔑し，危険だ，絶望だとみなす，共感のない無関心や怒り，自殺の危険の無視。これは，自殺の繰り返しを助長する。

　このため，治療者は自殺の危険について適切な判断ができなくなるわけである。そこで次に問題となるのは，このような時治療者はどのように逆転移を解決したらよいかという方法上の問題である。一般的にいわれている逆転移の内省・理解はもちろんのことであるが，加えて著者は次の3点を強調したい。まず第一に，患者はそれでもなお治療者に依存しているということを治療者が自覚することである。第二に，患者の攻撃性について，仕返しにならないような解釈の可能性を考えることである。これは何回も繰り返す必要がある。そして彼らの憎悪にはもっともな理由があること，彼らの人生の過去においても現在においても拒否され，放っておかれたこと，孤独だったことを取り上げ，前述した態度を維持する。そうすれば，患者はむしろ安心することが多いし，治療者も患者が治療者としての自分に現実的には何を期待しているかを理解することができるわけである。第三は，コンサルテーションやスーパービジョンの活用である。これは，第Ⅰ節で自殺について語り合う場の必要性として述べたことと関連しているが，訓練中の精神療法家だけでなく自立した経験豊かな精神療法家であっても，慢性自殺患者との精神療法で解決不能な難局に陥ることがあるので，そのような時にはスポットのスーパービジョンを利用するのが望ま

しいと考えられる。逆転移の性質を考えるならば，スーパービジョンを受けたという事実だけで治療者の機能は，無力感や絶望感から，ずいぶん快復するといえる。慢性自殺患者治療におけるコンサルテーションの使用について検討したBond, M.[4]は，コンサルテーションの有用性を勧めているが，つぎのような理由から，治療者がコンサルテーションを受けたことを患者に伝えるべきではないと主張している。コンサルテーションを受けたことを伝達することは，一貫した治療環境が揺らいだということを患者に伝えてしまう，転移を複雑にし自暴自棄を助長する，治療者が困難に直面しているということを伝達することになる，などの理由である。

## 5．死後の作業

不幸にして患者が自殺をしたとき，すでに述べたように治療者はこの問題を回避すべきではないというのが多くの臨床家・研究者に共通した考えである。第一に，治療者は，自殺について家族とオープンに話し合うことが必要である。家族は，患者の死について罪悪感や怒りを体験している。彼らの「喪の仕事」を援助することが，ひるがえって治療者の「喪の仕事」を促進させることになると思われる。第二に，患者が入院中ならば，スタッフと患者（たち）はコミュニティ・ミーティングで自殺の事実について共有すべきである。大概の場合，他の同僚患者は当該患者に何が起きたのかうすうす知っているのである。隠蔽せずにオープンに伝達するという態度がさらなる犠牲者を防ぐことができるし，治療同盟を促進できるということはすでに述べたところである。われわれは，自分たちの患者の生活史を振り返ってみれば，その近親者が自殺している例がいかに多いか，よくわかるであろう。家族の問題も自殺の重要な危険因子の一つである。遺伝とは別に自殺の世代間伝達を防ぐことも[12,16]，われわれ精神療法家のもう一つの治療目標だと考えられる。

## おわりに

自殺の危険性が高い重症パーソナリティ障害の精神療法について，精神保健の専門家における隠蔽傾向，自殺と精神病理の関係，自殺と精神療法に関する統計調査，自殺に関する精神力動仮説，そして治療技法上の問題について論じた。とくに，従来提唱されてきた自殺に関する精神力動仮説が有効であるとい

う考えにもとづいて，精神療法における力動的診断，治療者の基本的態度，治療構造の設定，逆転移の理解と解決方法，死後の作業について考察した。

### 文献

1) Adam, K. S. Attempted suicide. Psychitr. Clin. NorthAmer, 8 (2) ; 183-201.
2) Adler, G. and Buie, D. H. (1979) The psychotherapeutic approach to aloneness in the borderline patient. In Advances in Psychotherapy of the Borderline Patient (ed.by LeBoit, J. and Capponi, A.) , pp.433-448, Jason Aronson. New York.
3) Bohus, M. and Berger, M. (1997) M. Linehan dialectic behavioral psychotherapy. A newconcept in the treatment of borderline personality disorders. Nervenarzt, 67 (11) ; 911-923.
4) Bond, M. (1985) The use of the consultation in the treatment of suicidal patients. International Psychoanal. Psychother., 10 ; 117-130.
5) Chance, S. E., Reviere, S.I., Rogers, J.M. et. al. (1996) An empirical study of the psychodynamics of suicide : A preliminary report. Depression, 4 ; 89-91.
6) Clayton, P. J. (1985) Suicide. Psychiatr. Clin., North Amer. 8 (2), pp.203-214.
7) Dorpat, T. L., and Ripley, H.S. (1960) A study of suicide in the Seattle area. Compr. Psychiatry, 1 ; 349-359.
8) Fyer, M. R., Frances, A. J., Sullivan, T. et. al. (1988) Suicide attempts in patients with borderline personality disorder. Am. J. Psychiatry, 145 ; 737-739.
9) Hampton, M. C., (1997) Dialectic behavior therapy in the treatment of persons with borderline personality disorder. Arch. Psychiatr. Nurs., 11 (2), pp.96-101
10) 岩崎徹也（1973）文化論と精神療法論．精神療法研究, 5 (1) ; 21-25.
11) Jorstad, J. (1987) Some experience in psychotherapy with suicidal patients. Actapsychiatr. scand. suppl., 76 ; 76-81.
12) 狩野力八郎（1999）対象関係論と家族療法．家族療法研究, 16 (2) ; 126-130.
13) Kernberg, O.F. (1984) Severe Personality Disorders. Yale University Press, New Haven. （西園昌久監訳〔1996〕重症パーソナリティ障害．岩崎学術出版社, 東京.）
14) 黒澤尚，岩崎康孝（1991）12施設のまとめ．救急医学, 15 (6) ; 651-653.
15) Maltsberger, J.T. (1984-1985) Consultation in a suicidal impasse. Internat. Psychoanal. Psychother., 10 ; 131-158.
16) McGoldlick, M. and Gerson, R. (1985) Genograms in Family Assessment. W. W. Norton & Company, New York. （石川元，渋沢田鶴子訳〔1988〕ジェノグラムの話――家系図と家族療法．東京図書, 東京.）
17) Moscicki, E. V. (1997) ldentification of suicide risk factors using epidemiologie studies. Psychiatr. Clin. North Amer., 20 (3) ; 499-517.
18) Paris, J. (1997) Success and failure in the treatment of patients with bordeline personality disorder. Sante-Ment-Que, 22 (1) ; 16-29.
19) Robins, E., Gassner, S., Kayes, J. et al. (1957) The communication of suicidal intent : A

study of 135 consecutive cases of successful (completed) suicide. Am. J. Psychiatry, 114 ; 221-231.
20) Stone, M.H., Hurt, S.W. and Stone, D.K. (1987) Natural history of borderline patients treated by intensive hospitalization. Psychitr. Clin. North Amer., 10 ; 185-206.

# 多職種のチーム活動における集団力動

## はじめに

　本章のテーマは，多職種からなるチーム治療の意義や問題点を，スタッフ側の集団力動という視点から考察することである。その背景には，われわれの臨床において，純粋に一人で行っている治療などないのだから——たとえば外来の個人精神療法でも，事務職員や同僚といった具体的な人たちから「大学病院」（筆者の場合だが）という抽象的なブランドで支えられながら治療しているわけだから——どんな場合であれチーム活動やそこで働いている集団の力というものにこころをとめておかなければならない，という考えがある。ところで，こうした問題について論じる際に，筆者の現実的・理論的な立場を明確にしておく必要がある。というのも，集団を考えるときこうした立場によってみえてくるものがずいぶんと異なるのではないか，と考えるからである。
　筆者は，臨床的には精神分析と一般システム理論を基本的枠組みとした力動的病院精神医学に準拠している。本章においても，筆者はそのような立場から，多職種からなるチーム医療の治癒メカニズム，チームがうまくいかないときの現象やそのときの職種に特異的な反応，チーム活動はどのようなプロセスをたどるか，といったことについて論じるつもりである。

## I　前提となる問題

　これらについて論じる際，筆者はつぎのような基本的な認識をもっている。すでにほかのところ[9]で論じたことだが，チーム治療を実践する場合，「チームはうまくいくものだ」という思い込みを洞察する必要があるということである。いいかえると，経験のあるスタッフが揃い，理想的にチームが活動を維持するというようなことはまずないということである。たとえば，筆者の勤務する大学病院もそうである。不十分なところが多々ある。こうした，大学病院に

おけるチーム活動をめぐる現実的な問題とそれがチーム活動や治療スタッフに与える影響について，福井[3]は，大学病院ではスタッフの経験年数が浅く，移動が多い，病棟の上部組織からの評価などの介入が多い，特別患者が多いことなどを挙げ，結果として，若い主治医がすべてを背負ってしまい，看護師とのコミュニケーションも悪くなり，チーム活動に支障をきたしやすい，ということを指摘しつつ，対応策として医長がboundaryを維持し，起きている事態を明確化し，見守るという役割を強調している．

しかし問題は，このような認識をもちつつもなおわれわれは知らず知らずのうちに「理想的なチーム」を思い描いている，という点にある．それは，実はとても曖昧なものであるが，同時に強く保持されている．各スタッフは「自分はそんなことを考えていない」と思いつつ，しかしやはり「理想的なチーム」を空想している．すなわち，この思い込み的「理想的なチーム」は，自分から切り離されているが，やはり自分の一部でもあると考えられるわけで，この点は以下の一連の考察においてたえず強調されるであろう．

## II 多職種からなる入院治療の治癒メカニズム

入院治療はそれ自体非常にパワフルな治癒能力をもっている．このような多職種からなる入院治療の治癒メカニズムにおいて投影同一視の果たす役割が大きい，ということを別の論文で筆者は述べたことがある．同じような視点から，Gabbard, G. O.[4]，は入院治療の治癒メカニズムと個人精神分析療法のそれとを比較しつつ，つぎのように述べている．

まず第一に，両者の違いとして，入院治療では多くの異なった職種，年齢，性，そして異なった経験をもつ治療スタッフたちがいるということが挙げられる．退院した患者に聞くと，もっとも助けになったのは，ある看護師さんであったりエイドさんであったりすることはまれではない．たとえば，あるうつ病の女性患者が退院後，書いたエッセーには，ある若い看護師にいかに勇気づけられたか，ということが記されてあった．また，幼稚園時代から29歳まで選択緘黙だった女性患者が最初に口を開いたのはエイドであった．このように，治癒過程でのキーパーソンはさまざまである．患者は，スタッフにさまざまな転移を発展させるし，スタッフもさまざま逆転移をもつ．こうした，転移—逆転移の集合を組織的に統合していくことが入院治療のprimary taskのひとつで

ある。

　第二は，治癒を引き起こす要素は，解釈ではない要素だということである。もし全スタッフが患者の無意識的な葛藤・動機・不安を解釈したらどうなるだろうか。患者はさまざまな異なった説明や考えに圧倒されもっと具合悪くなるであろう。入院治療の治癒メカニズムは，患者と各スタッフとの関係をとおして患者の対象世界が外在化され，それらをスタッフ・ミーティングで共有するという統合的過程，そしてそこで得られた統合的な理解をおのおのの治療関係をとおして再び患者に伝達することによって，患者の対象関係を修正する過程にあると考えられる。

## Ⅲ　スタッフ・ミーティングの役割と分裂

　この意味において，スタッフ・ミーティングは大変重要である。その際，Kernberg, O.[10]のいうように「スタッフは，自分の固有の職域から離れて，患者の投影の受け手であると自分をみなすべきである」という態度，いいかえるとあれこれ検閲することなく，患者からの刺激に対して，自分の自然な反応を感じとる態度が必要とされる。さらに，ミーティングでそれらをオープンに表現することが大切だということも，よく指摘されることである。こうした考えに筆者も反対ではないが，しかし，各スタッフは自分の職種に専門家としてのidentityをもち，それをとおして主体性を発揮し，自分の職種・職域の脈絡で患者と接するわけだから，そこで理解した患者像を信じ込むという強い傾向がある。ここから各職種による見方，患者像の違いが生じてくる。大概，それが患者からの投影であり，患者の一側面だということはあとでわかるものだし，あるいは外からみているとよくわかるが，そのとき当事者にとってはわかりづらいものである。そこで，意見の違いや感情的な口論が起きるわけである。つまり分裂である。ただ，このようにみてくると，分裂は必ずしも破壊的なものではなく，建設的な側面ももっているといえる。

　これは，ある看護師[11]のつぎの述懐によくあらわれている。「自分が患者と接して受けた感情や考えを，人に伝えることが必要であると実感して意見し，聞いてもらい，認めてもらえた。それは自己の存在を認めてもらえた喜びであり，自信につながった。また相手の存在を率直に認められ，話を聞くことができた。それは自分の考え方に変化を起こし，成長をもたらした。そして，スタ

ッフに支えられているという実感がもてた」。しかし，分裂には多少なりとも苦痛がともなうため，分裂が起きかけたときに，前述した「理想的なチーム」という空想が防衛的に働き，チームの中で分裂が潜在するという事態が起こりうる。これが結果として生産的なチーム活動を阻害すると考えられる。

## IV　チームが適切に機能していないときの現象

　ここで，チーム活動がうまくいかないとき，どのような現象が起きるかということについて述べてみたい。まず，症例を紹介する。65％の火傷で，救急センターから転棟した重症境界例の女性である。灯油をかぶったため，洋服から外にでている部分——顔面，両方の上下肢——の火傷がひどく，両手は切断しなければならなかった。そのため義手をつけており，リハビリを必要とした。しばしば精神病状態まで退行し，激しい行動化を示していた。家族はすでに崩壊しており，彼女には帰る家がなかった。彼女の転棟をめぐって，形成外科病棟か精神科病棟かで葛藤が起きた。当時われわれの病棟の看護はひどく手薄で日勤2名という状態だったので，集中的な身体的看護が必要な患者を引き受けることはできなかった。形成外科はその問題を院長レベルまであげた。病院長を中心に何度か関係者（私も含めて）のミーティングが開かれた結果，精神科病棟の看護師を増やすという条件で精神科に転棟した。
　彼女の治療には精神科のスタッフ以外にも形成外科医，リハビリ医，病院ソーシャルワーカーがかかわった。彼女は，病棟の中でその風貌によって他者の中に起きるであろう強烈な感情については一切否認し，平気で患者たちと交流し，ミーティングにも参加した。しかし，義手を使いこなせないためADLが不十分なこと，要求が非常に多いことのため看護師の仕事は大変だった。彼女は，自分の希望がとおらないと無断離棟をしたり，精神病症状を発展させることもあった。とくに形成外科医が将来の手術の可能性について示唆したあとは，看護師に対して「手術はまだか，はやくしろ」と執拗に訴え，看護師を困らせた。次第に疲れてきた看護師から主治医に対して不満が噴出してきた。「私たちは何のために看護をしているのかわからない，入院の目標は何なのか，主治医は何もしていないのではないか，たまに病棟に来るだけで，私たちの大変さをわかっていないのではないか，形成外科医は何をしているのだ」などである。

確かに，主治医はほとんど主治医として機能していないようにみえた。私にもそう思えたのである。次第に，病棟の中で，主治医と形成外科医への怒りが高まり，主治医は孤立していった。そこで私は，主治医とそのグループのリーダーを援助して詳細な治療計画書をつくり，それは病棟の各種のミーティングで報告された。私がこのような手段をとったのは，病棟全体を巻き込んだ混乱の背景には，この患者の治療や将来について絶望感や無力感が支配的だと感じたからである。そして，形成外科医がすぐにはしない移植手術（こういう手術は長期にわたり何回にもわけて行うものだそうである）の話をするのも，「気休め」的ではあるが，患者にとってはなにもないよりは希望がもててよいのではないか，ということをスタッフに指摘した。

　次第に，混乱は収束に向かったが，主治医への怒りはなお支配的だった。私もそれに巻き込まれていた。そんなとき，ある医師がミーティングの席で，「みな彼を責めるけど，彼は近いうちに出向しなければならない。そのモーニングワークで大変なんだよ」という指摘をした。これをきっかけとして，ほかのスタッフは，彼の出向について事実として知っていたにもかかわらず，彼を失うという痛みを否認し，彼が永遠に病棟にいるかのように思い込み，患者から投げ込まれる苦痛をすべて彼に背負い込ませていた，ということを理解した。

　こうした共感的理解の結果，われわれは彼女の耐え難い苦痛を主治医1人に任せるのではなく，病棟全体で——知的にも情緒的にも——抱えることができるようになった。当然病棟の士気はたかまったのである。この患者はその後1年半入院し，社会復帰を目的に他院へ移った。そして，毎月1回形成外科受診時に私たちの病棟に立ち寄り，懐しそうに話をし，スタッフから暖かく迎えられている。顔の状態も驚くほど改善している。

　チームが適切に機能しないときの現象については，すでにいろいろな文献がある[6-8]。たとえば，権は[6]，「チームが陰にこもったような雰囲気」になったとき，「いった—いわない」という情報の混乱，チームの誰か一人あるいはひとつの職種にまかせる「あなたまかせ」という役割分担の不明確化の3つを挙げ，その背景にはbasic assumptionが作動している，と述べている。長谷川[7]も，basic assumptionを重視し，チームが「薬物療法に頼る」「患者を排除しようとする」「問題を患者の家族のせいにする」という現象を挙げている。いずれにせよ，本症例でも明らかなように，チームがうまくいかないとき，第

一にチームはprimary taskから外れたことにこだわり，第二にリーダーが適切に機能せず，第三にチームの境界の透過性が障害される。たとえば，チーム内の誰かが，何かをスケープゴートにしたり，問題を外在化したり（管理上の問題がある，問題を上部の人に預けるなど），逆にチームはうまく行っていると思い込む，という現象が起きる。そして，スタッフは「今チームに何が起きているか」ということを考えるよりも，「これから何をすべきか」という問題に固執し，性急に結論を出そうとする傾向を示す。

以上のように，チームがうまくいかないとき，その問題を把握するために，一般システム理論からの概念が有益だと筆者は考えている。

## V　神　話

チームがうまく行っていないときの現象について，もうひとつ付け加えて起きたい。それは，その背後に暗黙の神話が隠されていることがあるということである。病棟やチームはそれなりの歴史と文化をもっている。そうした時の流れのなかで，いつの間にか暗黙のルールがつくられていくものである。たとえば，筆者が医長になって1年くらいした頃のことである。New case meetingで，ある研修医がこんなことを発言した。入院後，1週間は単独外出は禁止になっているが，その必要のない患者もいる，そういう患者が看護師に不満をいうので対応に困っている，われわれも困る，というものである。筆者はその発言を聞いて驚いた。そのようなルールがあることを知らなかったからである。そこで，師長や他のスタッフに聞いてみたが，誰も知らないということであった。にもかかわらず，研修医にはこの考えが代々伝えられていたわけである。これを契機に，病棟では，こうした患者の責任レベル（level of responsibility）についてもっと考えていこう，という機運が生まれた。

## VI　職種特異的な困難

これまで，チームに普遍的な問題を考えてきたが，チーム活動を行う上で職種に特異的な困難という問題も考慮する必要がある。たとえば，性的行動化に対して，医師は比較的寛容だが，看護師は弱く，コントロールを要求するといったことである。この問題について実証的な研究を行ったメニンガー病院の

Colson, D.[1] らは以下のように述べている。

　つまり，第一に慢性統合失調症のようなひきこもりを示す患者には，どの職種のスタッフも共通して，絶望感，無力感，そして怒りをもち，治療にもっと参加してほしいという期待をもつ。そして，この患者への高い期待が減少したときむしろ患者は改善する。第二に暴力に対して，医師は無力感と混乱をもち，看護師・ソーシャルワーカーは恐怖を，活動療法士は怒りや欲求不満をもつ。したがって，チームは分裂し混乱しやすいので，チームミーティングでの十分な検討が必要であり，明確な治療計画をたてるべきである。第三に，性格病理には共通して怒りをもつが，たとえば特別患者の場合のようにスタッフの間に分裂が起きやすい。したがって，適切な holding environment を設定するために十分な討論が必要である。第四に自殺や抑うつには共通して保護的感情が高まる，という結果である。

　このような研究，さらにはわれわれの臨床経験から，逆転移がたんに個人の神経症的葛藤だけではなく職種や役割によって規定されうることを推測しても的外れではないように思われる。それゆえ入院治療にたずさわるスタッフが自らの逆転移を洞察するのは大変困難である。ではどのようにして逆転移を洞察したらよいのか，ということがすぐれて実践的な課題となる。これについて筆者[8]はすでにいくつかの提案をしているのでそれを参照していただきたい。しかしひとつ付け加えておくと，治療のためにはいわゆる古典的なケース・カンファレンスよりも，これまで述べてきたような意味でのチームミーティングが有益だということ，しかもその場では逆転移を直接的に扱わず，職種に特異的な困難という脈絡で互いに理解し合う必要があるということである。

## Ⅶ　チームの展開

　さて，チームはいろいろな困難，とりわけ前述した症例にみられるように対象喪失に直面しながらたえず変化していくものではないかと考えられる。チームの展開と対象喪失との関連について，藤山[2]は個人的な心理の視点から，「チームに組み込まれていることから，治療チームを内的に発見する」というプロセスを記述し，自分が作り上げたチームが自律性を獲得するとき，人は充足感とともに内的には痛切な喪失感を体験する，と述べている。また，野中[12]は「構造を保つ力と構造を破る力」について考察し，機能的な治療チームを維

持し発展させていく過程には，必ず分裂が生じ，その際スタッフが直面するのは，各々を支えていたものの喪失である．したがって，分裂は予防すべきではなく予測すべきだ，ということを強調している．つまり，チームはたえず対象喪失を経験しながら分裂と統合，崩壊と組織化を繰り返していくといえる．これが，チームの成熟につながるかどうかは即断できないが，少なくとも「これでよい」と考えて，そこにとどまってしまうよりはよいといえる．「これでよい」と考えているとき，チームはしばしば偽の同盟に陥り，チーム内の葛藤，とりわけなんらかの対象喪失を否認していることが推測される．Ganzarain, R.[5]の理解では，hypomanic denial が働いているわけである．たとえば，新しい職種の人の参加は，必然的にそれまで自分たちがもっていた機能の一部を喪失することを意味する．したがって，この対象喪失を回避するとチームに新しい職種が加わりさらに展開するという動きは阻害されてしまう．

## Ⅷ　おわりにかえて：いくつかの具体的方法

さて以上のような考察から，多職種で構成されるチーム活動を行っていくために具体的に必要なことが浮かんでくる．
1) 規則的なスタッフミーティングが必要である：しかし，必ずこんなミーティングは面倒だという反応が起きてくる，そのときの理由はおのおのの固有の仕事ができないから，というものである．たとえば，医者は，一対一の面接ができない，記述精神医学的情報がえられない，直接指示ができない，患者も一対一を望んでいるなど，看護師は検温がある，看護日誌の記載などなど．
2) リーダーがオープンで話しやすい，支持的な雰囲気（集団の文化）をつくること：境界を維持すること，混乱した事態を把握すること，リーダーは孤独に耐えることなどといったリーダーの役割が重要である．
3) 集団体験に関するスタッフの教育，研鑽が大切である．
4) チームにまつわる喪失をたえず明確化し，互いに共有すること．
5) 職種固有の仕事をすると同時に，そこからいっとき離れて患者の投影の受け手であることを意識すること．
6) 各々の職種に特有な治療目標と治療計画を設定し，かつそれをチームで共有し，文章化すること．同時に，患者が治療目標をもつという体験を促

すことは，治療の進展の感覚や希望，治療へのpositiveな態度を促進させるものである．ところが，この作業は，かなり面倒な作業であり，無駄なpaper workで時間のロスだという非難を受けやすいので，なかなか実現が困難である．しかし，これがあると，異なった職種間で検討がしやすく，問題にも気付きやすい，かつ治療の進行具合もわかりやすいという利点がある．

7) チーム治療に関するリサーチないしはreviewが必要である．多職種からなるチーム医療は実際的な必要性から起きているが，それが本当に治療上役に立っているかどうかはまだわかっていない．私たちの思い込みかもしれない．それゆえ，リサーチによって検討する必要がある．

## 文　献

1) Colson, D. B. (1990) Difficult patients in extended psychiatric hospitalization：A research perspective on the patient, staff and team. Psychiatry, 53；369-382.
2) 藤山直樹 (1992) ひとりひとりのチーム医療——組み込まれることから発見することへ. 思春期青年期精神医学，2；141-148.
3) 福井敏 (1992) 思春期青年期患者治療におけるチーム医療について：福岡大学病院精神科病棟の場合. 思春期青年期精神医学，2；163-169.
4) Gabbard, G. O. (1992) The therapeutic relationship in psychiatric hospital treatment. B. Menninger Clinic, 56；4-19.
5) Ganzarain, R. (1992) Introduction to object relations group psychotherapy. Intern. J. Group psychoth., 42；205-223.
6) 権成鉉 (1989) 入院治療におけるチームアプローチについて——スタッフ・ミーティングの機能. 精神分析研究，33；113-127.
7) 長谷川美紀子 (1989) 力動的集団としての治療チーム（その1）——難治患者のチーム治療の考察を中心として. 集団精神療法，5；135-139.
8) 狩野力八郎 (1990) 入院治療とはなにか——投影同一視の認識と治療の構造化. (岩崎徹也ほか編) 治療構造論. 351-366, 岩崎学術出版社，東京.
9) 狩野力八郎 (1992) 個人からチームへ——専門化する入院治療とチーム医療. 思春期青年期精神医学，2；128-136, .
10) Kernberg, O. F. (1984) Severe Personality Disorders. Yale University Press, New Haven. (西園昌久監訳〔1996〕重症パーソナリティ障害. 岩崎学術出版社，東京.)
11) 森田洋子 (1992) 私はどう組み込まれてどう発見したか. 思春期青年期精神医学，2；149-151.
12) 野中猛 (1990) 構造を保つ力と破る力. 日本精神分析学会第6回教育研修セミナー「力動的入院治療III——スプリッティングをめぐって」における発表.

# コンサルテーション・リエゾン活動
―― 臨床と研究の乖離と統合 ――

## はじめに

 心身医学からみたコンサルテーション・リエゾン（CL）活動の現状と問題点というテーマについて，まず最初に心身医学の理念，臨床と研究，心療内科と精神科が併存するわが国の状況の意義について私見を述べ，つぎに東海大学精神科において筆者と筆者の同僚が行ってきたCL活動を振り返りながら，今日的問題点について考察したい。

## I　前提：CL活動と心身医学

 このテーマに関して筆者はつぎのように考えている。

1）心身医学における全人医療の理念が実現されたとき，もはや心身医学は不要になるであろうという予測ははずれた。医学と医療の高度化，専門化という分化の勢いはすさまじいものがある。一人の医師が医療のあらゆる知識を身につけるのは不可能である。ゆえに，心身医学の理念は現状へのアンチテーゼとしてなお有効である。
2）研究がより純粋さを求めるのに対し，臨床は総合することをより重視する。これは，医学部における研究と病院における臨床とを同時に行う医師にとって，分裂として体験される。医局―講座制度の弊害が再び取り沙汰されるのは，こうしたゆえんである。CL活動は病院における臨床的な総合的サービスとして位置づけられるから，これを専門的に行う医師は分裂に耐えながら，独創的な研究を求められる。
3）心療内科はわが国独特の存在である。あえていえば内科における力動精神医学であろう。境界を明確にしないわが国の文化をよく反映している。

CL精神医学は欧米，とくにアメリカで生まれたものであり，精神医学の新しい地平として発展してきた。境界を明確にする文化を反映している。心療内科医によるCL活動と精神科医によるCL活動が併存しているのがわが国の現状である。この事態は刺激的であり，ひょっとすると欧米にはない展開を遂げるかもしれない。

## II 総合病院における精神科の役割に関する研究

この研究[2,3,7]は，東海大学精神科におけるCL活動事始めといったものであるが，わが国でもこの分野における最も初期の研究である。結果の一部は，1977年の京都における国際心身医学会，1980年の精神神経学会で発表した。この両学会とも，わが国のCL活動の曙を告げるといった意味をもつ学会であることは周知のことかと思う。この研究をはじめたころは，CL精神医学はわが国ではまったく知られていなかったから，そうした新しい分野の研究をしようというのではなく，むしろ臨床的問題意識からこの研究を思い立ったのである。つまり，1975年にそれまで勤務していた精神病院から東海大学に移ったとき，筆者は他の科から依頼されてきた患者の示す独特の問題に関心をもった。よく聞くと，彼らはおしなべてそれまでの主治医との関係に困難をもっており，またそのことが精神科医との信頼関係を醸成することへの妨げになっている，ということがわかってきた。そこで筆者らは1976年に大学の協力を得て，こうした依頼患者について，また同時に他の科の医師のもつ精神科へのイメージについて，カルテ調査と他科医師への質問紙表による調査を行った。この研究の過程で，CL精神医学という分野があることを知ったわけである。

調査対象期間は開院以降の2年間（1975年2月〜1977年1月）で，この期間の精神科初診患者総数は1,711名，他科からの依頼患者は336名で，初診患者の19.6％であった。質問紙は精神科医を除く医師全員（119名）に送付し，68名（55.5％）から回答があった。

表1〜3に結果を示したが，それらをまとめると以下のようになる。
1）記述された依頼理由では，「器質的異状がない」，「鑑別診断希望」が200例（59.7％）。
2）記述された依頼理由では，医師—患者関係の問題は皆無。
3）精神科コンサルテーションの所見では，医師—患者関係の問題が依頼動

表1　Reasons for requesting psychiatric services in referrals

| | | |
|---|---|---|
| 1. Absence of organic abnormality | 162 | (48.1%) |
| 2. Psychological symptoms manifested in the course of treatment | 54 | (16.1%) |
| 3. Differential diagnosis wanted | 38 | (11.3%) |
| 4. Request for psychological tests | 34 | (10.1%) |
| 5. History of psychiatric intervention | 19 | (5.7%) |
| 6. P. S. D. in the narrow sense | 11 | (3.3%) |
| 7. Preoperative psychiatric check-up | 9 | (2.7%) |
| 8. Miscellaneous(not classifiable) | 9 | (2.7%) |
| | 336 | (100.0%) |

表2　Reasons for requesting psychiatric services

| | A. Need for psychiatric services felt | B. Request made | B/A |
|---|---|---|---|
| 1. Patient with mild anxiety | 18 (27.3%) | 5 (7.6%) | 27.8% |
| 2. Patient with a noncancerous physical illness and intense anxiety | 40 (60.6%) | 30 (45.5%) | 75.0% |
| 3. Dying patient | 8 (12.1%) | 2 (3.0%) | 25.0% |
| 4. Potentially suicidal patient | 61 (92.4%) | 29 (43.9%) | 47.5% |
| 5. Patient clinging beyond justifiable limits to doctor-patient rerationship | 18 (27.3%) | 7 (10.6%) | 38.9% |
| 6. Doctor-patient conflict | 8 (12.1%) | 4 (6.0%) | 50.0% |
| 7. Demanding patient | 18 (27.3%) | 14 (21.2%) | 77.8% |
| 8. Patient who resists doctors' or/and nurses' instructions | 17 (25.8%) | 9 (13.6%) | 52.9% |

表3　Are you in charge of any patient who you feel needs of psychiatric treatment but for whom you have not requested psychiatric services?

| | |
|---|---|
| Yes　25 (37.9%) | |
| Reasons for not requesting psychiatric services | |
| 1. Patient dislikes interviews with psychiatrists | 17 |
| 2. Complicated and inconvenient procedures and formalities in making arrangements for psychiatric consultations | 0 |
| 3. The case seems beyond the capacity of psychiatric services in the hospital | 2 |
| 4. Psychiatrists are not reliable | 1 |
| 5. Difficulties in explaining the situation to the patient | 5 |
| 6. Pity for the patient | 1 |
| 7. Apprehension of losing patients | 5 |
| 8. Miscellaneous | 4 |

機になっていることが多い。
4）依頼票に書かれている依頼理由と本当の依頼動機に矛盾があると考えられた（この傾向は，最近の依頼をみるとかなり変化してきており，率直に依頼動機を書いている例が増えているようにみえる）。
5）他科医師の37.9％が，精神科受診を必要と考えながら依頼していない患者を抱えている。
6）依頼しない理由の大部分は，他科医師の治療者―患者関係に対する配慮による。

これらの調査結果と臨床経験にもとづいて，筆者らは他科から依頼された患者のうち，とくに「身体的訴えをもつ精神科患者」へのアプローチとして，次のような技法を提案した。
まず，診断評価として以下の項目について明確化する。
1）受診動機は本人にあるか主治医にあるか
2）動機の内容
3）患者の主治医に対するイメージ
4）どんな治療を受けてきたか
5）精神科受診について主治医からどのような説明を受けたか
6）患者の家族の反応
7）精神科受診の結果についての予測
つぎに，治療アプローチとしては，
8）主治医（依頼医）と患者の関係を支持する
この方法は受診動機を重視したアプローチであるが，とくに最後に挙げた，身体科主治医と患者の関係を支持するというアプローチは，当時精神分析で有力であった「身体化を支持するのではなく直面化し，洞察を求める」という姿勢と対極的なものであり，対象関係論にもとづく，関係志向的なアプローチであった。
とにかくもこの研究の最大の成果は，それまでは精神病院中心主義であった精神科医療において，新しいフロンティアとして総合病院における精神科の役割が積極的に位置づけられたことであった。

## Ⅲ　CL活動の展開

こうした研究と臨床の結果にもとづいて,筆者らは精神科学教室全体として,総合病院における精神科の主要な役割としてCL活動を位置づけ,臨床はもちろん医師や看護師などの病院スタッフ・研修医・学生などに対し教育・啓蒙活動を行った。したがって,若い研修医にとってCL活動を行うのはごく自然であったし,また多くの研修医が大変興味をもって取り組んできた。その後の動向については,概念の検討,構造化された活動,構造化されていない活動に分けて述べたい。

### 1．CL活動の概念的検討

まず概念的検討であるが,コンサルテーションについては誌面の関係上省略する。

さて,岩崎[5,6]は「リエゾン精神医学の本質は,精神科医が他科の患者をめぐるさまざまな治療関係を対象とするところにあり」,その目標は「治療をめぐる人間関係に働きかけることを介して,よりよい総合的な医療を実現することである」と定義した。つまりこの定義は,リエゾンという言葉のもつ「関係づけ」という意味を強調している。

ついで,保坂[4]は実践的な立場から「構造化されたアプローチ」をリエゾンとよび,CLを実践する際,対象となる個人ないし組織が,コンサルテーションを求めているのかリエゾンを求めているのかを把握することが重要であると主張した。

また渡辺ら[7]は,コンサルテーションモデルとリエゾンモデルについて,それぞれに適した精神科医の態度・属性について研究した。

このような概念上の変遷はあるにしても,CL活動の現状を述べるためには,構造化された活動と構造化されていない活動とに分けて比較検討するのが有益である。しかし,構造化といっても,その強さの程度や何が構造化されるのか,時間なのか空間なのか,あるいは対人関係なのか目標なのかという問題があるわけで,厳密にいうと2つの活動の違いは相対的に構造化の程度が高いか低いかということである。

## 2．構造化された活動

表4に示したのは，現在東海大学でわれわれが行っている構造化された活動である。これらの活動の一部は最初から教室によって組織的に計画されたものであるが，多くの活動は，一人ひとりのスタッフの主体的な動機によって実施されてきたものである。活動の詳細とそこで行われたリサーチの結果については誌面の関係上割愛し，その概要を説明する。

まず第一に，救命救急センターとのリエゾンである。自傷・自殺企図で受診した患者はすべて精神科にコンサルトされ，診断評価・治療を行う。熱傷患者も入院する場合は必ず精神科へコンサルトされる。これらの患者数は年120～150名で，後で述べるが併診依頼総数の約3分の1を占めている。したがって，当直医は大変忙しいわけであるが，こうした現実を背景に，数年前から精神科医が救命救急センターのスタッフとして常駐している。

つぎに，リハビリテーション科とのリエゾンであるが，これは最も長い歴史がある。毎週1回のスタッフ・ミーティングに精神科医が参加している。対象となる疾患は，外傷・失語症などリハビリテーション科で扱う疾患すべてである。また，慢性疼痛プログラムにも精神科医と臨床心理士が参加している。

無菌病棟は当初子どもの骨髄移植が多く，したがって児童精神科医が定期的にミーティングに参加し，コンサルトしていたが，最近は成人患者が増えてきたため成人部門の精神科医も参加している。

つぎに腎移植チームとのリエゾンであるが，特定の精神科医がチームに参加し，移植前後にSCT，ロールシャッハテストなど，5種類の心理テストと精神科医の面接を行っている。非血縁を

表4　構造化された活動

救急外来
　自殺患者，熱傷患者への関与（120～150名／年）
　精神科医が救急スタッフとして常駐
リハビリテーションとの協力
　定期的ミーティングへの参加（毎週1回）
　慢性疼痛プログラム
小児科病棟
　看護カンファレンスへの参加（毎週1回）
無菌病棟
　小児チームミーティング（毎週1回）
　成人チームミーティング（毎週1回）
腎移植チームへの参加
乳がん患者の集団精神療法
一般病棟における精神疾患有病率の研究
院外の施設
　病院，学校，企業など

**表5 構造化された活動の特徴**

| | |
|---|---|
| 長所 | 早期発見・早期介入・予防 |
| | リサーチの対象 |
| | スタッフの意欲・動機が高まる |
| | 教育上の有用性 |
| 短所 | 定期的な時間が必要 |
| | 十分なスタッフが必要 |

含む生体腎移植の場合は，これらの検査と診察をrecipientとdonorの両者に行っている。外来でのフォローアップも行っているが，加えて透析患者カウンセリング外来も設定している。

さらに乳がん患者の集団精神療法，サイコオンコロジー外来，一般病棟における精神疾患有病率の調査などを行っている。また院外とのリエゾンも行われている。

以上のような構造化された，持続的な活動を振り返ってみると，表5に示したような長所と短所がある。したがって，実践にはどうしても限界がある。言い方を換えると，その施設の条件によってできることとできないことがあるし，それがまたその施設の特徴を表しているともいえる。とはいえ，この領域では，われわれは臨床家として研究者として，新しい臨床やリサーチを目指して「やりがい」をもつことができるということが，最も重要な点である。

### 3. 構造化されていない活動

表6は他科入院患者について併診依頼された件数を示しているが，過去5年間を調べてもこの数字はあまり変動していない。これらの多くは，先述した構造化された活動の枠に入っていない。つまり，相対的に構造化されていない活動が大変多いという実態を示している。これ以外にも，構造化されていない活動には他科外来患者の診療依頼が含まれる。

表7に，構造化されていない活動の特徴を整理してみた。実は，CL活動の問題点はこの領域に現れている。先述したように構造化された活動の場合は，臨床的にも研究においても教育でも，われわれと他科のスタッフの満足度は高く，したがってより新しい試みが可能である。しかし，構造化されていない活動では必ずしもそうではない。多くの場合，当該病棟がなんらかの意味で危機に陥っているがゆえに依頼されるわけであるから，精神科への期待は大きく，また即座の解決が要求される。たとえていえば，ときには親のように，ときには消防夫とか裁判官や警察官のような役を期待される。だから，うまくいくと長所に挙げたような経験ができるが，問題がすぐに解決しないと，期待は失望や怒りに変わり精神科医は居心地が悪くなり，さらにこの事態が進むと当該患

者と精神科医とを同一視して，両者を排除しようとする動きが起きる。つまり，この患者は精神科で引き取るべきだということである。もちろん，精神科医はこうした事態に陥らないように対処しなければならないが，こうした動きが集団力動の中では，あまりに早く，ときには数時間の内に起きてしまい，こちらの打つ手が後手に回ることも稀ではない。したがって，ここに挙げた短所は，構造化されていない活動の難しさであり，将来への工夫に向けた問題提起と読み替えることもできる。

表6　構造化されていない活動

併診（入院）
1995年度：312名／年
1996年度：290名／年（約1日1名の併診依頼）
常時約30〜40名の併診患者を担当

表7　構造化されていない活動の特徴

| | |
|---|---|
| 長所 | 精神科医（心療内科医）の役割発揮<br>総合的な日常臨床への貢献<br>他科スタッフへの援助<br>危機管理への貢献 |
| 短所 | 他科からの反発・批判に曝されやすい<br>計画的な診療ができない<br>リサーチの対象になりにくい<br>スタッフの燃え尽き |

## Ⅳ　現在の問題点

以上のような考察から，われわれが現在対応を迫られているCL活動の現状，ないしは近い未来における問題点として以下の3点を挙げたい（表8）。

第一は，病院における危機管理である。すでに述べたように，期待が大きいだけにささいな失敗により大きな影響——病院内の噂効果などによって——精神科なり心療内科なりの評価を下げるというような影響を受けやすい，といった意味で落とし穴と称したわけである。

第二に挙げた入院の短期化・効率化という問題は，現在日本の医療・医学が直面している最も深刻な問題である。その結果，CL活動のあり方にも大きな影響を与えつつある。日本の医療が，アメリカ的な極端な短期化のモデルに進むのかどうかによっても違ってくるかとは思うが，現状でも，

表8　問題点

1．危機管理−落とし穴
2．入院の短期化・効率化
　・患者心理を把握するゆとりがない
　・病棟スタッフ間のコミュニケーションの低下
　・問題志向的−心理的問題は下位にランク
3．地域医療におけるCL活動

たとえば特定機能病院に要求されている平均入院期間が20日として，われわれに何ができるのかといった問題がある．実際，当該病棟の看護師にしてもわれわれにしても，「患者心理を把握するゆとりがなく」，「医師―看護師など病棟スタッフ間のコミュニケーションの質と量が低下し」，「問題志向的治療のため心理的問題はどうしても下位にランクされる傾向に」ある．

第三に，こうした動向と在宅医療の促進の必要性を考えると，CL活動も病院だけではなく，地域医療における活動が今後もっと重要になってくることが容易に予測される．

では，こうした問題に対してどのようにアプローチするかということを次に述べたい．

## おわりにかえて：現状の問題点への対応

まず第一に，こうした現状についての病院スタッフへの教育啓蒙活動が必要である．とりわけ，入院前に今まで以上に厳密なインフォームド・コンセントの作業を行っておくこと，そしてコンサルテーションの依頼は早めに出してもらうように働きかけること，である（表9）．

第二に，精神科医（心療内科医）も，力動精神医学にもとづいた危機介入の技法をもっと習得する必要がある．つまり，入院患者にかかわるCL的介入の主要な目標は危機管理であるから，医学的レベルはもとより，個人心理レベル，集団レベル，家族レベルにおける診断評価の知識と介入技法を身につける必要がある．第三に，入院期間が短い場合が多くなろうから，依頼された時点から退院後治療計画を作り，地域医療へとつなげていく必要がある．

具体的な対応として以上のことが提案できるが，それ以上にこのような医療状況の変化において最も大切なのは，医師が特定の医療を与え，患者が受け身的にそれを受ける，という考えではなく，患者がinformed consumerであり，医療スタッフとのactiveなpartnerであるという認識（Bleiberg）[1]に向けた，われわれ医療スタッフ側の意識改革が必要なのではないかと考える．

表9　現状への対応

1. 教育啓蒙活動
2. 危機介入技法の修得
3. 退院後計画の作成
   患者は
   　informed consumerであり
   active partnerである

## 文 献

1) Bleiberg E (1997) Personal communication.
2) Hashimoto, M., Kano, R. (1982) The role of the psychiatrist in the general hospital Ⅰ: Investigation and analysis pertaining the status of the psychiatrist in the general hospital. Tokai J Exp Clin Med., 7; 181-186.
3) Hashimoto, M., Kano, R. (1982) The role of the pschiatrist in the general hospital Ⅱ: Psychiatric patients with somatic complaints. Tokai J Exp Clin Med., 7; 425-433.
4) 保坂隆 (1989) コンサルテーション・リエゾン精神医学の定義.（岩崎徹也監修）コンサルテーション・リエゾン精神医学の課題. pp.4-13, 東海大学出版会, 神奈川.
5) 岩崎徹也 (1982) リエゾン精神医学と治療関係論. 精神分析研究, 26; 107-112.
6) 岩崎徹也 (1991) コンサルテーション・リエゾン精神医学の概念. 精神科 Mook No.27; 1-7, 金原出版, 東京.
7) 狩野力八郎, 岩崎徹也 (1980) 大学病院におけるリエゾン精神医学の実際——その技法について. 第76回日本精神神経学会.
8) 渡辺俊之, 保坂隆 (1990) リエゾン精神科医の条件. 総合病院精神医学, 2; 145-151.

# 家族療法研修と精神科卒後研修教育

## はじめに

　近年，精神科卒後研修教育の重要性が議論されるようになってきた。しかし，その実際となるといまだ教育熱心な個人やおのおのの研究グループにまかされていて，組織的－総合的な卒後研修教育の実践や研究は充分になされていない，というのがわが国の多くの研修教育施設の現状ではないかと思う。

　ところで，筆者らの所属している東海大学医学部精神科教室は創立以来卒後研修教育の組織化や実践に多大な力を注いできた。そして，1983年から筆者が中心となって組織的な卒後研修プログラムを実施している。そのような中で，1984年10月に家族療法部門が設立されると同時に，われわれはそこで行われる研究会，スーパービジョン，治療といった一連のプログラムを，研修教育の選択科目として採用した。

　そもそも家族療法を研修教育に導入した最初の動機はつぎのようなことであった。つまり，研修医の臨床訓練の主要な場は入院病棟である。そして，面会に来る家族や友人と患者や病棟スタッフとの交流は治療上重要であるにもかかわらず，研修医は理念としてその意義を上級医師から教えられ，ある程度理解していても，実際の治療経過において家族との交流を系統的かつ有効に利用できていないということが観察された。たとえば，特定の患者や家族に対して，"あの家族には問題がある" といった視点から熱心なアプローチをするいっぽう，それ以外の家族に対してはごく表面的なアプローチしかしていなかった。このようにいろいろな家族アプローチは表面的印象にもとづくものであって，一定の理論や技法にもとづいた家族面接や家族診断によるものではないことは明らかであった。以上のような事情から，われわれは面会も含めて家族の病棟スタッフや患者との交流のすべてをいかに治療の中に構造化したらよいか，そしてそれを研修医がどのように経験していくのがよいかといった問題意識をもったのである。

家族療法を選択科目とした理由は，もともとの動機が家族療法の専門家を育成するというよりは上に述べたような問題意識が発端になっているということと，教育スタッフに関して人数的にも時間的にも必須科目とするには制約があったからである。

このようにある程度の制限のもとに研修プログラムは開始されたが，実際には主に1年目から3年目の研修医の多くが家族療法に興味をもち，われわれのプログラムに参加した。そして，結果的には当初われわれが考えていた以上の研修上の成果が認められた。もちろん，わずか2年の経験で研修上の効果を判定するのは早計であろう。しかし，その途中経過を検討し記録にとどめておくことも意味があると考え，以下に報告したいと思う。そして，その経過の中で認められた研修医の内的変化の過程についても論じたいと思う。

## I　卒後研修の方法論

われわれの家族療法研修プログラムは上に述べたように，一貫した卒後研修教育の全体の中のひとつとして位置づけられている。そこでまず，卒後研修教育の方法論について考えてみたい。

われわれの教室の卒後研修の特徴のひとつは，精神療法の教育と実習を重視している点にある。精神療法は他科の医師と精神科医とを画然と区別し得る精神科独自の治療手段である。ところが，わが国では精神療法を行わなくても精神科医としてやっていけるという歴史があったように思われる。しかし，われわれは研修医が将来どのような方向に進もうとも，研修期間中に精神療法の意義を実際に経験することは実りあるものだと考えている。そこで問題となるのはいろいろな志向性をもつ研修医に対してどのような精神療法教育をしたらよいかということである。この問題に答えるためには，精神科卒後研修教育の目標は何かということを考えねばならない。われわれのプログラムで強調されている目標は――あるいは基本理念といってもよいと思うが――研修医が臨床精神科医としての専門家アイデンティティを身につけることである。情緒体験としては，患者の苦悩を理解し患者が自分の力でそれを克服するのを助けるという職業に一定の誇りと，そこから満足を得るという経験が重要であると考えられる。このことは，研修医が心理的に成長すること[6]，あるいは人間的に幅が拡がることだといってもよいであろう。

このような目標を達成するために，卒後研修教育では異なったいろいろな学派の理論や技法を教えなければならない。もちろん，現在あるすべての理論や技法をひとつの研修施設で教えようとするのは人的，時間的，経済的にみて無理だし，そのような強迫的やり方が有益とはいえない。しかし，研修医が一人の患者の治療を行うとき，いろいろな理解の仕方や治療的アプローチがあることを知るのは大切である。同じことが，精神医学の研究の方法を教える場合にもいえよう。この意味で，精神分析，記述精神医学，現象学的精神医学，生物学的精神医学などといった精神医学固有の理論や技法だけでなく，広く一般教養（宗教，哲学，文化人類学，詩，映画，音楽など）の重要性も強調されるべきであろう。

　このような研修過程で，研修医が出会う典型的な困難について考えてみたい。ひとつの卒後研修施設，たとえば医学部の精神科教室には異なった学派の人や研究グループがある。研修医はしばしばあるひとつの学派に過剰に同一化して排他的になったり，どこの学派につこうかと深刻に悩む。その結果，指導者や同僚との間で感情的なもつれを引き起こすことも稀ではない。とくにわが国の卒後研修教育で支配的な徒弟制度式教育あるいは親分子分的雰囲気が強い中では，このような葛藤を研修医の中に引き起こしやすい。たとえ研修のためであっても，どの研究グループに参加するかという問題は研修医にとって一種の踏み絵なのである。こうした葛藤状況をわれわれはつぎの２つの視点から理解している。

　つまり，第一におのおのの研究グループ間の現実的あつれきが研修医の中に葛藤を引き起こしていること，第二にこのような葛藤は個々の研修医が本来内的にもっている固有の問題の現れであること，である。

　Ekstein, R.とWallerstein, R.[2]は，このような事態は教育する側にとっても基本的なジレンマだという。つまり，研修を受ける者をして自分自身を主体的に表現しうるようにすることと，一定の理論や技法を身につけさせることとの間のジレンマである。そして，彼らはこのジレンマを解決し研修の目標を達成するために３つの課題を挙げている。

　それは，第一に，ドグマに陥ることなく高度な専門家教育を行いうるような教育環境や条件をつくり上げられるか，第二に，好奇心とか創造力を失わせることなく（教育スタッフ間で）基本的理念の統一や研修医に対する必修条件についての一致を維持できるか，第三に，患者へのサービスや研修医の教育を犠

牲にすることなく異なった考え方や新たなものへの探求の余地を残しておけるか，ということである。ここで大事なことは，この3つの課題を完璧に解決した理想的な教育環境などといったものはつくれないしまたつくってはならないということである。もしそのような教育システムをつくったとしたら，それこそドグマに陥るか母親の胎内のごとくまったく刺激のない環境になってしまうであろう。むしろ彼らが強調しているのは一定の教育システムに内在する構造を明確に意識することと，そのような理解にたって教育環境を構造化するということである。

もしこのように卒後研修教育を構造化したならば，さきに述べたような研修医の葛藤はより内的なものとして扱うことができるし，ひいては彼らの自己理解を促進できるとわれわれは考えている。以上のような基本的理念にたって，われわれはより構造化した卒後研修プログラムを試みてきた。われわれの経験ではこうしたプログラムを実践していくとき，教育スタッフが直面する最も難しい問題は，教育の技術的なことではなく，おのおのの教育スタッフが自分の理論や考えに研修医を取り込み，従わせたりあるいは自分の研究グループに引き込みたいという気持ちを放棄しなければならないということであった。そしてそのために，教育部門で決まった役割や決定をできるだけ教室全体に明確に伝え，それらを互いに尊重するということが必要なのであるが，これを実践することもまたなかなか容易なことではなかった。

## II　家族療法プログラムについて

まず最初に，比較上の便宜のために，個人精神療法に関する具体的な研修プログラムについて簡単に紹介したい。研修医は3年目から個人精神療法を開始することが義務づけられている。それは，思春期以上の患者に対する精神分析的精神療法2例以上，児童治療2例以上を経験することが必修である。おのおのについて各1名のスーパーバイザーがつき，それぞれ週1時間のスーパービジョンを行う。スーパーバイザーや症例に関する調整は精神療法部門と児童治療部門が行う。そして，精神療法部門では月1回スーパーバイザー会議を開きスーパービジョンに関する検討や研究，研修をしている。

さて，われわれは家族療法を研修科目として導入したとき，家族療法に関する一定の定義づけをした。研修医にとって，患者や家族と今どんな目的で何を

どんなやり方で行っているかという交流様式，つまり治療構造が明確になっていることが必要だと考えたからである。したがって，われわれの定義から外れた家族との交流を家族療法といわないということではない。むしろ，定義づけることで，そうではない家族との交流や個人精神療法との差異とその意味が彼らに理解しやすくなるものである。

われわれの定義はつぎのようである。
1) 一般システム理論を理論モデルとする。
2) そして全体としての家族という脈絡で患者を理解する。
3) 面接の目的・時間・場所などを構造化する。
4) 目的は，家族療法を主たる治療法として家族構造の変化・改善を目的とするアプローチから入院治療の補助手段として利用したり，診断を主たる目的にするものまでいろいろあること，そして症例に応じて目的を明確にすること。
5) 原則として家族メンバー全員を同席させること。
6) "今・ここで" の相互関係を重視し，それらを扱うこと。

歴史的にも現在においても家族療法に関する種々の理論モデルや学派がある中で，システムモデルを利用したのは主につぎの2つの理由からである。第一に，家族療法の歴史の中でシステムモデルが多くの家族療法家に共通ずる理論的準拠枠だと考えられること，そして現在の家族療法が他の治療形態から独立したひとつの治療形態として発展したのは一般システム理論に基礎づけられていると考えられるからである。第二に，一般システム理論は家族療法だけでなく，精神医学の他の多くの分野に応用されていて，その有用性が認められていること，とくにわれわれの教室では岩崎によるKernberg, O.の統合的入院治療[4]や，狩野による一般システム理論の精神分析的集団精神療法への応用や精神分析との統合の試みの紹介[5]などによりこの理論が浸透していたという事情があったからである。

家族療法研修のプログラムはつぎのようなコースから成り立っている。
①講義：A) 1年目の研修医に対して力動的精神医学の入門のために家族問題に関する基礎的講義を行う（これだけは必須科目である），B) 主に2年目と3年目の研修医に対して家族療法研究会が主催して家族療法に関する専門的な講義をしたり抄読会をする。
②記録者あるいは観察者としての経験：1年目と2年目の研修医が希望すれ

ば，実際の家族療法の記録者や観察者となる。われわれの経験では，コセラピストとして参加するのは好ましくないと思われる。なぜなら，コセラピストは治療者や家族にとって"邪魔者"として感じられることがあり，そのような心理的な意味での役割を担いつつ治療者と協力していくことは初心者にとって荷が重いようである。むしろ，症例検討会において，記録者や観察者の立場から彼らが述べる感想や疑問は，彼らが治療にあまり深くかかわっていないことやまさに初心者であることから，複雑な治療過程に巻き込まれている治療者にとって有益であることが多い。

③入院患者に対する家族合同面接：研修医は1年目から病棟で主治医の役割をとる。そこで，入院時のインテイク，家族診断，治療方針や治療経過の説明，退院前に行う指導や助言のときできるだけ構造化した合同面接を行う。これは，家族療法者としてではなく，主治医として面接するわけである。こうした面接は，家族問題を理解する感性を養う上で役に立つ。この指導は，主に病棟の指導医が行う。

④治療者としての経験：3年目以上から家族療法のコセラピスト，あるいは治療者となる。そして，家族療法研究会による集団スーパービジョンを受ける。

## Ⅲ 家族療法研修に対する教室全体の反応

しばしばひとつの組織に何か新しいものが導入されると，その組織の中に期待や不安，動揺を引き起こす。そしてこのような情緒的問題を粗織全体のこととして明確化しておかないと，他の部門との相互コミュニケーションが悪化したり，新しい試みのものが挫折することになる。

家族研修プログラムの導入に際してわれわれの教室でもさまざまな反応があった。しかし，導入前に教室全体あるいは教育部門で協議したこともあり，それほど強い抵抗はなかった。このことがおそらく多くの研修医が容易に参加できた理由かと思われる。批判的反応もあったが，それは家族療法に対して否定的というよりもむしろ合理的な批判あるいは注意であった。その主なものは2点あげられる。

第一はシステム・モデルに対するものである。患者の病気を個人の病理としてではなく，全体としての家族の病理とみなす理論は既存の医療モデルと次元

が異なる，というものである．この点については藤縄も「家族療法研究」（第2巻第1号）[3]で述べているのでそれを参照してもらいたい．

第二の点もやはり同じ号で藤縄[3]が指摘していることであるが，家族療法がマス・メディアを通じて喧伝されているといった社会の風潮に流されることなく，堅実に理論や技法の吟味，検討をしながら家族療法を行うべきである，という意見であった．

こうした批判を受け容れ，家族療法研修を発展させていくためには，他の部門との率直な交流を維持することと，内部的には研修の効果の検討を行うことが必要である．こうした考えから研修を開始して約1年半後に研修医と家族療法研修についての検討会をもったことが，本論をまとめる契機になっている．

## Ⅳ 家族療法研修についての評価と考察

以下に述べることは教育スタッフと研修医による数回の検討会における討論を資料として筆者らがまとめたものである．

### 1．診断・理解について

入院治療を行っていると，患者の振る舞いが治療者との個人面接場面や病棟内の対人関係場面，家族が面会にきたような場面でそれぞれ異なっているということが観察される．構造化した家族合同面接を行うことによって，これらの差異がより明瞭かつ容易に研修医に認識されるようになったといえる．このような認識を契機にして《患者が内的に持っている家族イメージ，およびその言述によって治療者が抱く患者の家族イメージ》と《家族面接の場面で展開される家族力動や個々の家族成員の言述や振る舞い，およびそこから治療者が抱く患者の家族イメージ》とに違いがあるという理解が可能になった．このような経験は，面接に際し利用する理論モデルが違ったり揚面が異なると，そこから得られる情報に質的な違いがありうる，ということを学ぶ上で有益だったと思われる．

ここで一例として，過食と対人恐怖症状を主訴として入院治療を受けた青年期境界例の女性を挙げてみよう．彼女の家族は両親と兄の4人である．〈彼女は家族に対して自分の要求を押し通し，横暴に振る舞う〉ということが，入院の際大きな問題のひとつとして両親から語られた．同時に，本人や母親は〈父

親が頑固過ぎるために彼女はそうなった〉と考えていた。病棟で，彼女は〈私のために医者や看護師が働くのは当然だ〉という態度をとり，要求が満たされないと猛烈に怒るといった家庭での〈横暴さ〉が再現された。しかし彼女が怒りを示すのは自室の中だけで，一歩部屋から出ると弱々しい頼りなげな様子をみせていた。主治医は，家族合同面接を定期的に行った結果，つぎのようなことがわかった。つまり，父親と他の3人との間に円滑な交流がなく，父親と子どもの情報交換は母親を介してなされること，一見するとまとまった夫婦にみえたが，夫婦間に何か情緒的わだかまりがあること，患者の横暴な振る舞いは父親を家族としての生活に結びつける効果をもっていたこと，などである。さらに，彼女は横暴に振る舞うことによって母親の気持ちを代弁していること，実際の彼女は実に弱々しい面をもっていることが理解された。

主治医だけでなく看護者にもこれらの認識が共有された結果，治療は新しい展開をみた。この場合，主治医にとっては，合同面接をすることによって，病棟や個人面接でみせた彼女の諸側面を，一度家族コンテクストに移し替えてみたことが，より全体的な理解を深める契機になったといえる。

一般に，〈患者をトータルに把握すべきである〉と強調される。ところが，実際には，とくに経験年数の短い研修医にとってそれは困難なことが多い。しかし，構造化した家族面接から得られた家族像と他の面接から得られたそれとを比較検討していく中で，研修医は患者を内的な家族（つまり精神内界）と現実的な家族（現実的対人関係）という2つの脈絡から把握するようになってきた。すでに個人精神療法をはじめている研修医は，さらに精神医学の中で当然のように使用されている内と外，幻想と現実といった二分法が果たして妥当なのか，もしそうなら両者の関係はどうなのかといった問題にも興味や関心を向けるようになった。こうしたことから，われわれは精神科卒後研修教育において，あるいは"精神療法"を学習するために，個人精神療法と家族療法の双方を経験することは，彼らの理解を深め視野を拡大するのに有益だと考える。

### 2．介入や治療的操作について

自分が患者に，そして患者が自分にどんな影響を与えているのかを理解したり読みとったりすることは思いのほか難しい。もっとも，これができるようになれば研修は終了したともいえよう。

上のように定義づけられた家族療法的アプローチをする以前の面接では，研

修医はたとえば，症状の説明をするにしてもただ説明するだけで，その説明が家族に与える影響が治療的に意味をもつ，ということが理解されていなかったように思われる。つまり彼らの家族への説明は，やや一方通行的なものであった。しかし，家族療法的アプローチの研修の過程で，家族に対する説明や指示が家族全体に及ぼす影響や，家族構造に与える治療的効果が理解されるようになった。具体的には，説明を行う際にも，家族全員を呼び説明しつつ，その揚での家族間の交流や家族構造の変化を重視するようになってきた。

　また，「その場での」家族プロセスを重視するという家族療法的アプローチの視点からなされる介入や操作は，結果として生じる症状の移動や変化，家族の相互関係の変化を，研修医にとって体験しやすくした。一般に研修医は，患者の話をよく聞くこと，あるいは個人精神療法では受動性－中立性を学ぶよう教えられている。しかし，そのような過程では，力動的な治療感覚を実感としてはなかなか経験し難い面がある。あるいは，体験できても長期間かかるようである。そしてこのことから，自分が治療者であるという自信もなかなかもてない，ということもしばしばあるように考える。とりわけ1年目の研修医はそうである。家族療法的アプローチは，研修医に，より力動的な治療感覚をつかみやすくし，精神科医としての同一性をつくるのに役立つように思われた。

　しかしそのいっぽうで，ここには治療者がアクティブに介入しコントロールするという側面があり，ともするとあまりにも操作的になり過ぎる，ということも併せて考えておかなければならないと思う。つまり，自分の治療者としての力を過信し，家族との面接において治療者が自分自身の万能感を満たしている，ということになる危険性があるということは，充分に認識されていなければならないと考える。

### 3．治療構造と構造化について

　治療者は，自分と患者の相互作用あるいは自分自身の人格を治療手段として活用するとき，両者の交流様式つまり構造が患者の心理と治療者の心理にどんな影響を与えているかということを理解する必要がある。

　Ekstein, R.[1]は，どんな形式の精神療法でも一定の構造をもっている，そしてその構造の特徴を把握することでおのおのの精神療法の意義を比較検討できる，と主張している。彼の考えをさらに進めて，小此木[8]は独自の操作構造論を展開している。

ところで，わが国ではこのような治療構造論を受け入れることにかなり抵抗があるように思われる。教条的に治療構造論を信奉したり，逆に人と人との人間的ふれあいが精神療法の本質であるというキャッチフレーズのもとに構造の意味を否認したり，物理的構造のみを治療構造だと誤解してしまうということがしばしばみうけられる。たぶん，われわれ日本人のなかに構造をできるだけ明確にしないでおくような文化的に根づいた構造があるのではないかと思う。

しかし，これまで述べて来たように異なった構造の精神療法を経験することによって治療構造とか治療の構造化ということについての感性が磨かれると考えられた。

## 4．治療者側の情緒的変化

患者や家族の求めに応じて，その都度特定の家族と会っていたときには，どうしてもその家族メンバーとの情緒的結びつき——同情，共感，嫌悪感など——が強くなりがちである，ということが観察された。このような過度な情緒的関係は，1）家族の全体像を見失いやすくし，2）実際の家族の相互関係を把握し難くしたり，3）たとえば，その場にいないメンバーが容易にスケープゴートにされる，などの現象を生じさせていた。

一例を挙げると，統合失調症の診断で入院治療を受けていた20歳の男性の場合，母親はよく面会に来るが非常に口うるさく，病棟では，「あのうるさいお母さん」といった否定的な印象で語られていた。主治医も，「患者が依存を向けると脅して拒絶する母親」だと考えていた。ところが，合同家族面接を何度か設定したところ，まず父親が患者のことをよく知らないこと，患者と話し合うように求めてもおざなりなことしか言わないことがわかった。つまり，この家族では，父親が果たすべき役割を母親が引き受けざるを得なかったのである。こうした理解の結果，「あのうるさいお母さん」というイメージとは異なった母親に対する見方ができ，病棟スタッフ全体に，家で患者の乱暴な言動に耐えていた母親を支えようという雰囲気ができてきた。

この例では，合同家族面接を契機に，それまで断片的，部分的な家族との接触から知らず知らずのうちに形成された情緒反応やイメージを各スタッフが相対化し洞察することができ，そのような経験を治療に生かすことができた。このように患者や家族に対する自分の情緒の変化を経験し，スーパービジョンを通じてその意味が理解されるようになると，研修医は自分の家族についても関

心を向けるようになった。このことは、研修医が逆転移の意味を認識する良い契機になったといえる。

## おわりに

　筆者が、構造化した組織的な卒後研修プログラムや教育環境の設定を重視するのは、わが国における精神科卒後研修教育制度がいまだ徒弟制度方式に頼っているために各専門分野のセクショナリズムを助長し、こうした状況がわが国の精神医療の発展を阻害している大きな要因のひとつではないかと考えているからである。そして、このような問題意識が本論文を書かせた筆者の内的動機のひとつであると思う。

　われわれの卒後研修プログラムや家族療法研修プログラムはようやくスタートしたばかりであり、人的にも経験的にも不充分でもっと改善する余地があると思う。それでも、ある程度構造化した教育設定の中で2つ以上の異なった構造の精神療法を——ここでは個人精神分析的精神療法と家族療法だが——を研修することは、たとえ研修医が将来家族療法専門家や精神分析家にならなくとも、彼らの臨床や研究にとって有益であると考えられた。

　もし研修医が将来、家族療法専門家をめざすならば、"家族療法はもちろん、同時に個人精神分析的精神療法を経験しておくことが必要ではないかと思う。そして、そのような経験によって、患者や家族の理解と治療において、必須な2つの視点——つまり内的世界と外的現実のことであるが——を身につけることがより容易になるのではないか、ということを本章で述べた。

　※本論文は、狩野のほか服部陽児、河野正明、溝口健介、福田真也、宮城秀晃（東海大学医学部精神医学教室・当時）によって1986年に発表された。
　なお、本論文の一部は日本家族研究・家族療法学会第3回大会にて、「家族療法的アプローチが精神科卒後研修に果たす意義」という表題で発表された。

### 文　献

1) Ekstein, R. (1952) Structual aspects of psychotherapy. Psychoanal. Rev.; 222-229.
2) Ekstein, R. and Wallerstein, R. (1972) The Teaching and Learning of Psychotherapy. International Universities Press, New York.
3) 藤縄昭 (1985) 各立場からの家族へのアプローチ——精神科医の立場から．家族療法研究, 2; 2-6.

4）岩崎徹也（1976）統合的入院治療について．東海大学精神科教室研究会にて発表．
5）狩野力八郎（1984）入院精神科治療への一般システム理論の応用．第30回日本精神分析学会にて発表．
6）狩野力八郎（1985）今日の精神療法——諸外国の現況・アメリカ（2）．季刊精神療法, 11; 116-124.
7）狩野力八郎（1986）「いまここで」転移と治療場面——一般システム理論から．精神分析研究, 30; 38-40.
8）小此木啓吾（1964）精神療法の理論と実際．医学書院, 東京.

# あとがきに代えて
―― 心理療法をどのように学ぶか ――

　私は，精神医学の研修を始めた頃から絶えず，「患者から学ぶことは大切だ」ということを言われてきたように思う。当時，反精神医学運動が盛んであり，「患者から学べ！」というスローガンが掲げられていたのである。フランスを発祥の地とする臨床医学という経験的な研究方法を思い起こせば，診察室において患者から学ぶという実践的作業は，とりたてて新しいことではなかったのだが，私はこのスローガンにずいぶん影響されたものである。しかし，同時にこのスローガンにどこか胡散臭いものを感じていた。それは，精神医療の専門家としてのアイデンティティをいとも簡単に無視していたからである。

　暗中模索の中で，私は，次第に，問題は「何を学ぶか」ではなく，患者から「どのように学ぶか」ではないかと考えるようになった。そして，精神分析こそが，患者からいかにして学ぶか，という実践的方法を理論化しているものだと確信するようになった。

　Casement, P.が，『患者から学ぶ』（松木邦裕訳，岩崎学術出版社）という本を1985年に出版した。患者からいかにして学ぶかについて論じた本であり多くの読者を魅了したのは記憶に新しい。この本の中で，CasementはBionを引用しながら，分析家は，個人の中の知らないことに心を開いておくことの重要性を強調している。どんな患者との面接でも，分析家は知らないことに直面する。これは，分析家の中に不安や無力感を喚起する。分析家は，分析家としてのアイデンティティの喪失を体験するのである。分析家は，これらの無能・無知・喪失を持ちこたえなければならないのである。言い方を変えると，分析家のもっとも基本的な機能はつねに疑問を持つことだ，ということをこの本は強調しているのである。

　Reich, W.が『性格分析』（小此木啓吾訳・岩崎学術出版社）の冒頭でつぎのように述べている。この文章も，Casementに比べればやや硬い表現だが，患

者からいかにして学ぶかという分析的方法論について述べている。

> 「実地にたずさわる精神分析医は，彼の持つ理論的知識だけでも，実際的知識だけでも解決できないような諸問題に日夜直面している。精神分析療法の正しい技法というものは，果たして，神経症理論から系統的に生み出すことができるものなのだろうか。もしそうだとすると，いかにしてそれは可能なのだろうか。すべての技法上の諸問題は，つきつめればこの根本的な課題に帰着する。すなわちそれは，理論を応用に実践する可能性とその限界の問題である。実際には，治療的実践が，種種の問題を提出するから，それらの問題の解決のために，精神過程に関する理論が必要になるわけなのであるが，さらにわれわれは，一歩前進して純粋に経験的な実践から深い思索にもとづいた理論に基礎づけられた実地へと進む大道をひらかなければならない」

非常によく知られているGreenacre, P.の論文「再構成について」の中の文章（日本精神分析協会編訳『精神分析の新しい動向』，岩崎学術出版社）は，「患者から学ぶ」という優れて相互関係的な出来事を見事に表現している。

> 「注意深く受容的な態度で患者の言葉に耳を傾けながら，鋭敏な分析医は，次第に増えていく患者の人生の集積に慣れ親しむようになる。分析医は患者と共に生きてきたのである。自分自身のおぼろげな，あるいはまさに無意識に潜伏している記憶の印象を再び呼び起こすことによって，必然的に反応と共鳴が自分の心の中に出来上がってくる。それらの印象は，分析医にとって，もはや明確に想起されたり意識されたりしないかもしれない。しかし，それらは分析医の共感的理解において本質的なものである。それゆえに，彼は，自然に明確化的解釈に進み，その解釈がしばしば再構成の諸要素に形を与えるのである」（著者一部修正）

これは患者についてもいえる。患者もまた同じように分析医の人生に親しみそれらを心の中に集積し，分析医と分析的関係についての患者自身の解釈をもち，それらが患者自身の再構成に形を与えるのである。

ある患者は，「私は，先生について先生の奥さんよりたくさんのことを知っていると思います。私があることを言ったり，ある振る舞いをしたら，先生がどのように考え振る舞うかわかるのです」と述べた。私は確かにそうだろうと思った。

これらの優れた著作や論文は，ある統合失調症患者との精神療法を想い起こさせる。彼女は，精神病院に15年以上，一度も外泊することなく，入院していた。彼女は，いつも同じ洋服を身に付け，食事とトイレ，睡眠のとき以外はいつも自分の部屋（大部屋）の一隅に座り，独語を続けていた。誰とも会話らしい会話はしなかった。彼女にはテリトリーがあるらしく，それを誰かが侵そうとすると激しい暴力で追い払った。当時，その病院では民主化と近代化の嵐が吹き荒れていた。私もその運動の中の一人であった。

　この女性患者とは，私が病院に行ったときには，必ず40分の面接をした。私が部屋に迎えに行くと彼女はおとなしくついてくるのであった。しかし，何を聞いても彼女は応答しなかった。私は，彼女が何をどのように体験しているのかまったく知ることができなかった。

　私が知っていたのは，カルテを通しての情報だけであった。彼女は経済的に恵まれない環境の中で育った。両親はある大学の住み込みの舎監をしており彼女はそこで成長したのである。生まれてから入院するまでの生活を通して，周囲にいた経済的に恵まれ陽気で活発な大学生たちを見ながら，そしてわが身の貧しさを振り返るとき彼女は何を感じていたのだろうか，といったことを私は考えていた。彼女は，高校卒業後あるデパートに勤め，そこで盗みの疑いをかけられるという出来事があった。職場の上司は彼女を厳しく問い詰め，両親もまた彼女を信用しなかったのである。この出来事の中で彼女は発症したのである。

　面接室はいつも静かであった。私は，「今日は雨だね」「天気がいいね」「秋だね」とか，あるいは壁にかかっているカレンダーを見ながら「今日は何日だね」とか「お彼岸だね」などといったことをいう以外は，おおむね黙っていたし，彼女もまた沈黙しているか口の中で独語しているかだった。ときに私は，先輩である慧智彦先生の独語技法を真似て彼女の独語の仲間に入れて欲しいといったりした。そうすると，彼女の独語は，いくぶん声が大きくなるようであった。しかし，思考がまったくまとまっていないため，彼女が何をいっているのかさっぱりわからなかった。

　こんなふうにして1年位が過ぎたあるセッションで，私は，いつものようにカレンダーを見ながら，「そろそろ○○の行事だね」といった。すると彼女は「先生こんなことしていていいんですか？」と小声だがはっきりと話をした。私は驚いて「え？」と聞き返した。彼女は「こんなに集まりをやっていたら院

長先生に叱られますよ」というのであった。おそらく，これが私と彼女との間のはじめての生きた会話だった。私は，彼女が何を話しているかがよくわかった。当時，高齢の院長に対し息子の副院長を中心としたグループが近代化を掲げ病院の改革を目指していたし，そのための病棟全体集会などが頻繁に行われていたのである。彼女はまさに病棟の一員であり，そこで現実に生活をしているプライバシイをもった個人だったのである。

彼女との面接は私がその病院を辞めるまで5年くらい続いた。次第に増えていく他者との接触によって引き起こされる激しい怒り，暴力，悲しみ，愛情の時期を経て，彼女は他の患者と共に外出できるまでになっていた。しかし，いくつかの不幸な事情のため退院することはできなかった。

患者の話に耳を傾けたり，ある特定の働きかけを行う場合，分析家はなぜ何のためにそうするのかという理論的根拠を常に自覚して患者に対処することが必要である。この患者に対する私の態度の背景には，当時盛んだった統合失調症の精神分析に関する研究から得た知識があったのである。

「理論は治療作業の召使であって，主人ではない」とCasementとは主張する。これに反論するつもりはないが，なお理論は「患者からの学び方」を形づくる道具として必須であることに変わりはない。

ある思春期の自己破壊行動を繰り返す患者。彼女は，面接場面で，不貞腐れ，こんなことをやっていてなんの役に立つのかと言う。私は，しばし自分の思春期に立ち返ってみる。ふと気が付くと，患者はそっぽを向いて喋っている。「そのほうが話しやすければそれでいいよ」と言ってみた。以降，患者は穏やかに連想を続けている。この着想の仕方は，私のオリジナルではなく，まぎれもなく治療構造論の恩恵を受けているのである。

# 事項索引

## 〈あ〉

愛着理論　199
阿闍世　18, 19
as-if的関係　17
生きている連想　78
一次的ナルシズム　32
一般システム論　49, 92, 119, 241
今・ここで（here and now）　115, 120, 158
陰性治療反応　47
インフォームド・コンセント　174, 235
A-Tスプリット　110-126
エディプス葛藤　91, 92, 93, 107, 196
オートポイエーシス　15
親サブシステム　137

## 〈か〉

快感原則　26
解釈
　　—の運命　161
　　—の二重性　147
　　—の明確性と不確実性　161
外傷体験　189
介入　42
開放システム　50
家族システム　62, 87
　　—の病理　60
家族神話　97
家族の機能　133
家族の構造　134
家族のとらえ方　133-139
家族の役割と境界　136
家族のルール　135
家族ライフサイクル　53, 54, 131, 138
家族ライフサイクル論　49, 53
家族療法　49-59
家族療法研修　237-248
カタルシス　186
価値観の形成　61
喚起性記憶　33
間主観的アプローチ　13, 15
記憶の書き換え　145
機能していない家族　138, 139
機能している家族　138
逆転移　46, 80, 120, 156, 161, 187, 213
境界例　74, 112, 117, 175, 178, 180, 181
　　—の入院治療　117
禁欲原則の再考　41
空想　30
言語化　143, 147
言語表象　24
現実的家族関係の放棄　81
構造設定　85, 86
構造的家族療法　53
硬直した三角形　92
合同家族療法　87
個人の内的構造の変化　84
固着論　198
コンサルテーション・リエゾン　227-236
containing　121

## 〈さ〉

罪悪感　75, 108
サイコオンコロジー　233
三角関係　91, 93, 136
三者関係　85, 91, 93, 94, 97, 107
産褥期うつ病　128-133
自我　27, 29, 36, 37, 74

──と表象世界の関係　29
自我心理学　23
自己愛障害　73
死後の作業　215
自己破壊衝動　157
自己表象　25, 26, 34, 39
自殺企図　42, 69, 107, 108, 153, 154, 157, 205
自殺と精神療法　207-209
自殺の危険　203, 214
システム論　11, 14, 49-59, 90-101, 152
自尊心　210
事物表象　24
社会構築主義　13, 67
社会的性格　72
社会的役割論　83
重症パーソナリティ障害　203, 209
集団力動　87, 218
主治医とサイコセラピストの連携　124
主治医の役割と機能　123
joining　96
情緒関係の再認識　144
情緒関係の放棄　144
情緒的治療関係　81
情動　143
情動調律　47
心身症家族　52
心的表象　22, 23, 33, 34, 38
心的表象としての自己の病理　36
心的表象論　22-35, 38
心的プロセス　78, 79, 83
スーパーバイザー　112, 116, 164, 171
スーパービジョン　112, 116, 164, 171
スキゾイド　63, 72, 74
スタッフミーティング　120, 220, 225, 232
ストレス　184, 185, 186, 191
ストレス脆弱性　193, 195, 196
精神科外来マネージメント　174
精神科卒後研修教育　237
精神分析における言葉の使用　150-163
精神分析の二重性　143
精神分析療法の変化　40-42

精神療法的マネージメント　209
精神療法の制度化　80
精神療法の方法　86
精神療法の目的　85
生成論　194, 195
青年期の課題　68-76
性の抑圧　71
世代間葛藤　77
世代間伝達　56
セルフオーガニゼーション　15
早期母子関係　116
相互適応システム　193
想像の赤ん坊　56

〈た〉

体験的表象　31
退行　114, 115, 116
対象関係論　23, 82, 84, 102-109, 185
対象恒常性　25, 39, 146
対象喪失　19, 190
対象表象　39
対人関係のインターフェイス　83
大量服薬　43
多世代的発達作用　56
脱構築　19
チーム治療　218
知覚の発達　26
治癒機転　84, 95
超自我　27, 61
治療空間　96, 106
治療構造　41, 86, 245
　　──の意味の変化　41
　　──の設定　212
治療者側の情緒的変化　246
治療者の態度　211
治療者の能動性　41
治療者の理解　150
治療同盟　42, 145
治療の終結　187, 188
治療目標　95
テーラーメイドの治療計画　181

適切な医師－患者関係　176
転移　42, 79, 82, 120, 146, 155, 187
　　―の二重性　145
同一性拡散　71
投影同一視　19, 32, 83
統合失調症特異論　34
動的平衡システム　14
ドミナント・ストーリー　11, 12

〈な〉

内的ストレッサー　184, 185, 187
内的世界　28
内的対象　83
ナラティヴ・セラピー　11, 12
二者関係　94
入院治療　44, 113, 120, 132, 219
乳幼児精神医学　127
乳幼児直接観察　147

〈は〉

パーソナリティ障害　63, 174-183
バウンダリー　124
発生発達論　194, 195
発達的相互作用　56
反復　32
反復強迫　145
非言語的コミュニケーション　161
ヒステリー　186
非体験的表象　31
一人でいられる能力　18
表象世界　28, 29
病名告知　175, 180, 182
フィードバック　50
夫婦サブシステム　137
プロセスノート　164-173
分化度　51
分析設定の二重性　146
弁証法的行動療法　122
防衛機制　30
holding　121
ほどよい母親的養育　197

〈ま〉

無意識の意識化　41
物語　15, 81
　　―の解釈　17
　　―の書き換え　19, 20
　　―の生成　16
　　―のもつ未来志向性　17
　　―へのアプローチ　16
　　―を知ること　16
モラトリアム　71, 72
問題の外在化　11

〈や〉

欲動　24, 79

〈ら〉

力動的システム論　68
リストカット　43, 69, 176
リビドー　31
臨床家としての姿勢　102
臨床家に求められること　66

# 人名索引

## A
Abelin 93
Ackerman 53, 61, 83
Adam 206
Adler 33
Ainthworth 199
Anderson 14
Anthony 127

## B
Balint 175
Bion 13, 17, 18, 114, 150, 161
Blos 75, 76
Bond 209, 215
Bowen 49, 51, 52, 53
Bowlby 82, 199

## C
Carter 54
Casement 249
Chance 208, 210

## D
Dare 91
Dorpat 206

## E
Edelman 20
Ekstein 239, 245
Emde 23, 189
Epston 14
Erikson 71, 103, 127, 195

## F
Fairbairn 82, 190
Fenichel 26
Fonagy 40, 43, 84, 144, 200, 201
Foucault 168
Fraiberg 33, 37, 39
Freud, A. 26, 72
Freud, S. 13, 17, 18, 20, 24, 25, 36, 71, 82, 91, 92, 93, 103, 144, 146, 151, 169, 186, 187
Fromm 66, 70, 72
藤縄昭 243
藤山直樹 224
Fyer 207

## G
Gabbard 190, 219
Ganzarain 225
Goolishian 14
Greenacre 152, 162, 250
Grinberg 83

## H
Haley 54
Hampton 207
Hartmann 23, 25, 26, 92, 195
Hoffmann 14

## I
惠智彦 251
岩崎徹也 111, 115, 205, 231

## J
Jackson 53

Jacobson 23, 25, 27, 28, 32, 33, 37
Jorstad 213, 214

## K

川谷大治 124
Kernberg 23, 27, 103, 111, 112, 117, 195, 209, 210, 220
Klein 115
Kohut 13, 23, 27, 195
Kris 85, 144
国谷誠朗 12

## L

Lacan 93
Langs 80, 146
Laplanche 22
Levovici 23
Lidz 92
Lifton 72
Linehan 122, 207
London 33, 34, 39

## M

Mahler 23, 25, 33, 39, 93, 195
Main 199
Maltsberger 210
McGoldrick 54
Menninger 193
Miller 91
皆川邦直 181
Minuchin 49, 52, 53, 91, 96
Modell 14, 15, 20, 36, 38, 82, 84, 143, 144, 147, 187, 199

## N

西園昌久 116

## O

Ogden 14, 17, 84, 93, 119, 151
小此木啓吾 62, 71, 92, 111, 112, 116
Orange 80

## P

Pillari 97
Pontalis 22

## R

Reich 40, 249
Rinsley 33
Robins 206
Rogers 13
Rosenfeld 19
Rycroft 151

## S

Sander 195
Sandler 23, 27, 28, 29, 31, 32, 37
Satir 53
Schafer 14, 147
Selye 184
Shapiro 19
渋澤田鶴子 66
Spitz 195
Stern 23, 32, 39, 40, 84, 148, 195, 196, 201
Stolorow 13, 14, 15, 42, 144
Stone 206
Strachey 25

## T

Terkelsen 55
Tronick 148

## U

氏家幹人 62

## V

von Bertalanffy 49, 119, 184

## W

Wallerstein 239
渡辺俊之 231
Weed 164
White 14

Winnicott  36, 37, 74, 75, 76, 82, 104, 143, 144, 146, 147, 189, 195, 197

## Y

山本七平  62

## Z

Zinner  19

■初出一覧
生命現象と物語　精神療法27巻1号　2001
心的表彰論　現代のエスプリ増刊精神分析の現在　至文堂
心的表象としての自己の病理　臨床精神病理20巻2号　1999
システム論的家族論および家族ライフサイクル論の流れ　異常心理学講座　みすず書房
家族システムの病理から見た社会・文化的価値観の変化　精神科治療学15巻12号　2000
誰にとっての課題か？　思春期青年期精神医学6巻2号　1996
生きている連想と生きている関係　家族療法研究17巻3号　2000
システム家族論からみた家族と精神分析からみた家族　思春期青年期精神医学5巻2号　1995
対象関係論と家族療法　家族療法研究16巻2号　1999
乳幼児と家族治療　別冊発達　ミネルヴァ書房　1989
精神療法における情動と言語化（精神分析の二重性）　精神分析研究44巻1号　2000
精神分析における言葉の使用についての覚書　精神分析研究47巻3号　2003
プロセスノートの書き方　精神分析研究47巻2号　2003
人格障害という病名の使用と知ること　精神科治療学19巻2号　2004
内的ストレッサーとストレス　ストレス科学8巻3号　1994
相互適応システムの脆弱性　臨床精神医学28巻3号　1999
自殺の危険のある患者に対する精神療法　臨床心理学研究創刊号　2003
多職種のチーム活動における集団力動　集団精神療法10巻2号　1994
コンサルテーション・リエゾン活動　心身医学38巻2号　1998
家族療法研修と精神科卒後研修教育　家族療法研究3巻1号　1986
あとがきに代えて（心理療法をどのように学ぶか）　精神療法30巻3号　2004

■著者略歴
**狩野力八郎**（かの・りきはちろう）
1945年　満州に生まれる
1971年　慶應義塾大学医学部卒業
　　　　同上　精神神経科教室入局
1972年～75年　桜ヶ丘保養院
1975年　東海大学医学部精神科学教室
1981年～83年　メニンガー クリニック，トピカ精神分析研究所留学
1987年　東海大学医学部内科系精神科学部門講師
2001年～現在　東京国際大学人間社会学部・大学院臨床心理学研究科教授
　　　　　　　杏林大学医学部客員教授
　　　　　　　東海大学医学部　非常勤教授
　　　　　　　小寺記念精神分析研究財団理事長

【著訳書】
「重症人格障害の臨床研究」金剛出版
「摂食障害」（編集）岩崎学術出版社
「青年のひきこもり」（編集）岩崎学術出版社
オグデン「こころのマトリックス」（監訳）岩崎学術出版社
ベイトマン／フォナギー「メンタライゼーションと境界パーソナリティ障害」（監訳）岩崎学術出版社，他

---

# 方法としての治療構造論
#### 精神分析的心理療法の実践

2009年11月10日　印刷
2009年11月20日　発行

著　者　狩　野　力　八　郎
発行者　立　石　正　信

印刷・半河工業社　製本・誠製本

発行所　株式会社　**金剛出版**
〒112-0005　東京都文京区水道1-5-16
電話03-3815-6661　振替00120-6-34848

ISBN978-4-7724-1117-2 C3011　　Printed in Japan ©2009

## 重症人格障害の臨床研究

狩野力八郎著
Ａ５判　296頁　定価4,410円

　本書は，人格障害の全体像を理解し，心理治療的アプローチを実践するための懇切な臨床書である。本書には二つの特長がある。一つは，精神分析理論によるパーソナリティ障害論の一大パノラマという点であり，もう一つは，サイコセラピーが有効な人格障害への著者の力動的精神療法の技法があますところなく紹介されているところである。治療に関する原則的な事柄，心理面接技法の基礎，家族療法や夫婦療法，チーム治療の実際，治療者の基本的役割など，日常臨床の中からフィードバックした実践的な知見が数多く詳述されている。

## 精神分析の変遷

マートン・M・ギル著／成田善弘監訳／杉村共英，加藤洋子訳
Ａ５判　216頁　定価3,570円

　精神分析技法の名著『転移分析』の著者として知られるギル（Merton M. Gill）最後の著書，待望の邦訳である。ギルは，精神分析が成熟し，常識に近づいた結果として，分析状況を患者と分析家が形成する場と捉え，分析家は何を言い，何を行うかという臨床の基本について，精緻な論述を展開している。自由連想，解釈，中立性，身体の問題，等，さまざまな臨床的課題について，卓抜した論理的な思考力を持ち，誠実な臨床家であったギルを理解するための優れた臨床書である。

## 境界性パーソナリティ障害
〈日本版治療ガイドライン〉

牛島定信編
Ａ５判　228頁　3,570円

　本書は，厚生労働省が設置した境界性パーソナリティ障害の日本版治療ガイドライン作成に関する研究班の６年間の成果を書き下ろしたものである。さらに本書では，ガイドラインを肉付けするかたちで，揺れ動くBPDの診断の変遷，長期予後，特有の対人パターンへの対処法，救急医療，外来・入院治療の現状，薬物療法，病名告知と心理教育などを，著者らの豊富な臨床経験および研究にもとづいて詳解している。

価格は消費税込み（5％）です

# 精神分析的精神療法セミナー ［技法編］
発見・検討・洞察の徹底演習

高橋哲郎著
Ａ５判　250頁　定価3,780円

本書は，10年，100回以上にわたって行われている「精神分析的精神療法セミナー」の実践記録を基に，類書にない新しい効果的演習方法を公開するものである。各章はいずれも優れて臨床的なテーマを取り上げている。スーパーヴィジョンによる症例の徹底検討とそこから浮き彫りにされる基本的精神分析概念の学習討論を通して，読者は臨床実践の中で本当に患者のためになる技法と理論を身につけることができるであろう。

# シュレーバーと狼男
フロイト症例を再読する

Ｊ・グレン，Ｍ・カンザー編
馬場謙一監訳／岡元彩子，高塚雄介，馬場謙一訳
Ａ５判　190頁　定価2,940円

　本書は，人類の遺産ともいうべきフロイト症例（シュレーバー，狼男）を読み解く知的冒険の試みである。執筆者たちの緻密かつあざやかな症例検討によって，読者は天才的な閃きに満ちたフロイトの技法論を学びつつ，防衛機制，抑圧，投影，置き換え，退行，葛藤，自己愛といった精神分析のキーワードについても理解を深めることができるであろう。

# 精神分析における言葉の活用
妙木浩之著
Ａ５判　250頁　定価3,570円

　本書の主題は，道具として言葉をどのように利用・運用するかということであり，とりわけ心理療法の空間において，どのように言葉を使うかという点に集約される。まずウィニコットやサリバン，ラングスに加えて，グレイ，ギル，シェーファーといった米国のラパポート以後の世代の理論・技法をわかりやすく解説し，臨床場面における道具としての言葉，言葉の認識機能としてのメタファーの重要性，実際の行為としての発話の力など，言葉とそれに付帯する要素をどのように活用すべきかを示している。

価格は消費税込み（5％）です

### 子どものロールシャッハ反応
松本真理子，森田美弥子監修　ロールシャッハテストでの反応を基に，綿密な調査を通して子どもの心理アセスメントの実際を伝える。　2,520円

### 精神病の精神分析的アプローチ
松木邦裕・東中園聡編　人気のある精神科医松木邦裕と，その仲間である治療者たちの，患者主体のよりよい治療を目指したケース集。　3,675円

### 児童青年精神医学セミナー［Ⅰ］
日本児童青年精神医学会監修　児童青年精神医学のトピックを錚々たる執筆者たちが書き下ろした臨床セミナーの第一弾。待望の刊行！　3,780円

### 現実に介入しつつ心に関わる
田嶌誠一著　あらゆる臨床現場で，クライエントのニーズに応えるべく，心理療法を実践してきた著者が，効果的な面接のコツをわかりやすく解説。　3,990円

### 変化の第一歩
ビル・オハンロン著／串崎真志監訳　人に"変化"がもたらされる過程を鮮やかに描きだす本書は，"変化の感触"を学ぶ絶好の入門書。　2,730円

### 発達障害と子どもの生きる力
榊原洋一著　子どもは皆「力強い生きる力」をもつという思いを根底に，小児科医として長年にわたり暖かに育児を支えてきた著者はじめての論文集！　2,940円

### 統合失調症を持つ人への援助論
向谷地生良著　真に当事者の利益につながる面接の仕方，支援の方法をわかりやすく解説し，精神障害者への援助の心得を詳述する。　2,520円

## 臨床心理学
最新の情報と臨床に直結した論文が満載
B5判160頁／年6回（隔月奇数月）発行／定価1,680円／年間購読料10,080円（送料小社負担）

### 認知療法の技法と実践
大野　裕著　精神分析的治療から統合的治療の中における認知療法へと到達した著者の精神療法経験を集大成。精神療法技法を学べる優れた臨床書。　3,780円

### 対人関係療法マスターブック
水島広子著　実証的効果のエビデンスに基づいた心理療法として認知行動療法と双璧を成す対人関係療法（IPT）をマスターするための実践的臨床書。　2,730円

### 自傷の文化精神医学
A・R・ファヴァッツァ著／松本俊彦監訳　自傷行為という現象を，膨大な資料と症例を用い，多次元的な視点から，徹底的に検討する。　7,140円

### 弁証法的行動療法
M・リネハン，他／高橋祥友訳　思春期自傷行為や自殺行動にとくに効果のある「弁証法的行動療法（DBT）」についての最新の解説書・技法マニュアル。　6,825円

### まずい面接
J・A・コトラー，J・カールソン編／中村伸一監訳／モーガン亮子訳　総勢22名の熟練臨床家たちが自らの失敗セラピーを赤裸々に語る。　3,780円

### 責任能力の現在
中谷陽二編　犯罪者の責任能力問題について，法と精神医学双方の論客が，国内外の判例を引きながら，歴史と現状を分析し，最新の論考を展開する。　4,410円

### パーソナリティ障害の認知療法
J・E・ヤング著／福井　至，貝谷久宣，不安・抑うつ臨床研究会監訳　認知療法の創始者ベックの弟子であるヤングによるパーソナリティ障害への実践書。　2,730円

## 精神療法
わが国唯一の総合的精神療法研究誌
B5判140頁／年6回（隔月偶数月）発行／定価1,890円／年間購読料11,340円（送料小社負担）

価格は消費税込み（5％）です